契约治理视域的治安承包

邹东升 著

中国检察出版社

图书在版编目（CIP）数据

契约治理视域的治安承包/邹东升著.—北京：中国检察出版社，2009.6
ISBN 978-7-5102-0090-8

Ⅰ.契… Ⅱ.邹… Ⅲ.治安管理-研究-中国 Ⅳ.D631.4

中国版本图书馆 CIP 数据核字（2009）第 087299 号

契约治理视域的治安承包
邹东升 著

出 版 人：	袁其国
出版发行：	中国检察出版社
社　　址：	北京市石景山区鲁谷西路5号（100040）
网　　址：	中国检察出版社（www.zgjccbs.com）
电子邮箱：	zgjccbs@vip.sina.com
电　　话：	（010）68650028（编辑）　68650015（发行）　68636518（门市）
经　　销：	新华书店
印　　刷：	北京鑫海金澳胶印有限公司
开　　本：	A5
印　　张：	9.25 印张
字　　数：	253 千字
版　　次：	2009年6月第一版　2009年6月第一次印刷
书　　号：	ISBN 978-7-5102-0090-8/D·2070
定　　价：	25.00 元

检察版图书，版权所有，侵权必究
如遇图书印装质量问题本社负责调换

前　言

社会治安是通过有效的管理、治理,使人们在相互的交往过程中人身、财产等权利得到安全保障的社会状态。现代社会是一个风险社会,由于人员流动性强,社会开放度大,滋生和诱发违法犯罪的因素增多,犯罪手段高科技化和犯罪范围扩大化,加之社会控制机制尚不完善,社会治安形势严峻,并成为一个严重的社会问题,使得仅靠公安机关单方提供的治安服务不能完全满足人民群众日益增长的安全需求。

公众既然有治安服务的需求并且具有经济承担能力,政府就应该提供优质的治安服务,如果自身的能力不够或者资源有限,应该让公众在市场上获得更多优质的产品,最大限度地减少不安全、不稳定、不和谐因素,最大限度地协调和平衡利益关系,最大限度地增强人民群众的安全感。中央要求大力推进治安防控体系建设,努力提高驾驭社会治安局势的能力,在坚持依法打击违法犯罪的同时,必须加强治安防范工作,探索和创立社会主义市场经济条件下基层社会治安防范的新途径。推进治安防范社会化、市场化、职业化,大力发展保安服务业,建立治安承包责任制正有利于减少社会不稳定因素,为城乡的长治久安奠定广泛的社会制度基础。

新式公共管理和民营化现象已成为当代大多数西方发达国家的一个特征。英美等国在公共选择理论和新管理主义的指导下,将市场机制引入公共警察机构,将一部分服务职能转移给私营部门和非政府组织,由他们向公众提供以前由公共警察垄断的安全服务,以此提高警察的工作效率和满足社会公众对公共安全的需求。这对我国的警务社会化工作带来了许多启示和借鉴。随着西方警务私有化的改革浪潮,我国政府在公共治安这种公共物品的供给过程中开始引入市场机制，使得治安承包这种社会治安防范与管理模式在全国得到推广。

社会安全的契约型供给模式的核心在于吸收社会资源，通过市场机制以弥补公共资源有限性的缺陷。通过市场机制作用的契约型治理的警务供给模式对于我国走出目前社会安全公共产品供给不足的困境具有现实的意义和可行性。

"警力有限而民力无穷"，公共治安承包最本质的特征是以社会人力资源为警力的后备，通过全社会整体治安力量和资源的综合配置实现警力价值的最大化和社会治安综合治理效果的最大化。社会治安是全社会的事，仅靠公安是不够的。警察作为警务公共产品的主要供给主体，其供给能力因公共资源的有限性而注定不可能满足全面的需要；人的需求决定人的行为，警察部门可以将一些由公安机关承担的非警务活动或边缘性警务活动逐渐从公安工作中剥离出去转由社会承担。因此，应当引导和整合社会力量参与警务公共产品的供给，不论这种参与的方式是赢利型或是志愿型。作为一种广泛社会资源利用形式之一的公共治安承包成为公安执法的有益补充和改善基层警力不足的一种有效途径。

新公共管理理论为现代警务改革提供了一种理论模式和经验，其中也包括实现治安管理主体的多元化、鼓励警务社会化。治安管理承包由于涉及治安管理权，对其能否进行承包存在较大争议。新公共管理理论认为，治安管理承包是公共治安服务市场化的一种表现形式，可以提高公共治安服务的供给效率，其理论与西方"警务私有化"趋势相一致。除公安机关承担的核心职能外，对附带限制的治安工作可以扩大义务竞标、推行向外承包、服务收费。尽管对部分治安管理事项实行承包是合法的，在某些情况下，作价承包也是可行的，但应慎行，今后需要通过立法加以完善和规范，从限制治安管理承包的范围、严格审查被委托者的资格、履行好监督职能等方面规范治安管理承包行为。

将契约型治理机制引入治安服务供给过程是治安承包的显著特征，在其推行的 26 年中，有许多法律和管理问题一直饱受争议。总体来看，学术界对治安承包的研究角度较为单一，研究的宽度和深度不够。本书运用管理学、法学、治安学和经济学的学科知识、文献研究与比较研究相结合的分析方法，对契约治理视域的安全服务私有化与治安承包进行了阐释和研究。

全书共分十章。

第一章：西方的私人警务。"Police"的本意既指官方的专职警察，又包括非官方的或非专职的治安力量。将民间治安力量称为"警察"是一些国家的历史传统。与公民日常生活息息相关的基本生命和财产安全，属于公共安全活动范畴，由国家公共力量负责保障。接受客户委托提供监视、看管、资金运输以及人身保护等确保生命和财产安全的补充性服务的经济活动，则属于私人警察的职能。今天，在西方国家，即便是公家单位，外包给私人警察的业务量相当惊人，甚至包括监狱管理的民营化。西方不少国家私人警务的影响已经超过了公共警察的影响，有些国家的私人警察已超过了公共警察人数。当代的私人警务一般是指各种各样合法的、有组织的、营利性的安全服务形式，其主要目的包括预防犯罪、保护生命财产安全和维护秩序。30余年来，西方私人警务正持续地蓬勃发展，其兴起源于当今西方警务改革的大趋势之一的国家警务的民营化。这一潮流主要基于既有自由放任、多元主义思想等因素和自我警务的传统影响，更有都市社会的变迁、公共警察服务的公众满意度差、有偿服务和服务定量等现实原因。私人警察和公共警察相对不同的法律地位导致了它们在职能上的差异，概而言之，私人警察的作用与公共警察两者间存在合作关系、互补关系、竞争关系和监督关系。

第二章：治安服务的机制选择与契约型治理。现代意义的治安，主要是指维护涉及国家安全、公共安全、公民和团体的人身权利及公私财产等方面的社会秩序。从治安服务的属性上，我们可以将治安服务区分为纯粹的公共治安服务、可私有化的治安服务和可社会化的治安服务三类。治安服务有政府、市场、志愿三种供给机制选择，公共治安契约型治理涵盖了保安服务公司、治安承包、治安保险、私人侦探所四种模式。当前的治安服务社会化与市场化改革以及治安承包实践的发展同治理、善治理论以及新契约主义治理模式相契合。新契约主义主张，地方政府治理通过契约合同基础上的民营化将政府控制或经营的公共服务项目交由私人企业或承包经营，特别是建立在契约理念之上的合同承包与特许经营。认为要实现市场模式在地方政府治理成功地运行，就必须大大地提高政府签订契约和监控契约运作的能力。治理和善治理论则认为政府不是合法权力的唯一源泉，公民社会也同样是合法权力的来源。它把治理过程看做当代民主的一种新的现实形式。社会资本是一个社会中所有积极社会关系的集合，其高低是衡量公民社会完善程度的重要指标，社会资本与社会治安也存在着正相关的紧密联系，较高的社会资本有利于社会治安防控体系的完善。

第三章：我国保安服务业的机遇与挑战。随着我国经济的不断发展，公民对社会治安条件、个人安全有了更高层次的需求，使保安服务进入了一个重大机遇期，具有很大的发展潜力。但是，保安服务业面临诸多问题，如产业开放程度不够、公安监管难以公平、保安业缺乏科学合理的企业管理方式和理念、保安流失严重、保安服务缺乏统一标准，等等。近年来，在积极推进保安服务业改革中，我国制定了很多相关政策和措施，遵循公共安全服务市场化、社会化、产业化的发展方向，培育全国统一、开放、竞争、有序的保安服务市场，不断推进保安服务业法制化、制度化、规范化。

第四章：治安承包概述。对"治安承包"与"警察私有化"、"社区警务"、"保安公司"等相关概念的比较、辨析研究，有助于更加明晰治安承包的内涵。转型社会中的严峻治安状况、风险社会的治安需求多样化、治安警力严重不足、治安财政压力等构成了推行治安承包的现实背景。治安承包符合社会治安综合治理的群防群治原则，是社会治安综合治理市场化、社会化的新探索，有助于利用社会人力资源改善治安综合治理。目前治安承包呈现岗位职业化、报酬货币化、责任契约化的特征。

第五章：治安承包的理论分析。新公共管理运动、现代西方警务改革、治安承包本土化三股实践潮流，使得我国的治安承包理论研究既有雄阔的视野，又有历史纵深的背景图像。公共经济学、公共管理学、社会学、法学、警察学等诸学科的相关流行理论在此汇集，呈现了一个理论谱系：公共产品理论、公共选择理论、委托代理理论、多中心治理理论、社会资本理论、私人执法理论、无增长改善警力理论，共同构成了目前中国治安承包实践的多元理论基础和依据。

第六章：我国的治安承包实践。随着我国行政改革的全面深化，政府单一治理逐步走向多元治理，公共管理市场化浪潮为我国治安承包提供了契机。同时，在我国社会转型期间，社会由封闭走向开放，人、财、物大流动，各种诱发犯罪的因素剧增，社会控制难度加大，警力不足的问题日益突显，单一性的治安服务提供模式难以满足公民多样性的治安需求，也由此开启了利用市场与社会力量和契约治理机制推行警务社会化的第五次警务革命，治安承包也迎来了一个新的发展时期。不同地区根据自身的地域特点与人文环境，形成了多样化的治安承包实践形态，从发包方、承包方、承包内容、承包项目、承包形式、经费来源、公安机关的角色定位、承包方的角色定位等方面均体现了因地制宜的特色。目前，治安承包主要形成了以下三种模式：以浙江嘉兴市嘉善魏塘镇为代表的"内部人"承包模式、以山东临清为代表的个体承包模式和以浙江杭州市下城区为代表的组织承包模式。

第七章：产出绩效与多维均衡。3E原则是近代绩效评价理论的重要部分，是现代绩效评价的基本原则，指组织或项目的可以通过经济性、效率性及效益性三种维度进行绩效检测。治安承包的产出绩效也可以细分为经济绩效、效率绩效、效益绩效。实行治安承包后，垄断性的直接生产模式所带来的高成本、低效率、差质量和缺乏回应性的情况比以前减少了，公众对政府的信任加强了，公共资源的耗费减少了，财政拮据的状况也有明显改善。治安承包不仅仅是政府机制与市场机制的平衡和选择，还涉及公共权力使用的边界和公私领域的范围，其本质上是一个关乎宪政的问题。概而言之，该问题关涉若干重大的社会范畴，诸如公共利益与私人利益、政府责任与政府利益、公权与私利、规则公平与结果公平等的关系界限与态势平衡。因此，很有必要将其置于多维的对比情形与分析框架下，以便对治安承包现象及其本质有一个较为全面、客观、冷静的认识。

第八章：治安承包的法律争议。治安承包在其存在和发展的26年轨迹中，触及了法律的许多空白之处。比如，承包的正当性问题、治安防范承包与治安管理承包的范围界定、承包对象选择问题、承包协议性质属于民事合同还是行政合同、治安管理承包合同与治安巡防承包合同、承包双方角色定位问题、承包经费来源于政府买单抑或经费自筹、付费使用是否物有所值等。

第九章：治安承包合同的困局与消解。实行治安承包提高了治安服务的供给效率，以更低的成本向社会提供了更好的安全服务，各类可防性案件大幅下降，当地治安形势明显好转。但也的确引发了很多质疑：治安承包不仅遭遇本身的合法性诘难和经费来源的公平性拷问，就承包合同而言，尚有许多缺漏待完善和弥补，合同实施过程也面临不少制度和运作困境。治安承包合同是承包双方责、权、利的载体，然而几乎在关涉合同的所有环节，如合同谈判、权利与义务、准入资格与上岗条件、招标中的风险考核制度、标底设定和合同终止等都存在不少亟待消解的困境。

第十章：完善治安承包的路径选择。伴随公民权利意识的不断加强以及公民社会的日趋发展和成熟，社会必然产生一种多元化的状态。在社会治安的权力体系中，社会机构、团体由形式上的参与者转变为实质的参与者，公安机关也由治安事务的垄断者转为公安事务的外包者以及执行权力的监督者。作为警务民营化探索的治安承包，尽管存在着诸多局限，但不可否认有其存在的合理价值和必要性。未来完善治安承包，需要拓展治安承包的制度空间、确立公安机关的"掌舵"型权威和"顾客导向"的服务理念、给予必要的政策扶持和法律规范、建构相关的市场运行规范，最终走向制度化的社会安全多元合作治理。

本书是2007年度重庆市教委科学技术软科学研究项目

（KJ070102）和人文社科研究项目（07SK011）的资助成果。在写作中得到了重庆市公安局治安总队领导的关心和指导，重庆教育学院的胡术鄂老师提供了很多建议，我的研究生作了大量资料收集的工作，并协助我对本书文稿进行了校订，在此一并致谢。最后，感谢中国检察出版社给予的大力支持。

目 录

页码	内容
1	前 言
1	第一章　西方的私人警务
1	一、民间治安力量的"警察"
1	（一）非官方的"警察"
2	（二）私人警察的历史传统
3	二、私人警务的含义
4	（一）私人警务的概念及其渊源
8	（二）私人警务与相关概念
14	三、私人警务的发展与兴起
14	（一）私人警务的发展状况
15	（二）私人警务兴起的思想基础及现实原因
18	四、私人警察的作用及其与公共警察的关系
18	（一）私人警察的作用
19	（二）私人警察与公共警察的关系
21	第二章　治安服务的机制选择与契约型治理
22	一、治安服务与新契约主义治理
22	（一）治安服务的含义
23	（二）治安服务的属性
25	（三）治理与善治
28	（四）新契约主义治理模式
30	二、治安服务的机制选择
31	（一）政府机制
31	（二）市场机制

32	（三）志愿机制
33	三、公共治安的契约型治理
34	（一）社会治安契约型治理的历史沿革
36	（二）职业化治安契约型治理模式：保安服务
39	（三）非职业化治安契约型治理模式：治安承包
42	（四）保险化治安契约型治理模式：治安保险
46	（五）私密化治安契约型治理模式：私人侦探
54	四、公共治安社会化
54	（一）公共治安社会化概述
56	（二）西方治安社会化实践
57	（三）我国治安社会化实践
62	（四）基本治安服务均等化与治安服务多样化
64	五、社会治安与社会资本
64	（一）社会治安与社会资本的关系
66	（二）善用社会资本维护社会治安
68	第三章　我国保安服务业的机遇与挑战
68	一、我国保安服务业的发展
69	（一）初创阶段
69	（二）发展阶段
71	（三）成果显著
72	（四）潜力巨大
75	二、我国保安服务业面临的问题
75	（一）开放程度不够
76	（二）保安监管盲区
76	（三）企业管理缺陷
77	（四）保安流失严重
78	（五）服务范围狭窄
79	三、我国保安服务业的改革与立法
80	（一）打破垄断

81	（二）打造品牌
83	（三）规范管理
91	（四）市场化运作
94	（五）健全保安业协会
94	（六）加强立法

104	**第四章 治安承包概述**
104	一、治安、治安承包及相关术语
105	（一）治安与相关术语
110	（二）治安承包与相关术语
115	二、推行治安承包的现实背景
116	（一）转型社会中的严峻治安状况
117	（二）风险社会的治安需求多样化
119	（三）警力严重不足
122	（四）治安财政压力
123	三、治安承包的特征
123	（一）岗位职业化
125	（二）报酬货币化
126	（三）责任契约化
127	四、社会治安综合治理体系改革中的治安承包
128	（一）符合社会治安综合治理的群防群治原则
129	（二）社会治安综合治理市场化、社会化的新探索
130	（三）有助于利用社会人力资源改善治安综合治理

132	**第五章 治安承包的理论分析**
132	一、治安承包的理论研究背景
132	（一）新公共管理运动
134	（二）现代西方警务改革
136	（三）治安承包本土化
137	二、治安承包的理论依据
138	（一）公共产品理论

145	（二）公共选择理论
148	（三）委托代理理论
151	（四）多中心治理理论
153	（五）社会资本理论
158	（六）私人执法理论
160	（七）无增长改善理论
163	**第六章　我国的治安承包实践**
163	一、治安承包的产生环境
164	（一）社会发展视野下的制度变迁
171	（二）公共治安供求失衡的时代变革
178	二、治安承包制的实践
179	（一）治安承包的现状
181	（二）治安承包的类型
183	**第七章　产出绩效与多维均衡**
184	一、治安承包的产出绩效
184	（一）治安承包的经济绩效
190	（二）治安承包的效率绩效
193	（三）治安承包的效益绩效
198	二、多维的理性均衡
199	（一）政府与市场的抉择
200	（二）公益与私益的权衡
203	（三）责任与利益的博弈
206	（四）公权与私权的均衡
208	（五）规则与结果的公平
210	**第八章　治安承包的法律争议**
210	一、承包的正当性
211	（一）合法抑或非法
213	（二）自发性公民权利诉求
214	二、承包内容的范围

215	（一）治安防范承包
216	（二）治安管理承包
219	三、承包对象的选择
219	（一）民警作为承包人
222	（二）承包组织性质可能非法
222	四、承包协议的性质
223	（一）民事合同
223	（二）行政合同
226	五、承包合同的签约主体
226	（一）袪除治安巡防的治安防范承包合同
226	（二）治安管理承包合同与治安巡防承包合同
228	六、承包双方的角色定位
229	（一）公安机关的角色定位
234	（二）行政权和自治权的关系
234	（三）治安承包方的角色定位
239	七、承包经费的来源与使用
239	（一）政府购买抑或经费自筹
240	（二）付费使用是否公平

243　第九章　治安承包合同的困局与消解

243	一、合同谈判
244	（一）谈判困境产生的原因
244	（二）困境之合同权利与义务失衡
245	二、承包方准入资格与上岗条件
246	（一）承包方的准入资格
248	（二）承包方的上岗条件
248	三、招标与考核
249	（一）招标中的风险
250	（二）承包考核制度
252	四、承包标底设定

252	五、承包合同终止
252	（一）合同关系终止的原因困境
254	（二）合同关系终止的过程困境

255 第十章 完善治安承包的路径选择

255	一、拓展治安承包的制度空间
257	二、树立公安机关的"掌舵型"权威
257	（一）摆正公安机关的"掌舵"位置
258	（二）树立"顾客导向"的服务意识
259	（三）保持公安机关的法定权威
259	三、健全安全服务市场化的规制
260	（一）赋予必要的政策和法律扶持
260	（二）建构相关的市场运行规范
264	四、走向多元合作治理

267 参考文献

第一章 西方的私人警务

一、民间治安力量的"警察"

(一) 非官方的"警察"

警察(police)一词源于古希腊语的"Polis",原意为城堡,延伸为国家或城市,变为动词,含义为城市管理、行政管理及公民的支持,最后变为现代意义的警察。警察的法定含义包含了三层含义。首先,警察的本质是以法律为依据的行政作用。其次,警察的任务在于维护社会公共秩序,防止一切危害,促进公民福利。最后,警察手段,即警察完成任务所使用的方法,主要有指导、强制与服务。①

在"警察"概念上,我国与西方国家有很大的差别,一提到"警察",都会认为这是指官方的、专职的警察。其实,police的本意既指官方的专职警察,又包括非官方的或非专职的治安力量,因此,在许多国家,除了官方的专职警察之外,还有多种非官方的或非专职的"警察"。这些"警察"既有来自民间的专职人员如辅助警察,又有政府部门的非专职人员如某些部门的公务人员兼任的"警察",还有既非官方的又非专职的如私人警察、私人侦探,可以说是形式多样,表现出很大的创造性和多方适用性。政府一词"government"词根"govern"意为"治理",但治理功能并非专属于公共政府,许多民间组织有权治理或事实上行使治理功能。基本公共治安服务由于存在外部效应明显、涉及范围广泛的公共利益,无

---

① 王大伟:《欧美警察科学原理——世界警务革命向何处去》,中国人民公安大学出版社2007年版。

法凭借私人权利单独处置,也难以通过当事人协商妥当处置,因而是依靠国家行动,由公共警察来提供,而私人警察服务可以通过私人权利并通过私人权利的交换而实现,依靠市场中的契约合作、私人组织中的规章式合作等来提供。法律对此类合作的一般规则加以认可,并通过公共权力加以必要保证和规范。

公与私,是人类社会的一体两面,也是社会发展和变革的重要命题。公与私在中国伦理范畴中,与义、利、理、欲有密切联系。公,通常指公道、公共利益;私,通常指私心、私人利益。然而,两者并非绝对的,也不是总是对立。所谓"公共的",就是"官方的",而所谓"私下的",就是"非官方的"、"民间的"。因为真实世界远比理论要复杂。在公有、私有两分的观点下,往往忽略了大量真实的案例实际上是两者并存,依靠有效的监管框架来有效保护各种产权,并使产权在透明的规则下发挥效率。显然,这一解释摒弃了公私极端二元论。

(二) 私人警察的历史传统

将民间治安力量称为"警察"是一些国家的历史传统。有些国家的某些特殊的历史阶段,在没有建立官方警察力量时,便以民间治安组织填补"警察真空"。英国与美国的私人警察(private police),在英国1829年开始建立现代化的警察机关之前,即已存在,且一直持续至今。公元5世纪,日耳曼人占领了大不列颠,原有的罗马式的警察机构荡然无存了,而新的官方警察制度还没有建立起来,治安秩序便由民间治安力量担负起来了。菲利蒲·约翰·斯特德所著的《英国警察》一书上说:在英国,"第一个警察实际上就是那些轮流担任这种无报酬职务的普通居民"。1253年,英国的法令规定了"在乡镇中选举那些诚实和能干的人当城门看守",被称为"警务官"。在英格兰,17世纪就有了来自民间的"临时警察",1831年所制定的《临时警察条例》是对这种民间临时警察的认可。美国独立前,与地方行政司法当局并存的治安执法机构有"保安官"(从民间选举的)和"夜间巡逻队"(从民间征派的)。这种遍及殖民地县市村镇的非官方专职警察,被称为美国警察的"鼻祖"。美国的传统观念认为:警察原本是以私人或居民身份来轮流充任的。

P. N. 哥拉伯斯科的论文《执法与公众——犯罪中的非政府性参与》指出：近百年来，官方的专职警察的产生，实际上是公众的"自我保护性质的自愿协会向政府机构的转变"，其后果是"居民参与控制犯罪的活动也就逐渐受到限制"。① 法国当今社会的安全防范行业活动是从古代罗马城的夜间警戒治安员时代开始，随着社会形态的演变，人们对各种安全需求的不断增长，逐步发展确定行业定位的一种经济活动和私人警察活动。称为"私人警察活动"，是因为在法国与百姓日常生活息息相关的安全（生命和财产安全，社会治安，等等）都是由国家公共力量（国家警察和国家宪兵）负责保障，属于公共安全活动范畴。因此，接受各种客户委托提供监视、看管、资金运输以及人身保护等确保生命和财产安全的补充性服务的经济活动，则属于私人警察活动。②

二、私人警务的含义

学者把私人警察定义为"准公共警察"（quasi – public police）。私人警察基本上是必须要有利润导向（for – profit）的组织或个人。根据美国安全协会的定义（Clifford, 1976），所谓的"私人警察"应包括：自己开业的个人以及民营的企业与组织，他们提供安全相关的服务给客户，并且收取费用，目的在于保护客户的人身、财产或是利益，免于遭受各种危险。获利动机（profit motive）与寻求利润来源是"私人警察"的基本因素。Clifford 认为安全与损害阻抑的功能，是公共执法与私人机构一起执行。Hallcrest 报告指出，美国各公家单位，外包给私人警察的业务量相当惊人。③ 早期，由于美国

---

① 康大民："论国际上多样的非官方或非专职警察"（上），载《浙江公安高等专科学校学报》2002 年第 4 期，第 5 页。
② 朱彤："2008 年法国安防行业发展概况"，载 www.21csp.com.cn/zhanti/08pandian/tuarticle.asp? id = 2778。
③ 黄俊能："安全人员的角色与定位"，载 www.knu.edu.tw/cnhuang/class/intr_ security/。

地域广阔,且实行地方自治之故,警员无法跨区执勤侦查办案,都委托私人警察与侦探社协助警察调查罪犯。警察学发展成熟后,政府各机关间合作密切,公共执法力强化,横向及跨区执勤侦查办案协调力增加。私人警察则转为犯罪预防的角色,负责保护财产、维持秩序。

在当今社会,尤其是在"9·11"恐怖袭击后,私人警务在提供安全保障和犯罪控制方面起着关键性作用,营利性私人警务业正受雇于越来越多的人。虽然很少有人知道私人警务到底做什么或他们有权做什么以及私人警务与公共警务在法律处理方面的区别,甚至社会对于私人警务的内容也尚未形成真正的共识,但是,随着第五次警务革命的发展,私人警务的影响已经超过了公共警察的影响。如由西印度商业公司(West India Merchants)组织并出资设立的海事警察公司(Marine Police Establishment),成员有1200人,该海事警察公司规定其官员必须对"自己制止的恶行"和"侦查触法者的数目和定罪的违法者的数目"具体负责。[①] 这个公司取得了巨大成功,因而在一个成文法条款中被定义为一个公共机构。[②]

(一)私人警务的概念及其渊源

对于大多数人而言,"警察"是配备武器的、统一组织的、执行刑法并由公共税收支付薪酬的公务员,是由政治和立法程序所产生的,主要职责是维护公共秩序。在民主社会,警察对法庭负责,对当选的立法机构和行政机构负责。从20世纪60年代末期开始,大量公司和个人提供营利性私人警务服务如雨后春笋般涌现出来。社会学家克利福德·希尔文(Clifford Shearing)将这种成长称为一场

---

① See Radzinwicz, *A History of English Criminal Law and its administration From 1750*: *The Clash Between Rive Initiative and public Interest in the enforcement of the low* (1948), at 366.

② See Radzinwicz, *A History of English Criminal Law and its administration From 1750*: *The Clash Between Rive Initiative and public Interest in the enforcement of the low* (1948), at 389, 403 – 04.

"无声革命"。① 如在美国,仅加利福尼亚州就有185000名注册保安②。相对20世纪70年代司法部报告的公共警察与私人保安的1.4:1这一比例来讲,现在是每3个私人保安对应一个公共警察。不仅私人保安的数量在增长,而且日后将更难以界定私人警务与公共警务的区别,在装扮、举止等方面私人警察都与公共警察很像,而且常常是完全相同。③

1. 私人警务的概念

私人警务是指各种各样合法的、有组织的、营利性的人事服务形式,其主要目的包括打击犯罪、保护生命财产安全和维护秩序。这里对私人警务的界定,是指在执行法律之外的不同于其他社会团体或活动,在控制犯罪和维持社会秩序方面起着重要作用的行为。私人警务是现代私有制出现和发展的产物,他们的行为既可以由公共部门也可以由私人部门进行警务管理(分工)。

目前,为数不多的研究私人警务的西方学者们主要关注的是美国联邦宪法标准修正案应否扩大到调整私人警察领域的问题。有人说私人警务与公共警务在领域和范围上没有区别,都应当采用同样的方式进行调整。但是,美国"国家诉讼要求"——联邦宪法标准

---

① See Clifford Shearing, The Unrecognized Origins of the New Policing: Linkages between Private and Policing, in Business and Crime Prtvention 224 (Marcus Felson &Ronald V. Clarke eds., 1997).

② See Hazel korn, Making Crime Pay, *San Fran Chronicle Mag.*. Aug. 17. 2003, at 16.

③ See, e.g., Wendy Hundley, Neighborhoods Turning to Armed Guards: More Owners Paying in An Effort to Feel Secure, Kee Phome Values up. Dallas Morning News, June 15, 2003, at 1 (describing private "Crime Strike" guards who wear dark blue uniforms, carry handcuffs and billy clubs, and drive white cars with blue stripes equipped with flashing lights); see also *Private Security Advisory Councoil*, *Law Enforcement And Prtvate Security Sources And Areas of Confljct Ani) Strategies For Conflict Resolution* 8 - 9 (1977) (reporting that in survey of "law enforcement agencies" in forty - one states, seventy - one percent had received complaints from citizens that they had mistaken private police for public officers).

适用于政府官员的法律原则——是否应当扩大到调整私人警察的领域被视为一个逻辑问题,但在政治上又是个不可行的解决办法。①此外,很少人会对"私人警务"下一个谨慎的"定义"。

David Sklansky 在他的文章《私人警察》中从法律层面上对私人警务作了迄今为止最为全面的讨论。Sklansky 主要对法律原则进行了讨论,尽管也没有探讨明确在法律上的私人警务和公共警务之间的差别,但他在分析公共警务和私人警务行为时强调了法官造法和立法的重要性(或缺乏法官造法和立法的现状)。

2. 私人警务的渊源

以私人的方式保护财产和个人生命安全已经有很长的历史。很多早期的私人或表面上看来是私人形式的警务实际上是不同于今天的私人警务的,无论是在产生的动机、存在的目的还是其发挥的作用方面。最初,大多数的公共警务历史研究始于对私人措施和准公共措施混合的关注,这种混合存在于1829年建立的伦敦市警察局之前(1829年的伦敦市警察局被公认为是世界上第一个现代警察局),即在19世纪中叶美国采取英国模式之前。② 因此,有人指出私人警务并不新鲜,且实际上先于公共警务出现。

很明显,很多的私人警务更多地应该被划分为从事社会责任、志愿服务以及治安维持等营利性的活动。如(1)英格兰的强制性的社区保护制度,即"十户联保制",即由10个成年男子组成一组,承担包括担保其社区成员出席法庭、抓住并看护罪犯至下次开庭审理、将看护罪犯送交审判等许多的职能,如果一个10户联保组不能找出其社区成员中的罪犯,他们就要面临罚款。③ (2)美国的治安

---

① of course, it sometimes turns out that public police support (and even participate in) vigilante groups.

② See Monkkonen, *Police in urban America*: *1860 – 1920* (1981), at 41 – 49 (describing adoption of an adapted British model in American cities).

③ See Simon, *Poor Discipline*: *Parole and the Control of underclass*: *1890 – 1990*, (1993), at 18 – 19; Sklansky, The Private Police, 46U. C. L. A. L. REV. 1165, 1212 – 21 (1999), at 1195 – 96.

官巡逻制度。尽管不同的地方治安官的职责不同，但是一般而言，守夜人都是负责报告火灾、发现犯罪时大声"喊叫"，逮捕或拘留可疑人物等。① （3）英国的处理私人纠纷的团体。这类志愿者协会为重罪的起诉筹集个人资金。② 第一个有记录的组织 Bretherton 协会成立于 1744 年，这类所谓的重罪协会在 1750 年到 1856 年十分流行。③ 一直到 1836 年，英国的这种协会发展到了 189 个。其中的 Barnet 协会广为人知，他们在 1824 年成立的时候雇佣了八位私人巡逻官。④ 然而，为私人巡逻提供资金从来都没有比为起诉罪犯提供资金重要。

尽管以上所列看起来与今天的私人警务有很大的不同，但确也有像今天的私人警务一样有过私人聘请的巡警和警卫员。这些"意外的警察"受聘于公共部门、私立公司或私人。⑤ 据 1829 年的一份记录记载，伦敦 45 个教区中都有私人警察，他们集中在半径为 5 英里的范围内，多半都是 2 人到 5 人。如上文所述，处理私人纠纷的团体有时候也自愿出钱聘请私人巡警。那些富有的土地拥有者也聘请

---

① Rock, Law, Order and Power in Late Seventeenth and Early Eighteenth-Century England, in Social Control and the State 200 – 01 (Stanley Cohen & Andrew Scull. eds. 1983), at 196.

② See Radzinwicz, A History of English Criminal Law and its administration From 1750: The Clash Between Rive Initiative and Public Interest in the enforcement of the low (1948), at 123 – 34.

③ See Radzinwicz, A History of English Criminal Law and its administration From 1750: The Clash Between Rive Initiative and public Interest in the enforcement of the low (1948), at 25. Shubert attributes the demise of the felons associations in the mid nineteenth century to two factors: the introduction of public police forces through Great Britain, and the reform of prosecution. See id. at 33.

④ See Radzinwicz, A History of English Criminal Law and its administration From 1750: The Clash Between Rive Initiative and public Interest in the enforcement of the low (1948), at 33.

⑤ See Radzinwicz, A History of English Criminal Law and its administration From 1750: The Clash Between Rive Initiative and public Interest in the enforcement of the low (1948), at 205.

自家猎场的看守人来保护他们的财产。①

（二）私人警务与相关概念

私人警务形式作为一个整体接近于公共警察的警务活动，很多私人警察承担的职责仅占公共警察部门所承担职责的其中的一部分。

1. 私人警务与公共警务

有学者认为，应该把私人警务归为私人和公共行业之间的新的"劳动分工"的一类。② 根据这种分类，警务活动的范围就超越了公共警务的工作的范围，同时也包括了私人警察的活动。这种劳动分工的分法认为，警务是国家不具有独占权的活动。③ 不管是私人还是公共机构都可以履行警务职责，因此，应该采用同样的标准来研究所有的警务活动形式。Jones 和 Newburn 在研究伦敦旺兹沃思（Wandsworth）区的私人警务和公共警务时认为任何类型的警务形式都可以从以下5个方面进行比较④：（1）部门上，警务与市场之间存在什么关系；（2）空间上，该警务活动是在什么地方发生的；（3）法律上，具备的法律职权是什么；（4）职能上，该警务活动发

---

① See David Sklansky, The Private Police, 46 *U. C. L. A. L. REV. 1165*, 1212 - 21 (1999), at 1201.

② See Nigel South, *Policing for Profit* (1992), at 150 (suggesting that "private arrangements for ensuring security has fundamentally changed society's division of policing labor"); See Les Johnston, *the Rebirth of Private Policing* (1992), at 194 - 196 (suggesting with caution that the division of labor thesis is helpful); Jones and Newburn, *Private Security and Public Policing* (1998), at 200 - 203 (calling policing a "multidimensional concept").

③ The more recent scholarship of Clifford Shearing has begun move away from an essential function analysis and towards the division of labor concept. See, e. g., David H. Bayley & Clifford D. Shearing, DEP'T of Justicf, The New Structure of Policing: description, conceptualization, and research agenda 1 (2001) (discussing new "multilateralization of American policing").

④ See, e. g., David H. Bayley & Clifford D. Shearing, DEP'T of Justicf, The New Structure of Policing: description, conceptualization, and research agenda 1 (2001) (discussing new "multilateralization of American policing").

挥什么职能；(5) 区域上，警务组织是按照国际、国家还是地方层面来运作。

公共警察是指正式负责着执行刑法、防止犯罪以及刑事侦查的公共雇员。国家通过制定法规定哪些人是公共警察官员，也确定了哪些人根据赋予公共警察的特殊法律权力可以阻止、拘留、搜查以及逮捕他人。① 然而，这种充分执行法律的法定义务并没有在实践中起到绝对的标准，巡逻官拥有相当大的自由裁量权，可以决定何时以及如何执行法律。因为没有哪个警察部门有足够的时间和人力达成官方的执行目标，所以警察官员们转而采取"优先执行权"② 的做法。公共警察对于防止犯罪这一头等目标，在很大程度上仍然

---

① See David Sklansky, The Private Police, 46 *U. C. L. A. L. REV.* 1165, 1212 - 21 (1999), at 1187 (noting that public police have special powers to apply for and execute warrants, conduct searches without a warrant in some circumstances, and to command the assistance of bystanders); see. e. g., CAL. Penal Code § 833 (2004) (permitting peace officers to search any person for whom he has legal cause to arrest, whenever he has reasonable cause to believe that the person possesses a dangerous weapon); CAL. Penal Code § 833. 5 (2004) (permitting detention by peace officer in cases where the officer has reasonable cause to believe that person suspected possesses deadly weapon); CAL. Penal Code § 835a (2004) (permitting reasonable force by peace officer to effect arrest, or to overcome resistance when reasonable cause exists to believe that a person has committee a "public offense").

② see, e. g., Joseph Goldstein, *Police Discretion Not to Invoke the Criminal Process: Low - visibility Decisions in the Administration of Justice.* 69 YALE L. J. 543. 561 (1960). By contrast, Goldstein defines "full enforcement" as follows: (1) the investigation of every disturbing event which is reported to or observed by them and which they have reason to suspect may be a violation of the criminal law; (2) following a determination that some crime has been committed, and effort to discover its perpetrators; and (3) the presentation of all information collected by them to the prosecutor for his determination of the appropriateness of further invoking the criminal process. Id. at 559 - 60. See also Kenneth Cul Pdavis, *Police, Discretion* (1975) (observing that "selective enforcement" results from a conflict between the expectation to enforce the lawfully and the lack of resources to do so).

是反应性的：他们根据公民的举报，在弄清事实后再处理犯罪。

尽管公众，甚至是这些警官本人，把与犯罪行为作斗争视为公共警察最重要的任务，但是巡逻警察平均每个工作日只花费很少的时间用于解决或者防止犯罪，大部分时间都用在维持秩序上——"阻止并平息潜在的或激烈的冲突"。巡逻警官在社会地位以及在身体上都是与社会公众隔绝的，他们更多地是以自己的工作特色而为人所知，他们同样需要向法律负责，其工作性质是一个由危险、权力以及向上级负责等要素构成的混合体。①

对于公共警察而言，美国的警务是高度地方化和高度分散化的（或者说"割据化的"）机构。② 有联邦警察、州警察、县警察、市警察，以及有特殊管辖权的警察，如福罗里达州的游戏与淡水鱼委员会和宾夕法尼亚州东南运输局。任何警察部门的优先地位和任务都是与许多因素相联系的，包括该部门的领导、当地的政治格局、警察的职业文化以及警察部门所服务的党派的前景。一方面强调效率和目标的达成，另一方面考虑了更多的整体目标、利益分配以及道德要求。警察部门主要集中精力于"结案率"，而且警察负责人必须对犯罪率上升作出回应。所以，一方面强调效率和目标的实现，另一方面也要考虑更多的整体目标、利益分配以及道德要求。同时，对私人警察而言，私人警察不享有公共警察所享有的法律赋予的权力。例如，很多私人保安和普通公民拥有的法律能力是相同的，他们不能强制拘留可疑的犯罪人员或者实际上已经犯罪的人员，尽管公民的逮捕权和治安官员的逮捕权之间并没有什么区别。例如，在美国很多州，一位普通公民可以逮捕在他面前犯了轻罪的行为人，或者逮捕他有足够的理由确信已经犯了重罪的行为人（限于重罪事

---

① See Skolnick, *Justice Without Trial* (1966), at 41 – 68.

② American policing has been locally controlled since its inception during the mid-nineteenth century. See generally, Robert M. Robert M. Fogelson. Big City Police (1977); Richard Lane, *Urban Police and Crime in Nineteenth-Century America*, in *Modern Policing* I, 6 (Crime and Justice, Michael Tonry & Norval Morris, eds., 1992); James Richardson, *the New York Police: Colonial Times to* 1901 (1970).

实上已经形成）。即使公民和私人警察拥有同样的官方权力，更重要的区别在于，有些州和城市赋予某些种类的私人警卫特殊而有限的权力，而公民却很少使用这些权力。

按照 Shearing 的说法，私人警务的最基本的特征也许是客户的委托。① 客户的特定要求，即他们因遭受损失和损害而需要警务服务，决定了他们所聘请的私人警务的性质。因此，对于私人警察组织来说，异常或违反秩序的行为并不是以道德观念来定义而是从一个工具主义的角度，即客户的特定需要来定义的：愉快的购物过程、安全泊车的地方或秩序井然的工作场所。在私人警务行业，一般社会大众也可能会成为一个公共警察部门的"客户"，我们把"客户"这一概念狭义地定义为"雇主"，不同于一般社会大众的定义，私人警察组织应直接为他们的雇主负责。私人警察组织在执行他们的客户交代的任务时，基本上都是通过以下的方式进行：认为要处理的是客户遭受的损失而非犯罪；采用预防性的措施；依靠打击侵害私有财产的行为和将这些打击行为转为由私力救济体系处置。② 这有以下 4 方面的内容：（1）损失而非犯罪。从注重犯罪转为注重损失的方式会产生两个效果。第一，损失的范畴要比犯罪大，因为损失不仅包括诸如盗窃和殴打这些违反刑法规定的行为，而且包括违反道德规范的行为、事故和工作时浪费时间等不属于刑法规定的范围内的行为。第二，注重损失表明私人警察不介入刑法的道德基础，而注重保护财产和资产。（2）预防性措施。预防性方式强调依靠对担心要发生的行为的侦查进行监督，并作为是控制损失、犯罪和混乱的主要方式。（3）私有财产。Shearing 还指出了私人警察的产生发展和私人空间的形成之间的密切联系。（4）私力救济。当采用的预防性措施不能达到目的时，私人警察经常依靠私力救济的方式而

---

① See Clifford D. Shearing & Phillip Stenning, *Private Security and Private Justice: the Challenge of the 80s: A Review of the Policy Issues* 9 (1982); see also chapter five, part 1, infra.

② See Clifford D. Shearing & Phillip Stenning, *Private Security and Private Justice: the Challenge of the 80s: A Review of the Policy Issues* 9 (1982), at 7.

非交由公共警察和刑事诉讼系统来处理。社会学家 Stuart Henry 把私力救济定义为"管理和惩治违反规则或与群体或组织发生纠纷的个人的地方化的非国家系统"。①

然而，实际上私人警务与公共警务是有本质区别的。如美国联邦宪法规定无保留地执行国家诉讼是一种规范性界定"警察"的行为。目前美国公共机构也在不断推动公共和私人警务的合作，推崇在预防犯罪方面与公共警察形成合作关系，当然这种关系应当要谨慎处理，因为此种伙伴关系将面临诸如在公共和私人部门之间责任平衡、利益以及控制权分配难题。② 如在购物商场、公司和其他私人场所等需要私下维持秩序的地方执法，对不合时宜或者不受欢迎的人或物行使排除权或拒绝权。而公共警察在服务区内却没有针对具体人或物的排除权。在美国的任何角落随处可见私人警务服务，身着制服的保安在商场、"门控社区"（gated communities）甚至街道四处巡逻。雇主通常雇佣私人调查机构对未来的员工进行背景调查。许多类似的私人雇佣人员都像公开执法人员那样做事：拘留个人、进行搜寻、调查犯罪以及维持秩序。在半个多世纪之前，私人警务类似的行为被滥用，以至于联邦政府对其在劳资纠纷中的角色定位进行调查并予以谴责。"私人保安"是指各种依法成立的、营利性的个人服务，其主要目标包括防止犯罪、保护人身和财产安全以及维护秩序。这也是私人警务的内容之一。

2. 私人警务与私人安全行业

私人警务与私人安全行业完全不同，私人安全行业是一个用于

---

① Stuart Henry, *Private Justice and the Policing of Labor*: *The Dialectics of Industrial Discipline*, in *Private Policing* 45, 46 (Clifford D. Shearing&Phili PC. Stenning, eds. 1987).

② Elizabeth E. Joh, *Within the Law*, *Without the State*, *and for a Profit*: *the Rise of Private Policing*, ProQuest Information and Learning Company, UMI Microform 3146665.

描述向私人警务工作提供必要物资的私人公司的术语。① 它们之间经常产生混淆，因为安全行业也提供安全人员，因此这两个术语是否相同引发了大范围的讨论。有人采用了一个补充性的术语，将私人警务既是一种活动，也是一类市场产品这两种含义融合起来。例如，社会学家 Nigel South 在研究英国的私人警务时，建议采用"私人安全部"一词。②

采用某一特定的术语需要由其有用性来决定，没有所谓正确描述私人警务现象的唯一方式。选择采用"私人警务"和"私人安全行业"两个术语，是因为它们代表了独立的又有所重合的种类。私人安全行业指的是一类营利性安全产品和服务，主要包括三个大类：提供警卫、设备、调查或者咨询服务。

3. 私人警务与其他私有化形式

有些研究者把私人警务看成不过是向私有化政府服务转化的一个转折，比如说监狱管理和垃圾处理等，为被人们称为服务不周和高成本的公共服务提供更为廉价和由市场驱动的选择。③ 因此，私人

---

① There are few reliable means of measuring the private security industry in the United States. As with private policing, this can be attributed both to disagreement over the definition of the industry, as well as the practical lack of means to collect data on the industry. For a discussion of the American private security industry, See William Cunningham, John J. Stauchs & Clifford Van Meter, *Private Security Trends*, 1970 to 2000: *The Hallcrest Report* (1990), at 163 - 220. For a comparative look at its British counterpart, see Cf. Trevor Jones & Tim Newburn, *Public Policing and Private Securty* (1998), at 54 - 94.

② See Nigel South, *Policing for Profit* (1992), at 23.

③ See, e.g., Bruce L. Benson, *Crime Control Through Private Enterprise*, 2 Indiepent Rfv. 341, 342 (1998); Thomas R. Windham, A Police Chief's View of Privatization of the Criminal Justice System 153, 153 in Privatizing The Unitied States Justice System: Police, Adjudication, and Corrections Services from the Private Sector (Gary W. Bowman, ed. 1992).

警务是当前形势下传统的公共职能私有化的一个趋势。[①] 实际上,我们现在所研究的和现实中的私有化也仅指公共职能和责任部分或完全向私有部门转变的过程。乍一看来,这种比较似乎没什么问题,但是有个私有化度的问题。

三、私人警务的发展与兴起

（一）私人警务的发展状况

前面已经提到,在英国 1829 年开始建立现代化的警察机关（public police）之前私人警察即已存在,1970 年欧洲及北美的私人警察突然大幅增加（Johnston,1996:59）。今天,有些国家的私人警察已超过了公共警察人数。根据统计,目前各国警察与私人警察之人数比,美国约为 1:2.2；日本约为 1:1.79；我国约为 1:0.521；德国则约为 1:0.53（郑善印,民 95:6—31）。

2000 年安全服务报告,全美有超过 110 万私人警察从事安全实务与相关工作。1990 年,全美约有 107000 家安全服务公司,营业额达 510 亿美金,六家上市公司就占有大部分市场份额,有超过 14 家安全服务公司的营业额超过 15 亿美金。小的私人警务公司一般提供特定安全服务,大的私人警务公司提供全方位安全服务。其间,不但私人警务公司经济效益飞速发展,还呈现出三个基本趋势：不正当警卫行为防护之法律问题增多；更多优秀人才投入此行业；私人警察不携带武器,但"9·11"之后,又重新携带武器。[②]

从 20 世纪 70 年代起,私人警察等社会治安组织异军突起。当今美国私人警察已达 210 多万人,比联邦、州、地方三级执法人员还多 50 万人；在英国,私人警察从 1971 年的 8 万名上升到 1997 年的 30 万名,几乎是公共警察数量的两倍；政府花在私人警察上的费

[①] See David Sklansky, The Private Police, 46 *U. C. L. A. L. REV.* 1165, 1212 – 21 (1999), at 1170.

[②] 黄俊能："安全人员的角色与定位",载 www.knu.edu.tw/cnhuang/class/intr_security/。

用比花在公共警察上的费用还要多。而且,私人警察的工作不仅限于现金押送、私人保镖和企业内部保卫,还涉足法庭、监狱、警察局等国家暴力机关。①

(二) 私人警务兴起的思想基础及现实原因

西方私人警务持续地蓬勃发展,其兴源于国家警务的民营化。警务民营化是第四次警务革命的主要内容。西方警察科学家曾预言:"警务民营化是与社区警务并驾齐驱的两大改革。也许,民营化将主导未来的警务革命。"社会需要警务民营化,主要基于既有自由放任、多元主义的思想等因素和自我警务的传统影响,更有都市社会的变迁、公共警察服务的公众满意度差、有偿服务和服务定量等现实原因。

1. 自由放任的思想

20世纪60年代,警政结构经历了一场宁静的革命,因为私人警察产业呈指数式地扩张。根据统计数据显示,美国20世纪70年代和80年代,警察与保全人员的比约为1:0.52。此外,在20世纪70年代,英国和美国已开始有关私人警察的研究。这类研究挑战着60年代习以为常的一些假定——"当代的警政是属独占性的国家警政",并论证了私人警察是需要加以认识和了解的一种重要的当代现象。美国司法部委托兰德公司(RAND Corporation)进行的一项有关私人警察的研究除介绍私人警察的内涵、范围及其特性外,还提出了具有影响力的政策主张,直接挑战过去视私人警察为"私人军队"的错误成见。从视私人警察为一种威胁到视之为一种资产的转变过程,是经由把私人警察视为资浅的伙伴,能协助资深伙伴的公共警察维持治安的概念化过程而完成的(Shearing,1992)。对于社会治安的维护而言,国家公设的警察机关将不再是一个独占者,它必须正视私人警察行业对警察机关的互补功能。公私部门双方未来应建立一种伙伴的关系,才能有效维护社会治安。

2. 多元主义的思想

多元主义(pluralism)或后现代主义(postmodernism)的思维,

---

① 张迎红:"西方治安管理新趋势",载《国际展望》1997年第23期。

可以说是造成政府业务持续民营化的最大环境因素。多元主义及后现代主义的信奉者认为国家不能固执于一种价值观，而应尊重多元的价值。因此，多元主义的思想将弱化国家的统治角色，强化公民社会的自治功能。一旦国家的功能弱化和统治范围缩小之后，对维护社会治安的工作而言，警察只是其中一股力量而已，而私人警察产业亦应被视为是维护治安的力量之一。这势必造成私人警察产业的地位提升（Johnston，1996）。这种多元主义的思想使得私人警察行业与公立警察机关并存现象更具有其正当合法性。

3. 自我警务的传统

私人警察在英美等国如雨后春笋般蓬勃发展，其中一个主要原因是这些国家有悠久的自我警务的传统。这些国家多实行自治体警察，警察国有化的概念本身就不被人们所理解。加之公众的隐私权利意识较强，不愿让警察介入他们的私人生活，一旦发生案件，往往采取自警自救的措施。私人警务在市民和公共警察二者之间起到了调和与"缓冲阀"的作用，它对公共警察权威的树立以至后来被公众接受具有重要的意义。自1829年公共警察创建以来，私人警务以不同的存在形式对公共警察起着重要的补充作用，仍然是维护社会治安的重要组成部分。① 在剧烈的警务改革中，私人警务始终是珍视传统和经验的英国人寻求有效警务方式的源泉。"警务民营化"改革，是英国警界在新形势下重新建立的公共警务和私人警务之间的一种平衡。

4. 都市社会的变迁

Shearing 和 Stenning 认为，资本主义社会发展到 20 世纪末，出现了"公众使用的私人财产"（mass private property）增多的特殊现象，譬如大卖场或大型游乐场等不断增加。这种形态的场所，其财产属私人所有，但却开放给公众使用。警察机关对这类场所的治安或秩序的维护，常需借助其自行雇佣的私人警察来协力完成。而此类场所的所有权人，为降低经营管理上的可能损失，也高度仰赖私

---

① 徐伟："英国警务的民营化改革"，载《江西公安专科学校学报》2006年第2期，第73页。

人警察的服务。因此,这种都市化的社会发展因素,导致了对私人警察产业的需求大增。

5. 公共警察服务的公众满意度差

资金短缺、警力不足是各国警察部门共同面临的难题。为解决这两个难题,英国内政部不得不将警察预算承包并制定警察工资的最高限额。但20世纪80年代以来,警察占有公共开支的份额却逐年增多,而同一时期罪案登记数量仍在无情增加,使人们对警察的工作表现提出了很多疑问。在行政支出相对未减少的情况下,其打击犯罪、控制社会治安秩序的能力却没有相应提高,充分说明警察机关的工作效率低下。面对紧张的社会治安环境,公众缺乏安全感,从而对警察失去了应有的信任,更不要说对警察服务有好感了。面对这一尴尬局面,警察部门不得不对现有的情况进行改革。"警务民营化"改革就是利用市场的力量引入竞争机制,把警察服务推向市场。这样,就打破了警察部门对警察服务的垄断,公众有了可选择的机会。如果公众对公共警察的服务不满意,他们可以转向市场上其他组织提供的替代服务。竞争机制的引入,使公共警察部门有了工作压力,迫使他们改善管理,注重绩效,以提高警察服务的效率和质量。

6. 有偿服务和服务定量

"你要获得服务,就要支付金钱。"这是市场经济中天经地义的规则。公共警务也非完全免费提供,西方正规警察的某些服务价格是公开的。英国伦敦大都市警察每年向国家开价100万英镑,作为皇家公园警卫的报酬;英国航空局索取160万英镑作为警卫西斯罗机场的费用;肯特郡向新建的英法海峡通道派遣150名警察,要价500万英镑。由于正规警察要价太高,私人警察公司就应运而生。[①]

公共警察对社会与公众的服务是多方面的。从开救护车送病人到医院再到为动物提供保护,无所不有。服务清单包括:为足球比赛警卫、防止计算机诈骗、寻找丢失儿童、指路报时、防止文物走

[①] 王大伟:《欧美警察科学原理——世界警务革命向何处去》,中国人民公安大学出版社2007年版,第505页。

私等。在多数情况下,这些服务是免费的。市场经济有这样一个规律,凡是免费的、社会又十分需要的服务就一定是定量的。例如,英美等国医疗是免费的,所以必须定量。一个人为一次手术往往需要排队等半年以上,这样私人医生就会有很大的发展空间。警察的服务也是如此。许多小案子无法进行现场勘查或组织破案。私人警察公司就找到了巨大的市场。①

四、私人警察的作用及其与公共警察的关系

(一)私人警察的作用

私人警察主要关注的是"危险"和"损失"问题而非"犯罪"问题。安全实务与程序主要是减少潜在危险源(potential hazards),工作内容相当广泛:有价运送、贴身护卫、管理顾问、安全顾问及其他特定保护。

私人警察与公共警察执行同样的工作,但却有各自不同的取向。私人警察为客户导向(client‐oriented),而公共警察主要是社会导向(society or community‐oriented)。警察职权(police powers)是两者间的另一项差异,逮捕权力(power of arrest)是来自公共执法所赋予警察的权力。提供安全环境,是私人警察与公共警察共同的目标,两者又需要密切合作。② 私人警察的作用与公共警察的作用有时会是互补或重叠的。私人警察普遍被认定为训练不足、人员素质低及执法知识不够。私人警察也保护公共财产,例如联邦政府有超过1万名的外包警卫负责提供各项服务(包含巡逻、保卫)。公共建筑物、机场、博物馆等,也多是由私人警察公司提供警卫与维持秩序。私人警察的主要任务是预防犯罪或防止犯罪,而非调查及逮捕。但在美国有些大城市,私人侦探逮捕的犯人比警察还多。在美国,

---

① 王大伟:《欧美警察科学原理——世界警务革命向何处去》,中国人民公安大学出版社2007年版,第505页。

② 黄俊能:"安全人员的角色与定位",载 www.knu.edu.tw/cnhuang/class/intr_security/。

某些犯罪形态也由私人警察调查及提供犯罪侦查的资料，如信用卡诈欺、智能型犯罪等。私人警察和公共警察的角色与本质是相似的，包括维护秩序和保护他们各自的雇主，只是私人警察在减少犯罪和损失方面所服务的人群范围较小。某些领域由私人警察来执行的确更合乎成本效益，但毋庸置疑，私人警察和私人警务也需要严格监管和规范。Hallcrest II 报告建议：提升私人警察等级，制定法规，要求对私人警察服务公司进行背景资料查核、训练及道德规范与执照等事项规定。①

大量西方的私人警察履行着本来应由公共警察履行的部分职责，以商业运作的方式为公众提供安全服务并收取报酬获得收益。从长期的实践效果和目前的运作情况来看，私有化的警务至少带来了三个方面的正效应：一是私人警察替代了国家警察的部分职能，使警察机构及其人员精简成为可能，进而为政府减少警察财政投入提供了思路；二是私人警察的服务态度和质量给国家警察带来了生存压力，使得公共警察不得不进行改革，提高工作效率；三是私人警察的出现，满足了不同层次公众的安全需要，富裕的人可以付出更多钱得到更多的服务。②

(二) 私人警察与公共警察的关系

即使私人警察与公共警察之间有些冲突的情境，但是二者之间的关系越来越密切。一般而言，两者的关系形态表现为下述四个方面（Matthews, 1989: 84—96）：③

1. 合作关系。私人警察与公共警察相互信任及合作，发挥各自特色，共同维护治安。例如公共警察要求企业组织应自行装置防窃警报系统及监视录像设备等；要求辖区保全公司的巡回服务车，应

---

① 黄俊能："安全人员的角色与定位"，载 www.knu.edu.tw/cnhuang/class/intr_security/。

② 佚名："国内外警务改革情况"，载 www.police.com.cn/Article/lilun/jwtt/200504/1749.html-30k。

③ 朱金池："警察机关与私人警察产业间关系之研究"，载《警政论丛》第7期，第89页。

定时在联防区内巡守。

2. 互补关系。当私人警察实力越增强，市场需求越大，以及警察机关越依赖私人警察协助时，私人警察就越具有自主性。此时两者之间，维持着互补的关系，私人警察公司与警察机关平起平坐，互相尊重。"9·11"事件之后，两者已经有更紧密的合作关系。所以很需要增加私人警察对公共警察知识的认知，扩大互动，他们可以建立合作工作小组，双方分享调查信息与特殊装备的使用介绍。

3. 竞争关系。私人警察凭借市场机制、效率及成本效益的优势，同警察机关在某些重叠的功能上，相互竞争，优胜劣败。

4. 监督关系。私人警察与公共警察之间，无论是保持合作、互补或竞争等不同的关系形态，只要私人警察组织目标是追求"公共利益"，公共警察对私人警察的监督将降到最低的程度。但是，当私人警察在职务上滥用裁量权，私了一些轻微但必须移送到法院处理的刑事案件时，公共警察对此明显违法的行为，应予以严格监督和管理。

不可否认，私人警察有其存在的广泛的社会基础和现实理由，越来越成为维护社会安全不可忽视的民间力量。但是，私人警察也不可能替代和超越公共警察的主导作用。两者将长期共存、合作竞争、优势互补地履行各自的社会安全服务职责。

第二章 治安服务的机制选择与契约型治理

社会治安问题关乎社会的安全秩序，一向被普遍视为是由警察机关垄断供给的重要公共物品。随着社会经济的发展，治安管理实践与时俱进，公众对治安的需要和期望的不断提升，城乡居民对治安现状的担忧及对治安服务的多样化需求，促使政府在新形势下进行实践创新以回应公众需求。警察作为警务公共产品的供给主体，其供给能力因公共资源的有限性而注定不可能满足全面的社会需求。英美等国的警务民营化把市场机制引入公共警察机构，将一部分服务职能转移给私营部门和非政府组织，由他们向公众提供以前由公共警察垄断的安全服务，藉此来提高警察的工作效率和满足社会公众的公共安全需求。这对我国的警务社会化改革带来了"警力有限而民力无穷"的启示和借鉴。为此，我们不仅仅只依靠国家，也要引导和鼓励市场、社会、第三部门、社会团体、个人等社会力量参与提供社会治安服务。这一治安服务供给机制的变迁过程便是我国的警务社会化实践。为深入推进警务社会化，就必须将一些由公安机关承担的非警务活动或边缘性警务活动逐渐从公安工作中剥离出去，而由社会承担。

本章将讨论治安服务的概念和属性，阐释新契约主义治理模式及治安服务的机制选择，围绕契约合同基础上的警务多样化，将激励机制与公平机制结合，充分发挥保安公司、社区联防、治安承包等主体服务社会治安的积极作用，通过多种契约型治理方式实现警务社会化，提供公民满意的治安服务，切实可行地改善社会治安状况。

一、治安服务与新契约主义治理

当前的警务社会化改革同治理、善治理论的发展以及新契约主义治理模式相契合,强调以契约为核心,构建社会治安服务的现代多元供给体制。

(一)治安服务的含义

一种产品或服务的内容和性质归属是确定这种服务供给方式的前提,因此在讨论治安服务是应该由政府、市场还是志愿供给的机制选择之前,我们需要先厘清它的含义。

在我国,"治安"一词最早见于西汉的《治安策》(又名《陈政事疏》),贾谊首先提出了"欲天下之治安,莫若众建诸侯而少其力"。由是观之,古代的治安,是指治理国家,统治民众,管理社会,使国家政治清明、社会稳定,其含义是很广泛的。随着社会的发展,治安的内涵也得到了不断的丰富和发展。现代意义的治安,主要是指维护涉及国家安全、公共安全、公民和团体的人身权利及公私财产等方面的社会秩序。

良好治安带来的益处惠及整个社会,治安辖区的任何人都能从中获益。公共物品理论的鼻祖萨缪尔森曾经提出:"公共物品是这样一种产品,无论每个人是否愿意购买它们,它们带来的好处不可分割地散布到整个社区里。"治安服务符合公共物品的两个根本特征——消费的非排他性和非竞争性,因此治安服务一直以来都被普遍地认为是一种公共物品。值得注意的是,由于治安服务的供给关乎人类基本安全需求的满足,"整个社会的存在都只为了保证它的每个成员人身、权利和财产不受侵犯",① 其在整个公共物品系统中处于基础性地位。

公共服务具有非排他性和非竞争性两大特点,治安服务所需要的巨大资源也决定了它只能由政府垄断供给,为了克服"搭便车"

---

① [澳]欧文·E. 休斯:《公共管理导论》,中国人民大学出版社2001年版,第43页。

现象，萨缪尔森提出公共物品由政府提供就是最佳的供给方式。要提供治安服务，必须组建专业化的警察队伍，而供养警察队伍需要大量的人力、财力和物力。由于提供社会治安服务所需要的资源大大超过了个体的承受能力，个体又很难从庞大的治安公共服务交易成本中得到相应的激励，因此无论是社会主义国家还是资本主义国家，国家都承担了维护社会治安的职能。我国《宪法》第28条规定："国家维护社会秩序，镇压叛国和其他危害国家安全的犯罪活动，制裁危害社会治安、破坏社会主义经济和其他犯罪活动。"《刑法》规定，犯罪是破坏社会秩序、危害社会治安的行为。《治安管理处罚法》规定："各级人民政府应当加强社会治安综合治理，采取有效措施，化解社会矛盾，增进社会和谐，维护社会稳定。"从《宪法》、《刑法》和《治安管理处罚法》的规定可以看出维护社会治安是我国政府的法定职责。

但值得注意的是，治安服务具有时空变异性，随着社会历史条件的变化，治安服务的内容和性质在不断发生变化。20世纪80年代以来，西方各国相继进入了行政改革时代，紧接着公共服务市场化浪潮席卷全世界，许多传统意义上纯粹的公共物品也发生了改变：一方面，随着时代发展，政府包办模式的治安服务的弊端逐渐显现出来，治安服务总量不足和类型单一，不能适应民众对治安服务日益多样化的需求；另一方面，伴随科技和治安实践的发展，交易费用可以被较为准确地计算出来，外部效应可以被内部化，一些原先无法实行付费消费的治安服务可以克服收费技术和收费成本的障碍实现便捷收费。这一切都促使治安服务走出政府垄断的供给模式，出现了采用市场或志愿的方式供给的可能性。

（二）治安服务的属性

随着时代的发展、公共物品理论的进步，我们重新审视现阶段的治安服务，发现传统上作为纯粹公共物品的治安服务，其公共物品的属性已经变得不那么纯粹了。许多治安服务的公益性与消费性是可以相对分离的，而要正确认识这类治安服务就必须将其与其他形式区别。从治安服务的属性上进行分析，我们可以将治安服务区分为：纯粹的公共治安服务、可私有化的治安服务和可社会化的治安服务三类。

1. 纯粹的公共治安服务

要判断一种物品是不是公共物品，可以从两个标准加以区分，即消费的非竞争性和获益的非排他性。公共产品的非竞争性是指某人对公共产品的消费不排斥和不妨碍他人同时享用，也不会因此减少他人消费该种公共产品的数量和质量；而公共产品的非排他性是指因为技术原因或者成本原因无法将那些"搭便车者"排除受益范围之外。例如报警服务、119火警服务、警察的治安巡逻、对危险物品的管理、对公共场所与特种行业的监督检查，这些活动为所有人所需要，有利于所有人的生活，破案的外部效应为所有人共享，其生产具有很高甚至无法计量的私人交易成本，所以都属于绝对的公共产品。

2. 可私有化的治安服务

凡在消费上具有竞争性和排他性的产品是私人产品。比如保安公司为特定企事业单位提供的治安服务就是典型的可私有化的治安服务。由于它只对付费企业提供，同一单位的治安服务只能被付费企业所享受，当付费企业扩大消费内容时，将带来治安服务生产成本的增加，它具有消费的竞争性；保安公司与接受服务的企事业单位，以契约形式将服务内容与服务价格确定下来，清晰地确定了治安服务的交易成本与服务边界，排除了对未付费企业的治安服务，在技术上用适当的成本排除了"搭便车者"。可私有化的治安服务是进行治安服务市场化改革的基础。

3. 可社会化的治安服务

还有一类治安服务，它们的性质介于标准的公共产品与纯粹的私人产品之间。比如居民小区的治安服务，在出现拥挤效应之前，它是标准的公共产品，因为新增居民的边际成本为零；但是在出现拥挤效应之后，新增加居民就会给原有的居民带来负效用，因此这种治安服务可以说是一种局部公共服务，又可以理解为布坎南等学者所称的"俱乐部物品"。这类治安服务的提供，有利于全社会范围内的和谐稳定，但是在消费上，它是有排他性的。再比如沿街商户为了增强安全防范能力而开展的治安巡逻等治安服务。我们认为这类服务属于可社会化的治安服务。在出现拥挤效应之后，每增加一个单位治安服务的需求，就需要增加生产一个单位私人治安服务所需要的成本，因此要注意控制可社会化治安服务的边界。在出现拥挤效应之前，这类治安服务可以排除该社区以外人群的受益。由于它的成本边界清晰，可以有力地激励社区居民供给此类服务，从而增加治安服务的供应量，强化供给效率，提高民众的满意率。

（三）治理与善治

新公共管理在市场和政府二分的逻辑基础上，过分推崇市场价值，而忽略了政府、第三部门的作用以及它们之间的协调。20世纪90年代以来的治理（governance）对新公共管理进行了超越与替代。世界银行在1989年的报告《撒哈拉以南非洲：从危机到可持续增长》中反复强调非洲发展问题的根源在于"治理"危机。它认为地区发展的关键在于创造"多元制度结构"的治理革新。从此"治理"进入了社会科学的研究视野，并产生了巨大影响。全球治理委员会发表了题为《我们的全球伙伴关系》的研究报告，并在该报告中对"治理"进行了界定：治理是各种公共的或私人的个人和机构管理其共同事务的诸多方式的总和。它是使相互冲突的或不同的利益得以调和并且采取联合行动的持续的过程。

治理区别于传统的"统治"。它既包括有权迫使人们服从的正式制度和规则，也包括各种人们同意或以为符合其利益的非正式的制度安排。治理的实质在于建立在市场原则、公共利益和认同之上的合作。它所拥有的管理机制主要不依靠政府的权威，而是合作网络的权威。其权力向度是多元的和相互的，而不是单一的和自上而下的。治理最为核心的特点是通过合作、协商、伙伴关系、确立认同和共同的目标等方式实施对公共事务的管理。它不同于传统"统治"模式下权威仅仅来自政府机关的情况，它认同多元化的权威中心，承认私人机构和公共组织的权威。[①] 治理理论的盛行改变了过去公共产品供给主体单一化的局面，治理强调政治国家与公民社会的合

---

① 俞可平："治理与善治引论"，载《马克思主义与现实》1999年第5期，第117页。

作，公共机构与私人机构的合作，在各种不同的公共产品供给机制之间建立合作关系，引导、控制和规范公民的各种活动，以最大限度地增进公共利益，从而有效地避免了单纯采用市场手段带来的个人极端自私行为及"搭便车"现象泛滥等局限性，也避免了仅仅依靠政府进行调控而带来的效率低下及寻租行为等弊端。

治理理论主张建立多元主体的治安服务供给制度，通过政府、市场与非政府组织的合作、强制与自愿的合作，提供优质的治安服务，取长补短，提高治安服务的供给效率，它可以弥补国家和市场在调控和协调过程中的某些不足。但治理也不可能是万能的，它也内在地存在着许多局限，它不能代替国家而享有政治强制力，也不可能代替市场而自发地对大多数资源进行有效的配置。事实上，有效的治理必须建立在国家和市场的基础之上，它是国家和市场手段的补充。在社会资源配置中不仅存在国家的失效和市场的失效，也存在着治理失效的可能。

"善治"理论（good government）在如何克服治理失效的所有理论中是最有影响的。概括地说，善治就是使公共利益最大化的社会管理过程。善治的本质特征，就在于它是政府与公民对公共生活的合作管理，是政治国家与市民社会的一种新型关系，是两者的最佳状态。综合各家在善治问题上的观点，我们可以发现善治的基本要素有以下六个：（1）合法性（legitimacy），社会秩序和权威被自觉认可和服从的性质和状态。（2）透明性（transparency），即公共信息的公开性，每一个公民都有权获得与自己的利益相关的政府政策的信息。（3）责任性（accountability），特别指与某一特定职位或机构相连的职责及相应的义务。（4）法治性（rule of law），即强调法律是公共政治管理的最高准则，任何政府官员和公民都必须依法行事，在法律面前人人平等。（5）回应性（responsiveness），是责任性的延伸。它的基本意义是公共管理人员和管理机构必须对公民的要求作出及时的和负责的反应，不得无故拖延及或没有下文。（6）有效性（effectiveness），这主要指管理的效率和最大限度地降低管理成本，善治程度越高，管理的有效性也就越高。善治是政府与公民之间的积极而有成效的合作，这种合作成功与否的关键是参与公共管理的权力。公民必须具有足够的政治权力参与选举、决策、管理和监督，才能促使政府并与政府一道共同形成公共权威和公共秩序。善治实际上是国家的权力向社会的回归，善治的过程就是一个还政于民的过程。善治有赖于公民自愿的合作和对权威的自觉认同，没有公民的积极参与和合作，至多只有善政，而不会有善治。而民间社会是善治的现实基础，没有一个健全和发达的民间社会，就不可能有真正的善治。政府权力的限制和国家职能的缩小，并不意味着社会公共权威的消失，只是这种公共权威日益建立在政府与公民相互合作的基础之上。①

虽然治理和善治理论还很不成熟，基本概念还比较模糊，但其打破了社会科学中长期存在的两分法传统思维方式和固有的行政管理模式，把有效的管理看做两者的合作过程，强调管理就是合作。治理和善治理论认为政府不是合法权力的唯一源泉，公民社会也同样是合法权力的来源；它把治理过程看做当代民主的一种新的现实形式等。由此看来，治理和善治理论的发展与当前的警务社会化改革及治安承包实践的发展相契合：治理主体的多元化为治安承包的发展提供了理论上的支撑，为治安承包组织和个体作为公共安全体系维护主体的合法性做了理论上的分析；治理手段方式和主体间权力的互相依赖和互动性，为公安机关和治安承包主体的合作伙伴关系构建了基础；政府作用范围及方式的重新界定，为公安机关和治安承包主体在整个社会公共安全维护体系中的各自定位做了全新的阐释；相对健全的法制环境下，治理目标的共同性则是公安机关和治安承包主体可以开展合作的共同基石。所有这些都为治安服务提供了更为科学的制度变革基础，对警务社会化、安全民营化视野下的公共治安承包都具有积极的意义。我们更有理由重视社会公共产品的多元供给主体，推动通过合作、协商、伙伴关系、确立认同和共同的目标等方式实施对治安服务的供给。

---

① 俞可平："治理与善治引论"，载《治理与善治》，社会科学文献出版社 2000 年版。

（四）新契约主义治理模式

契约主义（契约论）的研究并非是一个全新的话题和学科领域，作为政治学研究对象的契约论可以追溯到古希腊的智者学派，历经霍布斯、洛克、卢梭、康德而达到巅峰。社会契约论的集大成者卢梭把契约看做理想中的政府建立的基础或合法性的来源，主张主权在民，强调政府对公民负有责任且必须达到契约的约定。

新契约主义是社会公共事务治理的一种全新研究途径和战略工具，成为公共管理的新领域和制度设计。其勃兴源于 20 世纪 80 年代以降，传统官僚制的式微、后工业社会对新治理模式的呼唤及契约理论在政治学和经济学契约主义的复兴，如罗尔斯的正义契约论、布坎南的宪制契约论、高蒂尔的新意识形态契约论及以奥斯本、萨瓦斯为代表的经济契约合同论。当其触角敏锐地延伸到公共管理的治理领域，便被称为公共事务治理中的"新契约主义"。它既是地方政府为摆脱自身困境而采取的一种自救措施，更是地方政府和民间社会力量为解决地方社会问题、提高公民福祉而进行的自我调整、自我变革、自我完善的过程。契约论强调的是约定主体之间的一种义务责任，将契约的理念模型、运作模式和战略技术移植到公共事务治理领域中，通过政治研究途径的法律与道德契约和经济研究途径的契约合同，打破社会公共事务治理中长期存在的政治国家与公民社会、公共部门与私人部门、市场与计划两分法的传统思维模式，强调以契约合同为核心，但也非完全市场化和民营化，而是效率激励机制与公平民主机制的内在结合，以实现地方公共物品和服务的有效供给。

在过去的 20 多年，快速的社会变迁和众多的社会矛盾冲突，使得政府——市场二分法的悖论更为凸显、公私部门边界日益模糊、地方政府官僚体系的式微。司法工商私营部门成功的战略与工具便成为一种风行于世的公共政策设计和制度选择。新公共管理运动的一个主要特征是"将市场机制引入公共服务组织的运作中，即实行公共服务的市场化"。市场式模式假设提高政府组织效率的最佳甚至唯一方法是用某种建立在市场基础上的机制代替传统的官僚体制。地方政府治理的有效性应建立在市场契约的基础上，使价格机制、供求机制和竞争机制的作用得到充分的发挥，推行外部合同制，将提供公共服务的政府部门人为地划分为生产者和购买者两个主体，让其通过契约关系进行市场运作。"在公私伙伴关系中，从政策到执行的权威链不再存在，代之而起的是契约，契约把政策的制定者和政策的产出分离开来。权威链中存在着缺口，而这种缺口是由契约来填补的。"①

萨瓦斯主张地方政府治理通过契约合同基础上的民营化将政府控制或经营的公共服务项目交由私人企业或承包经营，民营化的核心是更多依靠民间机构，更少依赖政府来满足公众的需求，作为民营化理论三大支柱之一的委托授权的核心要素便是建立在契约理念之上的合同承包与特许经营。简·莱恩则将主导西方世界改革范式的新公共管理界定为签约外包制和政府内部契约制的综合。认为要实现市场模式在地方政府治理成功地运行，就必须大大地提高政府签订契约和监控契约运作的能力。基于合同制能提高效率的信念，这种成功的治理模式定义为公共事务合同制（public service contracting regime）。

新契约主义也会存在治理的有限性。在批评者看来，新契约主义如同政府与市场一样存在治理失效或治理失灵问题，它并不能完全解决地方政府治理中的所有问题。有学者批评新契约主义的合同化倾向，认为在地方政府治理实践中存在着把契约等同于合同化的途径，容易出现合同万能论的错误倾向及做法；也有学者指出新契约主义并不一定能导致地方政府治理的帕累托最优结果，所签订的契约也许不是代表公众的最大利益，在契约运作过程中或许存在着机会主义或寻租行为。②

---

① ［美］乔治·弗雷德里克森：《公共行政的精神》，中国人民大学出版社2003年版，第72页。

② 王可为、吴盛光："论新契约主义治理模式"，载《安徽职业技术学院学报》2007年第2期。

二、治安服务的机制选择

治安服务的机制选择,首先不仅要以公共管理学、社会学的理论作为指导,更要考虑到当今我国治安的现状,选择相适应的改革目标。目前我国治安服务主要呈现出两个主要特征:第一,治安需求旺盛,治安供给的总量不足。一方面,如今我国发案量仍处于总量上升阶段,且恶性案件增多,恶性程度加大。同时,我国居民人均拥有警察数量在全球发展中国家里处于中下水平,警力严重不足,公安机关长期处于超负荷运行状态。而另一方面,公众对治安服务的巨大需要,与政府投入治安服务的有限资源形成矛盾;公众治安服务需要的增长速度,与政府对治安服务投入的速度形成矛盾。第二,政府提供的公共治安服务的单一性不能满足民众的多样化需求。随着市场经济的发展,我国社会利益出现了多元化,不同人群对治安服务产生了不同的需求与标准。比如学生希望加强校园巡逻,注重对自行车盗窃的打击;而城乡结合部等事故多发地段的居民则希望能够加强夜间巡逻,加大对强奸、抢劫等恶性事件的打击。而由政府供给为主的治安服务模式决定了公众治安服务和其他的公共服务一样,只能按社会的平均需要确定其供给水平,对治安服务有较高要求或者有差异性要求的群体,其安全需求无疑得不到充分的满足。

其实,"社会问题的解决既可以通过政府这条途径,也可以通过市场、第三部门甚至是在家庭、邻里等社区范围内获得解决。这就意味着,社会问题的解决存在多种途径"。[①] 尽管社会问题的解决存在着许多途径,但是这些途径一般都分属于三个部门,即政府、市场和第三部门。在现实生活中我们不难发现,由于生活的纷繁芜杂,几乎没有哪个社会问题是能够仅靠一种途径解决的。通常,某一社会问题在某个阶段用这种途径,在另一个阶段用那种途径,或者通

[①] 陈庆云:《公共政策分析——21世纪公共管理学系列教材》,北京大学出版社2006年版,第56页。

过一种混合的途径加以解决。

(一) 政府机制

在当今法治社会里,政府充当着"守夜人"的角色,即通过专业化的警察队伍维护社会秩序,保护人民,打击犯罪,是政府的重要职能之一。由政府提供治安服务的优点主要集中在两个方面:一是政府是法定的权力中心,即除非遇到特殊的障碍,其权威一般能够遍及其管辖范围内的所有地域和人群,行动能够获得足够的资源支持,具有强有力的资源动员能力。二是政府是唯一的能够合法地使用强制力的组织,只有它才能够规范化地行使强制力,打击、阻止违法事件的发生,更好地维护公共秩序,保障公众的安全需要。

尽管政府作为治安服务的供给者,有诸多的优点,但是我们也要清楚地认识到"政府失灵"现象的存在。首先,政府只能提供平均化的治安服务,不能满足社会中所有个体的需要。肯尼斯·阿罗提出的"阿罗不可能定理",说明任何一种处理方式,都会存在着对个体意见和需要的忽视。政府作为治安服务的供给主体,同样不可能面面俱到,满足所有人的意见和需要。其次,政府提供治安服务的过程中不可避免地存在"寻租"现象。我国一度广泛推行的治安联防,就是因为一些治安员受到少数人的诱导将手中的治安权力变成牟利工具,严重破坏了警民关系的和谐,损害了公众利益。再次,政府往往存在低效率的问题。特别是与"市场"相比,政府在提供治安服务时,效率往往是最低的。一方面,治安服务的绩效往往很难进行量化评估,又缺乏监督和激励行政机构并促使其改进效率的手段,导致了政府治安服务的"低质高价"现象;另一方面,与企业相比,行政天然机构缺乏竞争也导致了它的效率低下。

(二) 市场机制

市场通过保安公司、保险公司等主体,本着自愿原则,以等价有偿的方式向社会公众提供治安服务。英国古典自由主义经济学家亚当·斯密认为,市场是最为有效的资源配置形式。而市场作为治安服务主体最大的优势也集中地表现在,其通过分工和专业化生产大大提高了治安服务投入产出的效率。这不仅是由于提供治安服务的保安公司"术业有专攻",有利于专业知识与技能的精进,有利于治安技术和知识面的不断累积和提高治安服务的水平；更是因为市场还可以通过对个体提供充分的激励来提高治安投入的效率，通过明确各项活动的交易成本，明确治安领域各主体的权利边界，从而为提高治安防范能力的个体提供充分的激励。

市场尽管有着许多其他资源配置手段不可比拟的优势，但其作为一种社会问题解决途径也存在本质性的缺陷——即市场的"失灵"现象。

首先，市场很难克服信息不对称问题，即市场上治安服务的买卖双方在掌握的相关信息的量和质上都存在差异。一个非常普遍的现象是，治安服务的提供者对服务的质量所掌握的信息一般要远远超过购买者，而具有信息优势的一方必然要试图利用其信息优势为自己谋取利益，而这种谋取利益的活动又往往会降低处于信息劣势一方的利益。由于信息不对称，社会在该治安服务上的资源配置超过了理想的水平，从而造成了资源配置效率的损失。

其次，市场难以消除"搭便车"现象。由于享受治安服务的个体都是"理性经济人"，那么当他们根据理性计算，发现个体即使不购买治安服务，也可以享受安全待遇时，他们往往会选择不购买治安服务，即等待别人来提供公共物品并获得无成本消费的机会。

最后，市场无法回避外部效应带来的效率损失。外部效应是指存在于市场之外，不受市场机制调节的活动或影响，即市场行为引起的，走出市场机制调整范围的活动后果。比如私人侦探公司在提供私人治安服务时，由于调查活动不当侵害了当事人的隐私权。对隐私权的侵害本身并不是提供治安服务的初衷，这个损害后果的出现也很难依靠市场通过价格和市场原则来进行调节。

（三）志愿机制

广泛的非政府组织（NGO）的存在和积极活动是公民社会发展和成熟的标志，也是公民积极行使自己管理国家和社会事务权利的表现。志愿者组织是非政府组织系统的重要组成部分。随着我国民主法制的进步，越来越多的志愿者投入到社会自我管理、自我服务的工作中去，于是志愿途径也是解决治安服务供给难题的重要手段。2008年北京奥运会顺利召开的背后，是29万多名治安志愿者在警察指导下在北京各个社区、街道义务巡逻的无私奉献。早在 2006 年公安部、团中央就发布了《关于在全国实施"维护社会治安志愿者筑城行动"的方案》，全国各大城市在该方案的指导下开展群防群治，组建了以环卫工、送奶工等为主的社会治安志愿服务队，通过立足社区，有效地减少了可防性案件的发生。

通过志愿者组织提供治安服务，不仅有效地节约了警力资源，而且有助于加强社区的凝聚力，提高全民的治安防范水平与意识。但是志愿途径也并非解决治安服务难题的灵丹妙药，在实践中同样也存在局限性。萨拉蒙提出了著名的"志愿失灵"理论，即志愿途径存在着两个团体：第一，慈善不足。就资源动员方式而言，政府获取资源的手段是"强制"，营利组织采用"自愿"和"互利"，而非政府组织则采用"自愿"和"公益"。由于志愿途径所需要的资源主要源于社会捐赠、政府资助和收费，而我国公益捐赠制度尚不完善，捐款往往只占志愿组织开支的很小一部分，且服务性收费受限于组织的"志愿性"，所以志愿组织的收入十分微薄，且作为非政府组织主要收入来源的政府补贴，由于受非政府组织与当地政府关系的影响而显得较为不稳定。第二，非政府组织的业余性。非政府组织强调的是志愿性、义工服务，工作常常由有爱心的志愿人士担任，人员的流动性与业余性不可避免地影响了组织绩效和服务产品质量，专业人才的缺乏和专业化运作手段的缺失也影响非政府组织功效的发挥。

三、公共治安的契约型治理

社会治安契约型治理，是指本着合法、自愿的原则，对特定区域由个人或组织以契约化形式有偿提供社会治安服务的新机制。

社会契约型治理的实质是以契约形式，调动各方面资源，实现治安服务多元主体供给的新型治安治理模式。它的出现有着重大的现实意义和理论意义。首先，在目前社会治安形势未见根本性好转的形势下，社会治安契约型治理增加了治安服务的供应总量，缓解了目前我国警力不足，超负荷运转的状态，有利于维护社会稳定、保障人民群众的生命健康和财产安全，打击违法犯罪。其次，它拓宽了治安服务的资源动员能力，在不断发展探索中，完善了治安服务体制。在实践中出现的契约式治安保险联防等新手段，通过组织居民投保治安保险与传统的治安承包相结合，建立起事前预防与事后补偿相结合，经费保障与治安运作相结合的社会治安防范模式，有效地扩大了治安服务的覆盖范围，解决了困扰社会治安服务多年的经费问题。

（一）社会治安契约型治理的历史沿革

我国有着依靠非政府力量进行治安管理的传统。在我国民间"值更巡守"等有偿治安防范措施已经有了上千年的历史，可谓社会契约型治理中的治安防范市场化运作的雏形。早在秦汉时期，在民众聚居地就有亭长组织各户出资，雇请更夫"打更"以保自安的传统。在计划经济时代，我国提出了专门机关管理和依靠群众相结合的治安基本原则，形成了社会治安综合治理的治安局面。社会治安综合治理被认为"是调动社会各方面力量解决治安问题的根本途径和长远战略目标"。① 在公安机关的指导下，帮教组织、禁赌协会和治安联防组织等各类群众治安防范组织积极投身于治安防范工作，有力地保护人民，打击犯罪。随着市场经济时代全面到来，社会治安综合治理的内涵也发生了相应的变化，市场作为资源配置基本手段的作用得到了重视，契约型治理被引入到治安服务中来。随着市场经济的逐步深入，我国治安服务总量供给不足和治安产品单一化的弊端日益显现，人民的治安服务需要得不到充分满足，催生了契约型治安治理模式的产生。最早的契约型治安治理形式，是源于我国山东农村地区的"治安承包"。1996年山东省泰安市退伍军人周广海以每年108000元的价格承包下该市岱岳区下官庄村的治安，成为中国"治安承包"第一人。②

---

① 张行珍：《对社会治安综合治理的几点思考》，中国人民公安大学出版社1995年版，第340—341页。
② "把社区治安承包给联防队"，载中国警务报道网，http：//www.china110.com.cn/，2002年7月18日。

社会治安契约型治理的另一个渊源是西方的第五次警务（警务民营化）改革。席卷全球的行政改革浪潮下警察部门也面临结构性危机，为了强化合法性基础，提高治安服务的绩效，增强对顾客要求的回应性，警务改革与政府行政改革的步调保持了一致，开展了第五次警务革命。第五次警务革命对警察业务必须由国家包办的传统的认识提出了挑战。英国莱斯特大学的研究员爱德华说："警察私有化是与社会警务并驾齐驱的两大改革。也许私有化将主导未来的警务革命。"而社会治安契约化是警察私有化的重要表现形式，以管理主义（指导警务内部改革的理论）和公共选择的理论（指导警务外部改革的理论）为指导的第五次警务革命改变了原有的国家包办治安服务的认识，强调以市场化手段提高警务活动的效率与满意度。它认为：一方面应该对在警察部门内部运用企业化管理模式规划警务，围绕成本观念和绩效评估展开一系列改革活动。另一方面应利用市场和社会力量推行警务的民营化和社会化。仅凭警察机构内部的有效运作，希望提高警察工作的质量是片面的，只有来自外部的竞争压力才能真正迫使警察机构改变服务态度和科学地规划警务。随着我国行政体制改革的深入，西方国家警务私有化改革的先进经验也被介绍到中国，推动了社会治安契约型治理的发展，并使之成为具有中国特色的警务社会化运动不可或缺的一个重要组成部分。

随着时代的发展和社会的进步，目前治安契约治理模式的内容范围，由消极的治安安全防范，开始扩展到积极的治安管理工作；其运行模式也由单一的治安承包，扩展到与保险手段相结合的治安保险，以及与警务社区化相结合的社区治安承包。社会治安契约型治理实质是治安服务的市场化，它通过民众参与治安防范及部分治安管理事项，有利于警察机构的"瘦身"，有利于警察部门的人员精简，从而节省政府的财政投入，实现资源的优化配置和高效利用；通过引入新的治安服务供给主体，带来了多主体间的相互竞争，有利于产生竞争压力，提高社会治安服务的供给效率，改进服务态度和质量；社会治安契约型治理较之国家独家包办社会治安，更富于弹性和灵活度，可以满足不同层次公众的多元化安全需要，实现治安服务的多样化。

（二）职业化治安契约型治理模式：保安服务

随着经济的发展、社会利益的分化，人民对治安服务的需求也日益多元化。世界保安业的发展表明，通过保安服务公司为社会提供有偿安全服务是满足社会治安需求多元化的有效形式，可以有效填补政府提供的社会治安服务单一化产生的供给不足，也是社会治安契约型治理的重要内容。

1. 保安服务业概况

在国外保安服务公司、私人保镖、私家侦探等行业作为社会治安契约型治理的主体广泛存在，对社会治安服务的供给发挥着重要影响。美国的保安业从业人员超过 210 万人，是美国警察的 3.5 倍。在欧美，治安契约的主体主要不是一般公众而是保安公司。美国一些州的警察机关在一般案件、治安巡逻、警犬训练等方面，都依靠和借助保安公司的力量，① 但不能超越法律的界限；另一方面，保安公司人员的训练也依赖于警局。契约主体主要是正规警察机构和私人保安机构，是"机构与机构间的对话"。在加拿大、日本等国，保安业从业人员的数量规模与增长速度都远远超过警察。发达国家治安契约化治理的经验表明，使用保安服务公司、私人保镖、私家侦探等市场化手段提供有偿安全服务是改进社会治安服务有效供给的一个方向。保安服务公司在一定程度上打破了政府对社会治安服务的垄断经营，使市场之手伸到了传统的社会治安服务供给经营领域，推动了社会治安服务的市场化。②

2. 我国保安服务业的现状

由于保安公司提供的社会治安服务是一种典型的"俱乐部产品"——它所提供的服务具有一定的排他性和竞争性，可以对用户收取费用。与公安机关提供的治安社会服务不同，保安公司提供的服务不是针对全社会或某个区域，而是主要针对某个组织或

---

① 何家弘：《私人侦探与私人保安》，中国人民大学出版社 1990 年版，第 28 页。

② 何家弘：《私人侦探与私人保安》，中国人民大学出版社 1990 年版，第 34 页。

集体的，因此它可以针对不同客户提供针对性和差异化的服务，从而缓和政府包办社会治安服务的供给不足，提高社会治安服务的供给效率。

我国于1984年成立了第一家保安服务公司。从企业性质上讲，我国的保安服务公司既是专业化的社会治安防范组织，又是协助公安机关维护社会治安的特殊服务性企业。在我国保安公司除了具有企业属性，即利用自己的专业保安优势提供有偿服务追求利润最大化外，还有着许多特别的要求。保安队伍作为公安机关领导和主管的治安防范力量，工作具有艰巨性、危险性，遇有紧急治安事件、重大灾害事故或者其他险情时，必须坚决服从公安机关的指挥，无偿协助公安机关维护社会治安秩序和抢险救灾。因此，我们保安服务业具有实现社会效益最大化和追求利润最大化的两重性。从主体资格上讲，由于保安服务业保卫的目标涉及国家机关、金融、科研单位和其他重要设施，为确保这些重要部门的安全，维护国家利益，经营保安服务的企业仅仅限于国内特种行业。从业务范围上来看，根据公安部《关于印发〈关于组建保安服务公司的报告〉的通知》（［88］公发14号文件）的规定，中国保安服务公司的业务范围是提供守护、门卫、内部巡逻、押运贵重财物和危险物品服务，提供保护财产或人身安全服务，提供展销、展览及文娱、体育、旅游活动的保安服务，按照国家规定经营防火、防盗、报警等安全设备器材，提供安全防范技术设备的设计、安装、咨询和维修服务，以及应客户要求且有能力承担的其他安全服务项目。

我国的保安公司有着浓厚的行政色彩。1988年公安部在《关于组建保安服务公司的报告》中规定"保安服务公司的主管部门是公安机关，业务活动由公安机关指导和监督"；在《关于进一步清理整顿保安服务公司的意见》中规定"其保安服务公司法人代表主要由公安机关委派或聘任。公安机关可选派部分干警担任公司的业务骨干，到公司工作的干警保留警籍、不着警服，不再担任公安机关的现职"。保安服务公司由区县公安分局经营，保安服务经营部由派出所经营，其他单位不得经营保安服务业，这种政企合一的体制设计，给保安服务公司带来了强大的权力。而中国保安服务公司经营的区域与区县分局及派出所的行政管辖相一致,使保安服务公司的经营带有地域垄断性,缺乏竞争压力,背离了治安服务市场化的目的。

3. 我国保安服务业的完善

要实现我国的保安服务业的健康有序发展,必须提高保安服务业的市场化水平,应从以下几个方面入手:

第一,培育开放、平等的保安服务业市场。西方发达国家保安业发展的经验表明:只有充分实现保安市场的平等竞争才能促进市场主体的健康成长。因此我们要实现保安服务业的政企分开,并通过保安服务项目企业的发展促进公安机关警务工作的进一步提高。这要求保安服务业的主管部门转换对保安服务业的监管态度,转变思想,提高认识,打破行政垄断和地区封锁,培育全国统一、开放、竞争、有序的保安服务市场。首先要整合公安机关内部的管理资源,协调统一管理政策,特别是治安、科技、消防、交通管理和通信、指挥等部门应当统一认识,打破部门限制,明确这些领域的社会服务都是属于保安服务范畴,都是保安服务公司可以开展的保安业务。在对保安服务业进行管理规划时,上述有关部门要统一研究,协调管理。同时还要真正解放思想,借鉴国际保安发展经验,为保安服务业企业的健康成长创造必要的市场条件。

第二,扩大自治性保安行业协会。行业协会是一种自治性管理组织,对本行业工作的发展有着积极意义,为会员企业提供良好的服务。通过保安行业协会可以进一步学习和借鉴许多国家和地区的工作经验,深化内部管理,大力开展国际交流。同时,针对目前涉及保安服务的行业协会众多,涉及安保服务的方方面面,主管部门需要给予适当协调与整合,统一管理,以提高保安行业的整体水平。

第三,规范保安职业培训。要提高保安业的水平,必须要先提高保安队伍的水平;要提高保安队伍的水平,就必须要进行规范的保安培训。科学、合理、统一的培训标准和严格、规范的培训管理是提高保安队伍和保安企业素质的重要条件,对于提升整个保安行业管理与服务水平有着重大作用。

（三）非职业化治安契约型治理模式：治安承包

20 世纪 90 年代以来，以治安合同、有偿承包为特征的治安承包模式开始在我国推广，从河南方城的偏僻农村到江苏镇江的繁荣都市，以治安承包为典型的社会治安契约型治理模式在祖国广袤的大地上遍地开花，显出了积极的活力。

1. 山东泰安模式

山东泰安是社会治安契约型治理领域的先行者。作为"第一个吃螃蟹的人"，泰安模式开治安承包的先河，对许多地区的治安承包运行方式产生了深刻的影响。通过经典的泰安模式，我们能看到社会治安契约型治理的许多共性。

山东省泰安市在市委、市政府的推广下，在全市推行社会治安防范承包责任制。在公安机关的指导与监督下，由村委会、居委会、企业法人代表或事业单位负责人，与承包人签订合同书，把一定区域、某个单位或要害部位、重点项目巡逻看护、安全防范的治安防范任务固定下来，以契约的形式明确合同双方的责任、权利等法律关系，并加强监督管理，兑现奖惩，确保基层治安防范措施落到实处。根据承包对象的不同，可以分为全面承包和专项承包两种，对村（街）、居民小区、企事业单位的治安防范工作由承包者进行整体承包；对单位内部的重点项目、要害部位的看护管理进行承包，如农用电力线、种养基地等进行专业承包。公安机关和发包方共同负责对承包人的考核，承包费用采取发包方出一点、群众集一点捆绑的办法解决。由于泰安市委、市政府的重视，社会治安防范的契约式治理得到了全面的推广，全市有 3105 个村、2054 家企事业单位、46 个居民小区实行了治安防范职业化承包，推广面达 70% 以上，全市刑事立案下降 15%；实行治安防范承包的单位，盗窃等可防、可控性案件下降 50% 以上。①

泰安模式的特点在于：第一，契约化治理的内容限于治安防范领域，如纠纷调解、社区巡防、对违法犯罪行为的制止、举报和防范，不涉及治安管理的内容，不涉及公权力的转移。因此这种泰安

---

① "泰安推行治安防范承包责任制"，载《法制日报》2002 年 5 月 18 日。

模式受到广泛的认同，不容易受到合法性争议，在实践中运用最为广泛。第二，发包人为村（居）委会、综治委或物业管理公司等基层社区组织，承包费用由发包人提供或向受益人募集，公安机关派出所负责业务的监督指导。泰安模式中通过治安防范的契约化治理实现了责权契约化，使治安责任得到了充分的明确，避免了权责不明、管理混乱的情况。第三，通过专业承包，实现了岗位职业化，提高了治安服务的质量。

与此大致相同的还有西安未央模式，其承包费用由村委会承担；温州欧海模式，由村委会和物业管理公司将本区域的治安巡防工作委托给承包负责人，并负责提供承包费用及巡逻装备。

2. 浙江嘉善模式

浙江省嘉兴市嘉善县魏塘镇警方推出了"治安防范组合承包"的治安承包模式，即将街区的治安防范责任落实到作为承包人的民警身上，根据发案的情况，决定民警保安队员的经济收入。治安承包的经费由警方出面向商户收取保安费来提供。治安承包协议签署后的8—10月，承包区街面发生刑事案件数比前3个月下降69.1%，比上年同期下降66%。群众对当地治安的满意率达到96%，取得了比较满意的承包效果。①浙江温州鹿城警方推行的"警察治安承包责任制"、大庆市萨尔图公安分局在"属地管理"的原则下建立的"治安责任承包制"、南京秦淮区公安分局与社区民警和各巡区保安组实行的"巡区治安工作责任承包"，均属此类型。

浙江嘉善模式的特点在于：发包人为公安局或派出所，承包人为公安机关的人民警察，承包事项限于本区域的治安防范和管理工作，承包费用向受益人募集。浙江嘉善模式实质上是公安机关内部运行机制的契约化管理，通过契约化形式提高警务工作的效率与满意度。

3. 广州、深圳模式

近年来，各级政府大力倡导和推进社会管理创新和公共服务的

---

① 见浙江人大网，http：//www.zjrd.net/rdzz/InfoBox/InfoViewSimple.aspx? docid=8719，2003年12月3日。

社会化，政府通过购买服务的方式将很多原本由政府直接管理的社会事务推向社会，而越来越多的社会组织则以竞标或接受委托等方式承包公共服务，参与公共管理。实行流动人口、出租房屋委托管理，就是在新形势下对社会治安管理的有益探索。广州、深圳、衡阳等地已运行此种流动人口、出租房委托管理模式，收到了良好效果。在管理模式上，以"政府主导、综治牵头、公安护航、部门联动"为框架，以社区为单元建立管理服务站；在经费保障上，通过与税收、房管部门签订委托代征协议，将依法收取的部分税费作为服务中心的办公经费，服务人员的收入根据经营效益和管理责任的落实进行考核上下浮动，使服务中心有了自我造血功能。在具体操作上，由社区主任、社区民警为主体，聘请1—2名专职工作人员，建立涵盖人口基础信息、计生信息、社保信息、房屋租赁信息、工商登记信息等内容的信息管理系统，建立完善相关台账，实行"一人一档"、"一人二证"（《流动人口婚育证明》、《暂住证》），并由服务中心协调相关部门的工作关系，整合各部门职能资源优势，开展管理与服务工作。流动人口租房、就业或者就学，必须提供暂住证。公安部门在督促流动人口办理暂住证时，流动人口要提供身份证明和婚育证明；工商、税务部门在办理营业执照或税务登记时，流动人口必须提供暂住证，出租户必须提供房屋租赁备案证明。流动人口和出租房屋管理服务站可以同时办理暂住证、房屋租赁备案登记证、工商营业执照、税务登记证等多种证件，并为流动人口提供就业信息、上岗前技术培训、优生优育咨询和其他一些委托代理。这种委托管理模式，既方便了流动人员办证，使公安、计生、房管、税务等部门无需再重复登门"扰民"，又堵塞了人口信息、漏征税费、计生管理等方面的漏洞，扭转了过去城市流动人口、出租房屋管理无序的被动局面。①

4."治安承包"模式的问题与完善

"治安承包"在我国经历了26年的实践，主要面临治安权力来

---

① 杨琪君："在社区警务中推进市场化治安防范的思考"，载《湖南公安高等专科学校学报》2008年第12期，第20页。

源的合法性困境。治安承包不同于传统的公力救济，也不同于传统的私力救济模式。治安承包是将治安防范与管理事项交给私人办理，依靠私人力量来实现社会治安稳定。依照现代行政法的要求，任何行政行为必须先取得法律的授权，所谓"法无授权皆禁止"。而治安管理作为国家行政警察机关的法定职责，法律规范适用于现实的社会关系之活动，私人除作为执法对象和守法外，似乎与执法毫无关联。我国《行政处罚法》、《治安管理处罚法》及在此之前适用的《治安管理处罚条例》都明确规定，除了公安机关，其他任何机关和个人未经法律授权或委托都无权对违反治安管理的行为行使管理权和处罚权。因此，治安承包缺乏明确的法律依据。

推行治安承包，实行治安管理的市场化运作，虽然在一定程度上、一段时间内达到了某种效果，解决了民众参与社会治安工作的岗位职业化、报酬货币化、责权契约化等问题，但从长期来看，引入市场机制后，公安机关管理"缺席"、政府职能的"缺位"现象会更加严重。建设市场经济，政府要放权，但放什么或不放什么，我们的政府要慎重选择。长期以来，我国的政府就管理经济和干预市场而言，力度相对较大；但就提供法治、秩序和公共服务而言，效果明显差强人意。因此要避免以市场化为借口，把一些已经比较"缺位"的基本职能更小化、最小化，以致完全推回给社会的现象出现。因此在实行治安承包后，要避免公安机关产生一些麻痹思想，对治安防范和管理工作"一包了之"，必须要注意警钟长鸣，不能放松监管。

许多地区在实践中不断探索治安契约化治理的新方向，一方面是提高治安承包的市场化程度，认识到保险业等市场风险化解工具的重要作用；另一方面是加强治安服务市场化与社会化的联系，强调二者的互相促进与共同发展，通过治安服务市场化促进社会化的规范发展，通过社会化为市场化提供服务主体与服务市场。

（四）保险化治安契约型治理模式：治安保险

保险是金融产品之一，是社会防范和分散风险的重要工具。一个社会保险业的发展水平，往往能反映出其风险分散机制和社会保障机制的完善程度。国务院颁布的《国务院关于保险业改革发展的若干意见》(简称"国十条"),要求各级"充分认识加快保险业改革发展的重要意义",又明确指出"保险具有经济补偿、资金融通和社会管理功能"。保险的社会管理功能正好契合了社会治安契约型治理的需要,二者结合所产生的治安保险模式有力地推动了社会治安契约型治理模式的发展进步。

1. "契约式防盗抢联防保险"模式

为了加强社会治安综合治理,江苏省镇江市创新性地开办了"契约式防盗抢联防保险"。这种治理模式的特点是采用保险合同这一形式,转移治安管理中常见的盗抢事件的风险,改变了过去治安资金全部来自政府,治安治理的主体局限于政府的情形。

在镇江模式中采用"政府引导、群众自愿参与"的原则,以行政村为单位,以村委会为投保人,统一编制投保清单和收取保险费,再向保险公司集体投保。在保险条款及责任范围的设计上,保险公司根据原有家庭财产险的附加盗窃险、人身意外伤害险及附加意外伤害医疗保险等条款,结合农村实际,推出了低保费、低保额、责任明确、针对性强的"群防群治契约化特约保险",又称"契约式联防保险"。在保险赔付机制设计上,被保险人通过投保人(村委会)向保险公司报案理赔。每村指定一名分管治安的村干部作为保险联系人,与保险公司指定的专人保持业务及理赔的对口联系,确保了理赔工作的高效、快捷、合理。在治安保险运行过程中,保险覆盖面逐步扩大到农村地区的路边店和村内企业。

"契约式防盗抢联防保险"是一种低价治安保险,每年每户农村家庭只需要支付保费20元即可。它承担盗抢发生的财产损失1万元和现金、首饰损失4000元保险,承担家庭成员因盗抢发生的人身意外伤害损失8000元和意外医疗费用2000元保险;同时向每个联防队员收取保费200元,承担意外伤害损失8万元,意外医疗费用2万元。自2002年年底开始,人保产险、中国人寿、太保产险、天安保险、大众保险、中华联合、永安产险7家公司已经陆续开办该项业务,截至2006年6月底,累计保费收入达到418.62万元,赔款支出116.55万元,农户家庭参保率达到近50%。

镇江模式的特点在于：第一，采用通过治安保险合同改变了过去完全由政府投入的治安管理模式，减轻了政府财政压力，每年每户 20 元的低价保险收费形式，也没有增加居民的负担。第二，签订保险合同后以契约的形式明确了投保农户（单位）和村委会各自的责任和义务，提高了治安服务的绩效。第三，治安保险起到了良好的社会效果，通过治安保险不仅分散了居民的治安风险，而且解决了治安联防队员的后顾之忧，起到了稳定民心，稳定队伍的作用。总而言之，镇江模式较之传统模式，在市场化运作方面更进了一步，通过引入保险公司，使治安契约化治理的主体范围得到了扩大，保障内容得到了拓宽，配套机制更加全面。①

2."一分钱创安"模式

河北省邯郸市磁县"一分钱创安"工程是在自愿的前提下，村委会、治安承包人、农户和保险公司四方之间签订合同，由农户出资、村委会管理、保险公司承保、治安承包人履行安保义务的农村低价契约式治安保险联防模式。随着商品经济的发展，一方面农村地区的人口流动性大增，治安任务的压力加大，农村原有的治保组织和警务制度不足以满足现代农村社会治安和经济发展的需要；另一方面，大量农村青壮年劳力外出打工，只余下老人、妇女和儿童留守，农村群防能力减弱，治安形势令人担忧。

为解决现实中急迫的治安问题，在磁县由农村居民每人每年出资 3.6 元，即每天一分钱。其中 1 元缴纳保险公司，发生盗抢案件后，由保险公司给予最高 1000 元的经济赔偿；每人另外 2.6 元由村委会理财小组掌管，在人口少、经济基础差的村县政府、乡镇和村集体对投保的村民予以补贴。村委会、治安承包人、农户和保险公司四方之间签订合同，发生盗抢案件或治安承包人受到意外伤害的，由保险公司按协议赔付，治安承包人报酬由村委会理财小组支付，这就从根本上解决了农村治安防范责任不明确、人员不固定、报酬不落实的问题，切实保护了治安承包人的合法权

---

① "治安保险：推动保险业参与平安建设"，载 http：//haiyuan. mofcom. gov. cn/aarticle/zhongyaozt/200610/20061003420083. html，2007 年 3 月 14 日。

益,达到了防范工作责、权、利的统一,解决了治安承包人工资报酬、人身意外伤害赔偿和农户财产损失的赔付这三个制约农村治安防范的难点问题。

刚开始,磁县公安局仅在七个条件比较成熟的派出所进行试点化推广"每人每天一分钱"创平安工程。先通过两个月的时间开展宣传工作,使老百姓理解了保险加联防的含义,增加了政策的认同与支持。随后在两个治安基础较好的村开始了试点,随后试点扩大到14个村。"一分钱创安"工作开展后,在各村产生了良好的效益,无论是盗窃案发数量,纠纷发生率都大大下降,治安风气好转,群众的安全感上升。治安保险的良好的性价比显示出旺盛的生命力,很快普及到邻近村庄。截至2006年年底,全县已有136个村实施了"一分钱创安"工程,治安协管员队伍扩大到400人。[1]

磁县模式的特点在于:第一,采用治安加保险的形式,对农民给付的费用进行分类使用,费用的一部分作为保费交给保险公司,由公司承担居民家庭财产保险责任;另一部分作为加强治安管理、充实保安队伍和解决保安意外伤害保险的经费。实现事前防范和事后赔偿的结合,有力地扩大了治安服务的范围,降低了人民群众的人身、财产风险。第二,由农民承担小额治安费用,减轻政府财政压力。长期以来,经费不足成为制约治安服务品质的重要原因,以个体小额出资,集体管理的形式,可以用小钱办大事。第三,在治安联防的过程中,提高农村地区治安服务的针对性与规范性。通过管理"契约化"、配备"标准化",选择行为规范、业务熟练、纪律严明的农村青壮年和退伍军人组成驻村保安队伍。通过治安合同的约束和公安部门的指导管理,健全机制,实现"民警包村、保安驻村"。采用选聘人员"本土化"、报酬"弹性化"的原则,由于保安队伍的人员来自当地,人熟、地熟、情况熟的优势,确保了治安工作的高效、安全进行,同时进一步发扬了乡村守望相助的

---

[1] 马竞、曹天健:"公安部推介河北磁县'一分钱创安'模式",载www.legaldaily.com.cn,2008年7月8日。

传统精神。

3. 存在的问题

保险独特的保险保障、经济补偿和社会管理功能，在提供公共治安服务的机制中发挥了十分积极的作用。保险业"国十条"的颁布，不仅使保险业这三项功能引起全社会的广泛共识，更为功能的进一步发挥和拓展创造了前所未有的政策环境。不少省份开展了治安保险试点，以社区（或行政村）和保险公司为主体，由综治部门协调，组织居民缴纳一定治安管理费，成为一项颇有成效的创新之举。

要使治安保险得以健康发展，尤其离不开地方综治部门和保险机构的齐心协力和统一认识，一方面综治部门积极推动，另一方面保险公司积极参与。但是目前在部分地区还存在一些认识误区。如部分地区综治部门与保险公司对收费认识不一，一些综治部门认为收取的是保险费，需要"返还"，但保险公司认为向居民收取的是治安费，险费只是其中一部分，并非全部。各地因具体收费方式的不同易形成误解。此外，治安费与保险费的划分比例还缺乏统一标准，容易出现各地攀比、竞争导致治安费挤压保险费的现象，最终影响此项业务的健康发展。

一些保险机构也存在随意扩大保险责任的现象。如有些地区把农作物、农用三轮车、大牲畜纳入保险标的，有些地区还准备将无牌无照的电动自行车等纳入保障范围，更有一些地区取消了盗抢责任中"具有明显盗抢痕迹"、"三个月内未能破案"等约束性条件，扩大了保险责任范围，容易诱发道德风险。

要推动治安保险健康发展，当前需要进一步加强保险机构与综治部门的协调，引导保险公司控制风险，尽量以治安保险为基础承保，如需扩大保险责任，则要在费率和承保条件上加以区别；同时保障居民（农民）自愿投保的权利，积极做好理赔服务，防止将治安保险与乱收费画上等号，从而避免造成不良的社会影响。

（五）私密化治安契约型治理模式：私人侦探

私人侦探作为一种私利救济的形式，不仅作为一种"英雄情结"存留在我们每个人的心中，对我们当今的治安管理工作更有借鉴意义。

1. 私人侦探业的发展沿革

私人侦探是利用专门知识和特殊技能为社会提供调查、治安防范服务的职业者。福尔摩斯、波洛等侦探形象早已深入人心。它作为一种专门职业,发端于18世纪的欧美国家。随着公共警察队伍专业化程度的提高、力量的加强,私人侦探业的服务重心从犯罪调查转向提供综合性的治安防范服务。私人侦探可以这样定义,它是指在法律允许或者授权的范围内,对民事纠纷、行政案件及刑事案件开展专业调查、收集有关证据的非国家刑事侦查主体的个人或机构。① 所谓国家刑事侦查主体,指的是公安机关、检察机关、国家安全机关、军队保卫部门和监狱。

私人侦探的实质是一种私力救济的形式。威廉·兰德斯和理查德·波斯纳认为:"私人执法显然是现行社会和经济制度的一项普遍特征。"许多法律,都既可由私人又可由公共机关来执行。警察局、税务局和其他公共机关向告发者支付报酬,其实引进了私人执法作为公共执法之补充。② 在当代法律制度中,公共执法和私人执法实际上混合交错。私人侦探业作为私人为预防违法犯罪的自我保护工具,得到了迅速的发展。1850年苏格兰移民阿伦·平克顿创立世界上第一家私人侦探公司——平克顿侦探公司。其早期的业务范围主要是"为各国的商务机构和跨国公司、工厂等提供安全保卫、私人保镖、灾难救援、咨询调查、计算机监控系统的设置安装等不同类型的安全服务"。③ 由此可见,私人侦探所的出现是为了弥补当事人在治安公共执法的效率不足时开展私力救济的需要。私人侦探所作为治安公共服务的有益补充,其产生发展都和治安公共服务的供给不足有着直接关系。西方资本主义经济在

---

① 徐昕:"法律的私人执行",载《法学研究》2004年第1期,第29页。

② William. M. Landes & Richard. A. Posner, "The Private Enforcement of Law", Journal of Legal Studies, Vol. 4 (1975), p. 1.

③ 方玲、李安容:"平克顿的侦探",载《现代世界警察》2001年第3期,第45页。

19世纪中期得到了高速发展，在城市化的过程中由于公共执法警力不足，犯罪率激增。在这种情况下，私人侦探业应运而生，并在提供治安服务、侦破严重刑事案件、增强犯罪防范能力等方面立下了汗马功劳。

美国的私人侦探业发展一直处于领先地位，堪称研究私人侦探业的标本。我们可以从美国私人侦探业的发展一窥私人侦探业的发展历程。美国历来重视市场的力量，特别是在罗斯福新政之前，自由主义盛行于全社会，私人公司在治安公共服务领域发挥了重要作用。美国在建国之初就成立了私人侦探所，在19世纪30年代才开始出现政府专职警察机构。一直以来，社会治安都没有被政府垄断供给，民间通过自主提供和市场提供两种模式提供治安公共服务。前者体现为地方社区居民参加的巡夜队，后者则体现为私人侦探所和私人保安公司。

美国私人侦探业的兴盛有着体制、文化和经济上的原因。第一，美国作为英国的长期殖民地，建国之初的公共产品供给体制上深受英国的影响。而英国一向允许私人提供治安服务，柯南道尔也正是在这种治安服务供给模式下塑造了大名鼎鼎的福尔摩斯侦探。因此美国宽松的公共产品供给体制给了私人侦探业充分的生存空间。第二，美国盛行的自由主义思潮为私人侦探业的出现提供了理论上的基础。第三，受惠于工业革命，美国经济取得了长期高速发展，社会有财力支持私人侦探业的发展。尽管美国出现了专职警察机构，但是由于警力不足，不能有效解决伴随经济发展产生的犯罪率上升等问题，促使企业产生了购买治安服务的强烈需要。特别是19世纪中期美国开展了对中西部的大开发，在交通运输一片繁荣的同时，盗窃、抢劫运输货物和铁路器材的犯罪活动也日益猖獗，新兴的政府警察机构对此力不从心，私人侦探业不仅没有随着政府警察机构的出现而消失，反而繁荣起来。此后，作为治安公共服务的有益补充，私人侦探服务得以稳步发展。

19 世纪中后期美国社会私人保安公司要览①

公司名称	创办时间	创办人	主要服务内容
平克顿侦探公司	1850	A. 平克顿	这是美国第一家私人侦探机构。早期主要进行铁路盗窃案件侦破和向铁路公司提供各种警卫服务。后来不断增加服务项目，包括刑事、民事案件、商业事务、家庭纠纷调查及多种保安业务
平克顿侦探保卫公司	1855	A. 平克顿	向中西部铁路公司提供专门保护
平克顿警卫巡逻队	1857	A. 平克顿	为一些铁路车站和仓库提供夜间警卫和巡逻服务
霍姆斯盗窃报警中心办公室	1858	霍姆斯	这是美国第一家报警服务公司，向工商业公司提供针对入室盗窃的报警服务
霍姆斯保安联合公司	1874	A. 霍姆斯	由霍姆斯盗窃报警中心办公室改设，提供报警装置和监测装置的服务
布林克运输服务公司	1859	W. P. 布林克	提供货物武装押运服务

进入 20 世纪以来，私人侦探社得到了长足发展，业务范围从单一的犯罪案件侦破转移到综合治安防范。此间智能型经济犯罪大量增加，单纯依靠警察难以侦破和控制这类案件。被害公司或个人出于维护自身声誉和惧怕报复等考虑，也不愿意向警方报案，更愿意求助于私人侦探。而私人侦探机构为了生存，往往配备了比较先进的调查设备，具有更强的责任意识，取证手段也比较灵活，也更注

---

① 转引自唐娟：《政府治理论》，中国社会科学出版社 2006 年版，第 265 页。

意保护客户的利益,工作效率较高。① 尽管私人侦探社提供的治安服务具有私人产品的特征,它的服务对象是特定的机构或公民个人,活动的内容主要是预防各种危害私人利益的犯罪行为;活动目的在于维护私人利益;活动资金属于私人性质。但由于"安全"具有正的外部效应,私人侦探业提供的私人安全在客观上也促进了公共安全。因此在对付犯罪的领域里,美国的私人侦探公司和政府警察机构往往建立起合作伙伴关系。在一定条件下政府机关也向私人侦探所购买安全服务,在特殊情况下私人侦探社甚至参与国家安全服务。比如二战时期美国许多私人侦探公司就与政府合作发挥其技术优势,保卫战争物资和机密文件,参与反间谍工作。

20世纪60年代以来,私人侦探业已经比较完善了,主要表现在规模的扩大和专业化的加强。② 整个私人保安业通过加强内部管理和提供标准化服务获得了社会承认的专业地位,行业内部也出现了比较明确的专业化分工,体现出业务种类(调查、警卫、押运、测谎等)的不同,还表现为服务对象(工厂、商店、学校、医院等)的差异。③ 在欧美私人侦探是警力私有化改革的重要组成部分,受到社会的普遍认同。与传统意义上的私人侦探相比,现代的私人侦探业发生了巨大变化。侦探业的重心在于商务、民事方面的治安服务,提供跟踪监视、他人背景调查、重要人物保卫、公司雇员调查、民事资信调查、保险理赔案件调查、婚前忠诚调查、人身伤害案件侦查等多种服务。

2. 我国私人侦探业的发展现状

国外的私人侦探行业发展较为成熟,有专门的相关法制与管理

---

① 杜晓宁:"私人侦探社的生存发展以及若干法律问题探究",载《上海公安高等专科学校学报》2008年第2期,第58—59页。

② 杜晓宁:"私人侦探社的生存发展以及若干法律问题探究",载《上海公安高等专科学校学报》2008年第2期,第58—59页。

③ 王大伟:"私人侦探的概念和历史",载《中国人民公安大学学报》2001年第6期,第73页。

机构，而我国私人侦探业发展尚不成熟，一直缺乏法律的认可。1993年公安部发布通知《关于禁止开设"私人侦探所"性质的民间机构的通知》（公通字〔1993〕91号），"严禁任何单位和个人开办各种形式的民事事务调查所等私人侦探所性质的民间机构"，并要求各地公安机关会同工商行政管理部门严格查处取缔安全事务调查所等私人侦探所性质的民间机构，明令禁止的"业务"包括受理民事、经济纠纷，追讨债务以及安全防范技术咨询，涉及个人隐私的调查，等等。

但是由于司法资源不足，实践中的"取证难"、"执行难"等问题难以得到解决，民众对治安服务的需求旺盛，国家对私人侦探公司也只能"禁而不止"。在许多地区都出现了"民间追债人"等侦探性质的服务。

近年来，国家对私人侦探的法律政策有所松动。2002年最高人民法院出台的《关于民事诉讼证据的若干规定》，允许不违反第68条的私人录音和录像作为证据。同年8月，根据世界商标知识产权专业组织——尼斯联盟的要求，国家工商总局出台《商标注册用商品和服务国际分类》，第45类即"由他人提供的为满足个人需要的私人和社会服务；为保护财产和人身安全的服务"，允许注册的细类有提供私人保镖、侦探公司、寻人调查等"安全服务"。但注册商标并不等于许可经营，至今政府有关部门或国家立法机关仍然没有对私人侦探业存禁问题有明确的意思表示或决定。

由于政府对私人侦探业的禁止态度，我国的私人侦探业始终处于"灰色地带"。一方面，由于没有明确的法律法规和管理机制，发展较好的私人侦探组织得不到法律的认可，也就缺乏合法的地位，私人侦探组织的生存就受到威胁，更谈不上成立行业自律管理机构、进行健康有序的发展了；另一方面，由于事实上没有任何的准入条款和资质确认，私人侦探市场良莠不齐，任何人都可以以"调查公司"等为名进行私人侦探活动，整个私人侦探业就处于混乱阶段。同时由于我国民事法律采用"谁主张，谁举证"的举证规则，但举证方往往不具备收集证据的技能和手段，而公安机关等公共机构不会介入此类调查、举证当中。私人调查侦探配置专业调查人员出面进行调查取证，以商业方式介入为社会提供治安服务的方式，可谓是对政府管理社会职能的补充。实践表明，私人侦探提供的治安服务符合市场经济发展的需要，满足了民众对治安服务的多样化需求，节约了大量的司法资源。私人侦探在证据调查、商业资信调查、打假和寻找失踪人口等方面的优势，能对公共警察提供的治安公共服务产生配合补充的作用，并在一定程度上弥补公力救济的缺陷。

3. 私人侦探模式的合法化

目前我国私人侦探业仍存在不少问题，因此在社会上产生了种种对其存废问题的争论。对私人侦探业持反对意见的人认为：第一，私人侦探在从业过程中容易侵犯他人人身安全、自由、隐私等合法权益，可能用收集到的涉及隐私的信息对当事人进行敲诈。私人侦探还可能受雇成为商业间谍或成为黑社会的帮凶。第二，私人侦探为了了解事实而使用侦查手段和器材，可能危害国家警察权，妨害国家侦查和司法机关的正常工作，危及公共安全，影响国家权威。

由于近年来受到私人侦探行业高额利益的吸引，私人侦探行业在许多城市迅速发展，各类冠以"调查事务所"、"事务调查所"的私家侦探所越来越多，从立法上明确私人侦探的法律地位，对其从业范围、准入资质等方面进行法律的规范显得十分必要。

首先，要解决私人侦探业的合法性地位问题。由于我国已经承诺了要兑现尼斯联盟的要求，因此我国制定专门的规范私人侦探的法律、法规既是"有约必受"的国际法义务的要求，也回应我国私人侦探业发展的实际需要，符合广大人民群众的利益和要求。实证调查也显示，绝大多数民众是赞成给予私人侦探的合法地位的。"在2000多人的随机调查中，只有10%的人认为应该明令禁止'私人侦探'在中国的发展，16%左右的人认为应该大力扶持，近70%的人认为应该允许存在，但要严格限制。"① 因此要明确规定私人侦探及

---

① 管光承、刘莹："关于创建我国私人侦探制度的设想"，载《江西公安专科学校学报》2004年第4期，第35—38页。

私人侦探所的准入资格与程序，并对充当私人侦探的资质作出要求。明确私人侦探业的管理机构，大力发展行业自身的自律机制，保障私人侦探业能够健康有序地发展。

其次，要解决私人侦探与公民的隐私权问题。笔者认为，依据民法的侵权责任理论，私人侦探行为并不必然成为侵犯当事人隐私权的构成要件。民法上的侵权责任构成的一般要件包括：违法行为、损害事实、因果关系和主观过错。侵犯隐私权行为的典型表现一般是对他人隐私进行宣扬，贬低当事人的名誉。但目前私人侦探的调查取证通常只是为了了解案件事实，绝大多数在主观上并没有泄露公民隐私的故意，即私人侦探通常不具备侵犯公民隐私权的主观要件。私人侦探的大部分调查行为如监听、跟踪、录音录像等确实容易触及被调查对象的个人隐私，但是并不能武断地认为私人侦探行为必然会触犯到公民的隐私权。根据最高人民法院2002年颁布施行的《关于民事诉讼证据的若干规定》第68条的规定，只要不违背法律的一般禁止性规定，不侵害他人合法权益，不违反社会公共利益和社会公德，未经对方同意的录音录像也可作为证据。因此，可以说，在民事诉讼中，立法上已经明确规定对于个人隐私权的保护应该适当让位于对当事人的诉讼权利的保护。[①] 因此要明确私人侦探的调查范围和取证方式，在根据私人侦探调查活动的实际赋予私人侦探特殊的调查手段的同时，严格限制这些手段的使用范围、使用条件，从而实现对公民合法权益的保护。

最后，要解决私人侦探的调查与侦查机关的侦查权问题。我们需要清醒认识到公安机关和检察机关的侦查权与私人侦探的调查权有着本质的区别：私人侦探的调查取证权背后没有国家强制力作支撑，侦探组织"在办案过程中，也无权使用搜查、拘传及其他强制

[①] 张泽涛："私人侦探在刑事诉讼中的运用及其规范"，载《法学家》2007年第6期，第90—99页。

侦查手段，若需使用必须由国家侦查机关来组织实施"。① 因此一方面应该在立法上对于私人侦探及其事务所的经营范围明确地予以规定，强调规定私人侦探的调查取证只是一种商务行为而不是政府行为，他们虽然可以接受当事人的委托，参与民事、商事乃至刑事调查取证活动，但是对其经营范围必须作出严格限定。具体就刑事取证活动而言，对于任何涉及国家安全、国家秘密、玩忽职守、行贿受贿等刑事犯罪案件，私人侦探不能介入，否则，可能会泄露国家机密，危害国家安全或者侵犯国家权力，妨害司法机关的正常活动。另一方面我们要明确规定私人侦探与私人侦探所的法律责任。私人侦探作为社会治安的特种行业，在执业过程中如果稍有不慎，就会侵犯到他人的合法权利，影响社会秩序的稳定，构成刑事犯罪。因此，要在立法中明确规定私人侦探应该承担的民事责任以及刑事责任。

四、公共治安社会化

为了打破上文提到的政府垄断治安服务带来的供给不足与低效瓶颈，满足人们安全需要，可以基于治安服务的公益性程度决定不同的供给方式，由政府、市场共同提供治安服务，更便捷、高效地满足人们不同的治安需要。下文我们将从公共治理的角度出发，认识治安服务在政府和市场供给之外的另一个潜在选择——治安服务的社会化。治安服务的社会化打破了原有的政府—市场二元格局，为解决治安服务供给中的"政府失灵"和"市场失灵"问题提供了一条新路径。

（一）公共治安社会化概述

进入20世纪八九十年代以来，西方公共行政管理学发展最重要的特征之一就是公共行政管理理论研究的范围得到了进一步拓展，其主要标志就是出现了相对于传统观念上的公共行政或行政区域管

---

① 宫万路、杜水源："论侦查权的概念"，载《江苏公安专科学校学报》2001年第1期，第17—21页。

理的公共管理概念。公共治理理论正是在这一语境下出现的一种代表着西方公共行政管理理论发展趋势的公共管理理论。① 公共治理要求"为了实现和增进公共利益,政府部门和非政府部门(私营部门、第三部门或公民个人)等众多公共管理主体彼此合作,在相互依存的环境中分享公共权力,共同管理公共事务的过程"。②

治安服务作为公共事务管理的重要组成部分,也是公共治理的一部分。为了实现和增进公共治安利益,同样需要政府和非政府部门等众多公共管理主体的相互合作。政府通过建立快速反应的警察队伍,通过兴建治安公共设施等形式肩负起治安服务的主要供给者的角色;而市场通过提供治安保险、保安服务等形式,促进治安服务有效供给问题的解决。

英、美等发达国家自20世纪六七十年代就十分重视政府在治安服务中的主体地位,但是片面重视政府的治安服务供给能力建设,追求警察装备现代化,警察高比例和快速反应能力的专业化警务导致警民关系恶化和控制犯罪不力。在这种情况下,强调依靠民众进行犯罪预防,提供治安服务的治安社会化得到了迅速的发展。

治安社会化是将社会作为治安服务有效载体的多中心制度安排,它通过政府与社区成员等相关者之间的互动,突破了过去以政府或市场为单一中心的制度安排,维护了社会秩序,提高了人民群众的安全感。治安社会化将注意力从以打击犯罪为主转移到以预防犯罪为主;从强调警务的专业性转移到重视改善警民关系,广泛发动公众参与;警察工作从以案件中心转移到以社区为单位,充分利用社会资源共同预防犯罪,将犯罪遏制在发生之前;从强调高破案率转变为树立多破案不如少发案的观念。治安社会化的核心就是将社区、民间组织等第三部门作为提供治安服务的主体,发挥它们的人力资

---

① 丁煌:《西方公共行政管理理论精要》,中国人民大学出版社2005年版,第454页。

② 范铁中:"西方国家治理理论对我国构建和谐社会的启示",载《理论前沿》2007年第7期,第19页。

源、信息资源等优势,鼓励它们以多种形式参与到预防犯罪和维护社会治安活动中来。治安社会化的形式十分灵活多变:有邻里守望、街道守望、预防小组、青年行动团体、志愿组织等,甚至由公民志愿组织或参加业余义务性的兼职警察维护社会治安。在我国一直有警民共同参与,构筑社会治安综合治理体系的传统,下文将把"社区警务"作为治安社会化的典型形式进行介绍和分析。

(二) 西方治安社会化实践

治安社会化作为新时代警务革命的关键词,已经成为当今世界治安服务领域研究与改革的重点。公共治理理论认为政府并非公共管理的唯一主体,"政府并不是国家唯一的权力中心,各种公共的和私人的机构只要其行使的权力得到公众的认可,就都可能成为在各个不同层面上的权力中心"。[1] 根据这种多中心治理理论,公共服务可由政府、市场和社会协作治理来共同生产与提供。西方国家将治安社会化的重点放在"社区"上,通过倡导推行社区警务,实现治安服务从片面追求专业化强调打击犯罪到重视与社区协作实现向预防犯罪的转变。

社区警务的内容包括:第一,创办社区刊物,通过社区刊物向社区居民提供信息公开和治安教育的平台。美国芝加哥创办的《公开通报》、英国艾克赛特创办的《社区新闻》都是社区刊物的典型,它们向居民通报社区治安状况,教授治安防范知识,保障社区居民对社区治安事务的知情权。第二,推行社区治安联防活动。根据治安联防的具体区域不同,可以划分为邻里守望、校园守望、旅馆守望、商业区守望等。通过在重点区域进行治安联防,将警察的专业知识与社区的人力资源和信息资源优势相结合,不仅缓解了警力不足,而且利用居民间高度熟悉的信息优势构筑起一道社会治安防范的高墙。第三,建立"警方—社区咨商委员会",增强警察与社区的联系与协作。咨商委员会一般是由社区警察、教会、学校及其他社

---

[1] 罗峰:"社区公共治理与和谐社区的组织化构建",载《中国行政管理》2008年第8期,第97页。

区组织代表共同组成的社区治安服务主体。英国艾克赛特警学研究中心研究员约翰阿德森曾经指出"建立咨商委员会是社区警务中最关键的环节,如果没有社区代表参与协商,就不是真正的社区警务"。由咨商委员会利用其信息优势收集社区存在的犯罪情况,治安问题、治安隐患的类型、部位和成员构成等社区治安基本情况,并及时与警方提供信息、进行交流,由警方及时向社区公布相关治安状况以及警方采取的措施等情况。第四,将青少年教育、少数种族群体等弱势群体的社会化治安服务供给作为治安社会化的重点。青少年、少数种族群体等特殊群体一方面容易受到犯罪的滋扰,另一方面这些人群本身又是犯罪行为的高发群体。因此通过社区警察与学校保持经常性的联系,在少数族群社区增加巡逻警察等手段保护特殊人群的合法权益,减少犯罪。

"社区警务是现代欧美各国警务改革的主要内容,是世界性的第四次警务革命的核心。20世纪80年代我国引进了西方社区警务的理念。西方社区警务在开创中曾受到我国用社会力量治理犯罪的启示,我国公安机关又在现代化进程中,向西方学习了警务革命的精华。"① 因此我们简要地回顾西方治安社会化的实践,对推进我国治安社会化活动的进程,达成社会与政府间的相互沟通、理解、支持与参与,保障社会的安宁将有积极的借鉴意义。

(三)我国治安社会化实践

自新中国建立以来,我国的治安社会化实践经历了一个从尝试到取得较大成果再到在困境中思变的过程,在这个过程中我们积累了大量的正反两方面的经验,这对我们在新时期提出诸多的治安社会化模式打下了良好的基础。

1. 我国治安社会化的历史沿革

其实,我国早在20世纪五六十年代就建立了以派出所为主导,

---

① 王大伟:"中西社区警务改革比较——简评南京市公安局社区警务战略",载公安部主编:《社区警务国际研究会论文集》,中国人民公安大学出版社2002年版,第114页。

以治保会为骨干,群众广泛参与的社会化治安服务模式。其提供的主要治安服务主要是以户口管理为基础,以群众工作为保障,发挥居民区内群众间的人际网络资源优势,实现治安保障。由于当时中国处于相对封闭的状态,单位成为主要的社会组织单位,因此机关、企事业单位也承担了治安服务供给的责任,由单位内部的保卫力量提供相应的治安服务。

这一时期我国社会治安形势较好,警民关系融洽,社会控制严密,治安社会化模式的普及可谓功不可没。我国20世纪五六十年代实行的治安服务供给方式蕴涵着现代意义的社区警务的内涵,而被国外专家学者赞为"开社区警务发展战略之先河"的创举。联合国预防和控制犯罪委员会特别代表阿提道昆·阿迪耶未曾说:"中国的'综合治理'方针,为世界范围内预防犯罪作出了贡献。"

改革开放以后,特别是随着社会主义市场经济体制的逐步建立,社会由封闭走向开放,个人从各种传统的社会关系中解放出来,人员流动性大大增加,社会治安形势面临前所未有的复杂局面,社会出现了空前的利益分化,人们的价值取向也呈现多元化,利益冲突加剧。原来的社会基层组织因为不适应市场经济的发展而不断萎缩瓦解,新的公民社会还没有成长起来,我国原来的治安社会化模式被置身于这个夹缝中,受到了严重冲击。原本以治安基础工作、治安防范为主的派出所也直接介入破案,沉重的治安任务迫使治安专业部门效仿刑侦专业部门,开始了治安管理主体的下移。在刑侦破案任务的挤压下,许多地区的派出所的防范工作和群众工作被搁置,警民关系逐渐疏远,对政府与社会间的合作日益消失,派出所对治保会的指导变得徒具形式,对青少年教育和刑事释放人员帮教等犯罪主体防范工作得不到落实。面对前所未有的人员流动、社会基层组织原先对社区居民情况了解充分的信息优势被削弱了,加之缺乏政府警务工作的专业指导,城市居委会等社会基层组织的治安服务职能也不断弱化。随着治安形势的日益严峻,政府对警务工作进行了反思和改革,立足于社区、扎根于社区的新型警务模式随之产生。其主要内容是:第一,充分利用社区资源,教育引导社区居民与警方合作，参与到社区防范事务中来，警民共同研究情况，交流信息，寻求解决社区治安隐患和预防、控制犯罪的途径。第二，服务为先。通过加强警民沟通，改善警民关系，以赢得更多社会力量对警务工作的支持与配合，从而增强维护治安的社会基础，更好地预防和打击犯罪。

2. 我国的治安社会化模式

第一，治安保卫委员会模式。治安保卫委员会是宪法确定的群众性治安防范组织，《宪法》第111条规定："居民委员会、村民委员会设人民调解、治安保卫、公共卫生等委员会，办理本居住地区的公共事务和公益事业，调解民间纠纷，协助维护社会治安，并且向人民政府反映群众的意见、要求和提出建议。"虽然治安保卫委员会有着重要的法律地位，但是在现实生活中，它却已经淡出人们的视线了。

治安保卫委员会萎缩的主要原因在于其赖以生存的计划经济时代已经过去，其原有的组织体制和运行机制在市场经济条件下难以发挥作用。作为群众自治组织，其经费难以保障，治保工作人员的工资、奖金、补贴难以兑现，加之主管单位不明，组织责任不清等问题，治保会也就渐渐地形同虚设了。

第二，治安联防队模式。治安联防队伍出现在19世纪60年代，在创建之初，是在当地党委、政府的领导之下，由各街道、乡镇、厂矿抽调组织人员，在治保会具体组织指挥下，配合公安机关进行区域治安防范的一支群防群治力量，后来逐渐演变成了公安机关直接领导下的一支治安力量。近年来为弥补警力不足，许多地方在原有治安联防队伍的基础上，又从社会上招聘使用相当数量的治安员。治安联防队的组建在一定程度上缓解了警力严重不足的问题，在协助公安机关维护社会治安秩序等方面发挥了积极作用，但也伴随着产生了一些负面影响，主要体现在治安联防队的执法不规范，滥用警力上面。由于缺乏规范有效的培训、管理、监督和经费保障，同时各级公安机关治安员队伍还存在人员素质不高、纪律作风涣散等问题，严重影响了警民关系，败坏了公安机关的形象。公安部于

2004年向全国公安机关发出通知,要求各地公安机关对聘用的治安员队伍进行专项清理,要求各级公安机关清退治安员。

第三,社区警务模式。山东省公安厅为适应城市社区改革的新形势,在基层基础工作中推行社区警务战略,创建零案社区。按照每名民警管理1000户或3000人的标准,分别实行一区一警、一区双警或一区多警等不同警力配置模式。济南市公安局先后在全市3105个村、2054家企事业单位、46个居民小区实行了治安防范承包,推广面达到70%。2001年以来,凡是实行治安防范承包的地方,盗窃、抢劫等可防性案件发案率下降了50%以上,治安承包队伍协助公安机关破获刑事案件1644起,抓获各类违法犯罪分子1710名,有832起案件在初始阶段被及时发现制止。① 在青岛,110巡逻工作、消防工作、交通管理工作全部走进社区,依靠社区组织,直接面对群众,据青岛市综治办和统计局抽样调查表明,市内四区入室盗窃等多发性案件较去年减少了12%,城乡居民对社会治安满意率和基本满意率分别比去年增加了5.6个百分点和8.1个百分点。治安社会化有效地维护了社会治安,取得了明显的社会成效。

山东省推行社区警务模式是我国探索社区警务模式实践的一个缩影。我国探索社区警务模式的内容表现为:第一,公安机关变革和调整了原有的传统的组织机构,针对社区的实际情况,实施较为灵活的警力配置,建设群防群治网络。通过调整充实治保人员,扩充专职巡逻队伍,组织义务巡逻队伍,各地因地制宜组建了社区志愿者服务队、党员义务夜巡队等形式多样的群防队伍。对群防队伍统一调配,科学布局,合理使用,重视巡逻勤务。第二,设立社区警察警务室。以往派出所是最基础的单位,为使警务工作更深入地向社区延伸,同时便利社区警察处理事务,警察机关在社区增设了警务室。警务室的设立,使警察的存在感延伸到了社区,增加了安全感,增进了市民与警察的相互了解和合作。改革派出所勤务方式,

---

① 赵翔:"山东建起立体式治安防控体系",载《法制日报》2002年7月16日。

合理调整警力配置,实行以"一区双警"为主,社区警务室与社区其他职能部门在社区居委会合署办公,方便群众,亦为社区民警深入社区工作和群众上门办事、报案创造条件,提供方便。第三,开展创建安全文明社区活动。鼓励社区居民团结起来,共同参与社区的文明建设、公益事业和社会治安综合治理活动,形成"同居一地、共建文明、共保平安"的新型社区。

3. 治安社会化的完善

过去由于社会治安状况的恶化,公民的安全感下降,人们普遍对警察部门产生了一种不信任。而社区警务通过安排治安力量走进社区,帮助居民解决实际困难,教育提高治安防范意识,解除了他们的后顾之忧。而且社区警务制度还改变了社区及社区成员只是单纯的社会治安服务的被动消费者的观念,社区及社区成员既是治安服务的消费者,又是协作生产者,起到了重建信任、平衡财政、激励消费者的作用。社区警务的实质就是要在社区、政府和居民之间建立一种互助互信的伙伴关系,调动一切积极因素参与社区社会治安服务,起到了维护社会治安的作用。进一步完善社会治安制度,促使公民积极参与和维护社区治安工作需要做到以下三点:

第一,构建治安服务的互信机制。治安社会化作为一种新的工作模式,需要地方政府、社区民众、社区民警等各方参与,因此我们要建立互信机制,统一对治安社会化的认识,明确责任归属。改变一些社区单位和群众认为治安仅仅是公安部门职责的传统认识,从而使他们在思想上对治安社会化给予理解和配合,实现治安服务提供者与社会民众的良性互动,使社区治安力量在筹建警务用房、资金、人力问题上得到社区的支持与配合,促使社区治安力量在提供治安服务时重视与社区群众的信息交流,在工作中善于动员社会力量,形成与社区共同防范的局面。

第二,积极引入保险机制。治安社会化与市场化同是治安服务的供给机制,二者不是非此即彼的关系。治安社会化可以打破传统警务服务内容单一、权力来源单一的僵局,为治安市场化打开市场,拓宽治安市场主体的来源。而治安市场化可以形成科学的赢利模式,促使治安服务模式的可持续发展。二者相互配合,取长补短,可以更好地提高治安服务供给的质量。

第三,重视社区治安服务的群众监督。应该拓宽意见表达的渠道,倾听人民群众对治安社会化的评价,以及对本社区治安服务的意见。利用通讯技术的进步,通过网络、手机短信等手段便捷地询问居民对社会治安的意见和建议。人民群众的安全感、满意度才是衡量社区治安工作好坏的重要标准,要重视人民群众的监督,吸纳人民群众参与到治安社会化的进程中来,及时发现问题,解决问题,提高人民群众的安全感和满意度。

(四)基本治安服务均等化与治安服务多样化

基本治安服务均等化是"基本公共服务均等化"的子概念,它源于西方,是指在基本的公共服务领域应该尽可能地使国民享有同样的权利;或者说,政府应该尽可能地满足全国人民在公共服务领域的基本物质需要。"公共服务均等化是公共财政的基本目标之一,是指政府要为社会公众提供基本的、在不同阶段具有不同标准的、最终大致均等的公共物品和公共服务。"[①]

党在十六届六中全会关于《构建社会主义和谐社会若干重大问题决定》中明确提出,要逐步实现基本公共服务均等化的目标。实现基本治安服务均等化有助于缩小城乡差异和地区差异,构建社会主义和谐社会,促进社会公正,维护社会稳定和国家统一。近年来,我国加快了基本治安服务体系的构建,积极推进基本治安服务均等化,改善了广大人民群众,特别是困难群体、贫困地区和欠发达地区的治安服务供给状况,努力满足了全体人民在治安领域的基本要求。但是目前我国基本治安服务的供给现状并不让人乐观,表现在:基本治安服务的增加速度与社会公共需求的快速增长速度不相匹配,治安服务短缺的矛盾十分突出;我国城乡之间、地区之间和不同社会群体之间基本治安服务水平的差距仍十分显著,短期内难以得到

[①] 杜二帅:"浅析公共服务均等化的制度保障",载《湘潮》(下朔)2008年第5期,第29页。

根本上的改变。

治安服务的多样化是公共产品发展的必然结果，拥有不同组织资源、经济资源和文化资源的各个社会阶层、各阶层不同层次的人员，都存在着利益诉求的差异和资源动员能力的差异。这些差异带来了公众对治安服务的需求差异，导致了社会资源分配格局的多元化与治安的多样化。譬如，一些富商希望自己得到更高层次的个人安全保护，银行需要高于一般水平的安保服务。要想获得更多的安全保护，就必须额外地付出金钱。在民主社会，每个公民对于自己权利与保护更加重视，在涉及个人隐私时，公民可能会拒绝警察的介入，倾向借助于市场满足自己的需求。随着高科技时代的来临，企业出于安全的考量，希望得到更专业化的治安服务维持企业内部治安，打击商业间谍犯罪，以此来提高企业的整体效益。

治安服务的多样化与基本治安服务的均等化两者并不矛盾。基本治安服务均等化是治安服务多样化的必要保证，治安服务多样化是基本治安服务均等化的必然趋势，二者都统一于对和谐社会的建设，对公民安全需要的满足。目前在我国推进基本治安服务均等化，仍是一项复杂而艰巨的工作。要加强公共服务供给体制的变迁，实现人与人之间的平等，就必须积极推进治安服务社会化改革。

第一，构建服务型责任政府。政府在供给治安服务，特别是基本治安服务中起着关键作用，因此要明确政府的责任和职能定位，以基本公共服务均等化目标为导向，提升基本治安服务供给的数量和效率。政府一方面要从治安服务的最低标准着手，初步解决全民最基本的需求，使政府保障公民基本权益的职责得以实现。另一方面，要以改善民生为目的，努力满足公众不断增长变化的多样化需求，促进社会公正。

第二，引入多元治安服务供给机制。政府的确是公共服务的主要提供者，但需加强政府与社会的合作。西方社区警务革命与私有化改革表明，有些可社会化的公共服务也可以通过志愿手段运作来提供。对于公益性较强的基础性公共服务，应主要由政府提供。对于公益性较强的非基础性公共服务，除了那些必须由政府提供的项目，可以由社会组织或其他社会力量来提供，由政府通过财政补贴、特许经营、贷款贴息、优惠政策等方式给予支持。通过政府的统筹规划和宏观调控，由企业、个人或其他社会力量来提供治安产品，将政府公共服务职能适度外移，有利于在不增加政府规模和开支的情况下改善公共服务，提高效率。

第三，强化政府依法监管。在公共服务市场化改革中政府管理监督不到位，是造成我国基本公共服务不均等的重要原因之一。事实上，由于各种主体参与公共服务的动机、能力、资源和质量有很大差异，政府在公共服务中引入多元主体竞争的过程中，要制定各行业相应的服务标准、质量要求以及收费标准，建立起有效的监督机制，并严格监督执行。对违规机构作出相应处理，以保护公民权益，维护社会公正。

五、社会治安与社会资本

社会资本是一个社会中蕴涵的所有积极社会关系的集合，社会资本的高低是衡量公民社会完善程度的重要指标。社会资本与社会治安也存在着正相关的紧密联系，较高的社会资本有利于社会治安防控体系的完善。

（一）社会治安与社会资本的关系

社会治安是一个历史时期内的社会公共秩序问题，而社会资本理论从整合社会力量上为我国治安服务的供给机制导入了一种全新的研究范式，启示我们通过挖掘现有的社会资本存量，大力培育良性社会资本，发展完善我国治安防控体系。

1. 社会秩序规范的价值相通性

高水平的社会资本有利于为政府维护社会稳定和公共秩序进行的治理提供各种实际或潜在的资源，制度化、规范化的社会资本网络有助于调节人与人间的关系，缓和社会矛盾，良性的社会资本有利于市民社会的成长与完善。而成熟的市民社会可以使政府、市场与志愿途径间形成良性的互动机制。在政府提供治安公共服务时，社会资本能起到良性的平衡作用,并对政府合法行使国家权力起到制衡作用。

2. 破解"集体行动困境"

社会治安服务有利于保护公共利益,满足公众的安全需要,提供社会治安服务带来的正外部效应惠及社区的所有居民。由于社会治安服务的提供需要依靠集体行动才能实现,但集体行动的逻辑却很难避免集体行动的困境,"理性的个人行动者"往往从自我利益的"理性"出发,损害公共利益,最后也损害自己的个人利益。普特南在《使民主运转起来》一书中通过对意大利社区的多年研究发现,"大力发展社会资本"正是"集体行动困境"的法宝。社会资本包含的最主要内容就是社会信任、互惠规范以及公民参与网络。社会资本一方面体现为由公民间相互信任、互惠和合作有关的一系列态度和价值观,它促使人们倾向于相互合作、相互信任,在全社会形成互信合作社会文化;另一方面,社会资本体现为将朋友、家庭、社区、工作以及公私生活联系起来的人格网络。因此在进行治安服务契约性治理时,社会资本能降低交易成本,提高交易效率,扩大治安服务的供给总量。良好的市民社会还可以进行充分的自我调节,通过市民社会内部的志愿力量主动提供治安服务。

3. 治安状况会间接影响社会资本的创造

迭戈·甘贝塔指出,可以把西西里黑手党理解为意大利某个地区内的民间财产权保护者,国家自古以来在这个地区都没有很好地发挥其应有的作用。20世纪90年代,俄罗斯国内也出现了类似的组织。与国家提供的保护相比,民间财产权保护的效果显然要差许多,因为被保护者无法有效地阻止民间保护者介入其他非法的活动。另外,在对财产权的行使进行强制性的调整方面也存在着规模经济效应。如果人们走在街上时都需要为自己的生命担忧,那么他们就不可能进行交往、参加志愿活动、参与投票或相互照顾。相反,如果在公共互动和财产权方面有一个稳定而安全的环境,那么信任完全可能通过理性个体的重复互动而自然产生。[1]

(二) 善用社会资本维护社会治安

综上所述,要推动治安服务供给机制的建设,不仅需要信任社会资本的培育,同时也要加强规范社会资本的培育。高水平的社会资本对社会治安的供给有着积极意义,因此我们要认识到治安服务供给体系的构建不能停留在以器物防控和政府垄断供给阶段,而应该在政府与社会间形成治安服务的互动,建立社会治安自律机制,组建治安网络,实现治安防控主体的多元化,不断增进社会资本的总量。

1. 加强社区文化建设,培育信任社会资本

我们要重视对社区文化的建设,培育居民间的互信互惠,壮大公民社会。公民参与网络会增加人们单独进行欺骗的潜在成本,因此我们要培育强大的互惠规范,促进交往和有关个人品行之信息的流通。在一个共同体中,公民参与网络越密集,公民越有可能为共同利益进行合作。通过加强社区文化建设,强调社会资本的教育,培养公民的目标认同意识、顾全大局意识和团结合作精神,就能增加社会信任度,进而改善社会治安环境。

2. 通过治安自律机制,培育规范社会资本

社会治安与公民的生产、生活息息相关,因此在提供治安服务的过程中,要重视公民的参与。许多地区开展了各类社区治安防范实践,得到的一大经验就是:应根据各地的具体情况,由公民实际参与讨论并制定相应配套的制度规范(村规民约),在提供治安服务的时候主动自律,并能对这些制度规范起到有效的监督。科尔曼认为,规范向人们指明了什么样的行动是符合体统或正确的。比方村委会将农村治保组织成员、农村治安巡逻志愿者组成专门的治安巡查队伍,并定期对农村开展安全检查、治安巡逻等的同时要重视村

---

[1] [美] 弗朗西斯·福山:"社会资本、公民社会与发展",曹义烜译,载《马克思主义与现实》2003年第2期,第36—45页。选译自《第三世界》2001年第1期。

规民约等村民自治章程的作用。通过村委会牵头组织村民针对本地区治安情况制定村规民约，不仅提高了公民对治安参与的积极性，而且有效地增进了当地的社会资本，吸纳了社区居民的治安服务的意见，有效地调动了广大居民参与治安管理、维护农村治安环境的自觉性，调动民众对公共安全的关心。另外，定期公布本地的治安状况，通过信息公开也使居民能监督社区治安服务的状况。

3. 构建治安网络体系，实现多元治安防控

当前，我国治安服务供给体系的构建主要是依靠政府、村委会的力量，而社会资本的主要特征体现在那些将朋友、家庭、社区、工作以及公私生活联系起来的人格性网络。[1] 因此组建治安网络，可以发挥不同群体的优势，提高治安服务的效果。在基层组织的引导下成立的治安网络，可以由有威望、有时间的离退休干部、老教师等担任，这种多元的治安服务供给手段，贴近群众，形式灵活多变，可以将各类治安问题消灭在基层，力争让各类矛盾解决在萌芽状态。

---

[1] 李惠斌、杨雪冬：《社会资本与社会发展》，社会科学文献出版社2000年版，第243页。

第三章 我国保安服务业的机遇与挑战

随着我国经济的不断发展,社会公民对社会治安条件、个人安全有了更高层次的需求,使保安服务进入了一个重大发展机遇期,具有很大的发展潜力。然而,保安业在外部环境和内部环境方面也着实面临较多问题,如产业开放程度不够、公安机关监管难以公平、保安业缺乏科学合理的企业管理方式和理念、保安流失严重、保安服务缺乏统一标准等。但令人欣慰的是我国政府也在积极推进保安服务业改革,近年来制定了很多相关政策和措施,遵循公共安全服务市场化、社会化、产业化的发展方向,积极调整保安管理政策,培育全国统一、开放、竞争、有序的保安服务市场,不断推进保安服务业法制化、规范化。

一、我国保安服务业的发展

保安服务业,既是维护社会公共安全的一个重要行业,也是促进社会经济协调发展的一个重要保障。随着我国经济的不断发展,我国的保安服务业历经20多年的发展成绩显著,但也存在诸多问题。该行业的发展还有许多与现代社会和经济发展要求不适应的地方。在国内,很多人对保安服务没有从"看家护院"的狭隘理念中走出来,还没有把它当成一种特殊的服务产业。而在国外,保安业早已渗透到人们生活中的方方面面。我们需要通过研究我国保安业的发展近况,总结我国保安业在各个时期的特点和规律,以求为消除目前我国保安业存在的问题,推动我国现代保安服务业健康发展打下良好基础。

(一) 初创阶段

我国保安服务业的历史可以追溯到封建社会。明、清时代曾有过"镖局"、"镖行",它们是当时专门为人护送押运贵重物品或货物的一种特殊行业。民国以后,由于战乱,加之旧时的保安服务方式简单、低效,遂使"镖局"等行业失去市场而告消失。

新中国成立以后,为了加强各机关和单位的保安工作,机关、单位内部都设立了以安全保障为目的的内部保卫机构,同时也形成了群策群防的机关、单位和社会安全保障体系。"文革"结束后,随着1978年党的十一届三中全会的召开,党的工作重点全面转移到社会主义现代化建设上来,社会对安全防范需求日益增长。保安服务业是一个新兴产业,也是一个朝阳产业。20世纪80年代初期,在我国最早的经济特区广东省深圳市,随着经济飞速发展和外地人口的大规模流入,社会治安与警务力量不足的矛盾日益突出。为维护公共安全和治安秩序,为特区经济社会发展创造良好的社会治安环境,深圳市蛇口区公安机关借鉴有关国家和地区的经验,1984年,第一家保安服务公司在我国经济特区深圳市成立。为企事业单位提供有偿安全防范服务,开创了我国现代保安服务的先河。1985年1月,全国政法工作会议总结了深圳首创保安服务公司的经验后,保安服务公司在全国各大中城市中如雨后春笋般地发展起来。

(二) 发展阶段

20多年来,我国保安服务业不断发展壮大,保安员已经超过了我国现有公安警力的总人数,保安服务网络已经覆盖了经济社会的各个领域。目前,我国保安业已经成长为一个拥有保安服务企业2300多家、从业人员400多万人、营业收入87亿元和年产值达400亿元人民币的大市场。到2010年,我国保安人员将达到500万人。保安服务业的发展为广大用户和公众提供了多样的、个性化的、高品质的安全防范服务,促进了社会就业,为经济社会发展和维护社会治安作出了巨大贡献。

截至2004年年底,我国已有保安87万人,保安服务企业2201

家,分别比上年增长19.2%和19.1%,全国保安队伍自1999年以来连续五年保持两位数增长。全国25个省、自治区、直辖市共成立保安押运公司164家,专业押运公司占到96家,从事押运业务的人员达到3.8万名,其中省会市和计划单列市专业金融押运服务的覆盖率达到80%以上。①

2004年全国保安队伍共提供违法犯罪线索9.5万条,直接抓获违法犯罪嫌疑人10.7万名,为客户单位和国家、集体、个人直接挽回经济损失13亿多元。同时,2001年至2004年,全国有1万余名保安员负伤,99名保安员牺牲。②

据公安部统计,截至2005年年底全国经省级人民政府公安机关批准组建的保安服务公司已达2258家,比2004年增长了9.9%,年营业额87亿元,比2004年增加了16%。保安员102.5万人,比2004年增长了17.7%。其中广东、北京、上海、辽宁、山东、江苏等10省市保安队伍超过4万人。③ 除了公安机关开办的保安服务企业外,在公安机关监管之下的物业公司的保安、商场的保安和其他一些地方自建的保安,包括一些企事业单位自建的保安已达300万。在经营范围方面,我国的保安业务也已由单一的人力防范,发展为人防、技防、犬防、押运、保安咨询、劳务输出等为一体的全方位的保安服务网络。

保安服务业作为一个新兴的服务行业得到快速发展,其内涵已经发生了重大变化,超出了原有的概念。保安服务业成为一个独立的、脱离现有政府管辖体系的安保行业已经成为必然。我国政府兑现对WTO的承诺,在2006年年底已经全面开放保安市场,任何符合

---

① 彭禅:"中国保安市场正在开放",载《产业经济》2005年第8期,第105—107页。
② 辛文:"去年全国保安抓获嫌疑人10.7万名",载中国警察网,2005年9月22日。
③ 彭禅:"中国保安市场正在开放",载《产业经济》2005年第8期,第105—107页。

条件的个人、单位或团体都可以开办保安公司。公安机关以后只负责保安准入条件的审批工作。我国保安服务业正处在快速发展的时期，我国正在平等互利、互惠双赢的基础上，依法有步骤地对外开放保安服务市场。保安公司已经成为维护社会稳定的重要力量，随着我国继续坚持改革开放政策，保安事业将会取得更大的发展。作为公安机关维护社会治安的一支辅助力量，我国保安业走向现代化、规范化和职业化，是法制社会的必然要求。

（三）成果显著

经过20多年的发展，我国保安业已经成为维护社会治安的重要力量。大量的事实已经证明，保安服务行业在促进经济社会发展、维护社会治安秩序、服务人民群众、参与公益活动等方面发挥着越来越多的积极作用。在发挥重要作用的同时，保安业自身也得到了发展壮大，从而实现了社会效益与自身效益的良性循环。

1. 维安有功

保安服务业为维护社会治安，完善社会公共安全防控保障体系起到了良好的作用，是社会公共安全保障体系的重要组成部分。在我国计划经济时期，社会公共安全的保卫工作是以公安机关为主，机关、团体、企事业单位的保卫部门和基层群众治安防范组织为辅，共同构成的一个完整的社会公共安全保障体系。20世纪80年代，我国保安服务业兴起后，保安服务公司既可以承担警方警力不足的社会安全防范工作，又满足了社会各界不同层次的安全需求，与公安机关一起形成了适应社会主义市场经济体制下新的社会公共安全保障体系。保安服务公司在为客户提供安全服务的过程中，通过站岗执勤、安全检查、夜间巡逻、押运、保管贵重危险物品，提供技术防范设施等，协助公安机关预防和打击各种刑事违法犯罪方面，成为稳定社会治安的一支重要力量。

奥运会期间，广大的保安人员承担了繁重的安保任务，他们出色的完成了领导交与的各项任务：主要负责场馆设施守护、现场秩序维护、证件检查，以及辅助安检、协助公安机关处置公共突发事件等专业性的安保工作，为奥运会的顺利进行作出了自己的贡献，同时也向全世界集中展示了我国保安行业组织有序、高效运作的时代风貌。承担奥运保安任务的不仅仅是北京的保安人员，从全国各地选拔出的保安精英也参加了奥运保安任务，仅吉林省就有万余名保安人员进京。全国共计动员了 140 万以保安为主的志愿者参与到了奥运期间的安全保卫工作中去。

2. 绩效良好

我国的保安服务业在创造良好社会效益的同时，也取得了巨大的经济效益。保安服务业作为一个企业，经济效益是其确保自身生存与发展的必要条件，也只有创造了企业利润，才能不断壮大保安服务业自身的实力，更好地为社会提供安全服务。经过 20 多年的发展，到 2004 年，全国保安服务业的营业收入已经达到了 75 亿元，实现利税近 10 亿元。很多大公司一年的营业额就达 5 亿元以上，上海的一些保安服务公司甚至已经达到 10 亿元，① 在实现社会效益的同时，不仅没有给国家增加财政负担，而且取得相当可观的经济效益，初步形成了效益互补的良性循环。

实践证明，保安服务业已经发展成为适应市场经济发展要求、适应新时期企事业单位保卫工作和群防群治工作改革要求、具有强大生命力的新兴产业，保安队伍已经成为协助公安机关维护社会治安秩序的一支不可或缺的社会安全防范力量。保安服务在维护社会稳定、发展经济、改善城市面貌和投资环境等方面取得的社会效果，也在一定程度上反映了城市在科技进步、与国际接轨等方面的新面貌。

（四）潜力巨大

自 1950 年以来，全球保安行业的营业额持续上升，从 1992 年至 2003 年，全球保安行业的营业额翻了一番。我国拥有 13 亿人口，保安市场潜力巨大，特别是已经举办的 2008 年北京奥运会和即将举办的 2010 年上海世博会，将促进保安业进一步发展。在发达国家，

---

① 公安部治安管理局副局长马维亚在 2005 年 12 月 6 日新闻发布会上的发言，参见中新网，2005 年 12 月 6 日。

通常由保安和警察组成社会治安主体,保安和警察的比例达到6:1时,才能勉强满足准公共安全的需要。目前全国从事保安服务的人员有400万,其中公安机关批准组建和管理的保安公司人数超过100万。公安机关监管之下的物业公司保安、商场保安、地方自建保安,包括一些企事业单位自建保安人数逾300万,远没有达到6:1,需求缺口还很大。警察与正规保安的总体人数在整个保安业市场中的份额不足一半,尚待开拓的空间很大。另外,根据我国加入WTO的承诺,我国将放开保安市场之后,对保安从业人员的需求将有更加明显的上升。

我国作为人口大国,住宅人口相对密集,形成了有中国特色的居住环境——小区,而且这种小区的数量在同一个城市也非常多,这种规模优势可以使保安服务业有更大的发展空间,有利于吸引更多的资本介入这个行业,从而促进行业的健康发展。小区规模越大、数量越多,可收取服务费客户数目越多,保安服务公司在配备人员与工具方面的平均成本就越低,其盈利能力就越强,保安服务业也会获得良好的生存空间。

目前,国外的保安公司由于看准我国国内保安市场巨大的潜力,纷纷准备进军国内保安市场。国外的保安企业在我国主要做一些保安咨询、保安技术、防范产品的推销。实际上,一些境外保安公司已开始开展市场调查,确定发展方向,或直接进行投资,或与国内一些企业建立合作关系,开展产品生产或咨询服务,最终期望在国内设立合资、独资公司直接开展有关保安业务。国外保安公司有着企业先进的管理理念,一流的技术设备,国内保安业将面临国际同行激烈的竞争。但国外公司进入我国市场也要有一个适应的过程。而且,为了安全的需要,起草中的《保安服务管理条例》将对外资进入保安行业的边界作出明确规定。原则上外国投资者可以与我国投资者依法设立中外合资经营、中外合作经营的保安服务公司。但是,外国投资者应该不得参与经营提供区域联网报警运营和武装守护、押运服务以及为设区市人民政府确定的治安保安重点单位提供守护服务的保安服务公司。所以我国保安市场的主体还是以国内的保安公司为主。

保安市场潜力巨大不仅是说国内的市场潜力大，国外的市场同样潜力大。在外国保安公司进入我国的同时，国内一些做得好的保安公司也应该形成自己的品牌，走出国门。2006年12月4日，中铁十四局在阿富汗北部巴德吉斯省的工地遭不明身份武装分子袭击，之后中铁在阿富汗聘请了150名美国保镖。随着《保安条例》的出台，众多私人保镖公司有望取得合法身份，并出国开展业务。我国保镖也同样可以用旅游签证或者商务签证，出国保护我国的工人。我国在对外交流与合作中，要尊重各国保安业发展和管理模式的多样性，努力加强各国保安监管部门之间的对话与协调，也一定能够为建立和完善国际保安服务贸易规则作出自己的努力和贡献。

以美国为例也可以说明我国的保安公司潜力巨大。美国是世界上最早建立保安公司的国家之一，从1850年创建美国第一家私人侦探机构——平克顿侦探公司算起，至今已有142年历史。在这漫长的过程中，随着美国社会的不断发展，美国保安业也逐步发展起来，成为美国社会中一个规模宏大的行业，在人力、财力、物力上都已接近或超过了政府警察机构的水平。据美国1985年统计，共建立保安公司7000多家，有保安人员110多万人，是联邦、州、地方三级执法人员总和60万人（其中一半还是非正规的辅助警察）的1.8倍。其中最大的四大保安公司之一的平克顿保安公司一家就有保安人员3.5万人，在华盛顿、纽约市设有2000多家分公司、子公司，在全球设有122个办事处，并和60多个国家建立了业务联系，是一个名副其实的跨国公司。从经费开支方面看，1985年政府警察开支为140亿美元，而保安公司人员的开支则为220亿美元，等于政府警察开支的1.6倍。保安公司已成为美国社会安全部门的一个不可缺少的社会机构。[①] 我国的保安业发展前景广阔，随着WTO协议的履行，一旦国际上大的保安公司以及国内的有关机构参与此行业，

---

① 张弘："他山之石可以攻玉"，载《中国保安》2003年第2期，第24—28页。

出现竞争对手且服务水平远远高过国内现有保安服务公司，无疑形势将是非常严峻的。

由此可见，经济全球化的今天，保安市场潜力巨大，我国保安公司既迎来了发展壮大保安服务业的大好机会，国内保安服务公司独占鳌头的局面将被打破，再过两年国内的保安服务业将进入国际国内同行的剧烈竞争的发展新局面。日本西科姆就已经在北京、上海等地设立了6个办事处，成为国外企业入主我国保安服务市场的先行者。

二、我国保安服务业面临的问题

目前我国保安业面临难得的发展机遇，发展潜力巨大。但是与此同时，也面临着很多问题。比如，开放程度不够。我国的保安业目前存在着政府统管的问题，封闭性较强，还没形成充分的市场竞争；公安监管方面难以形成良好有序的管理秩序；企业管理存在缺陷；保安业缺乏科学合理的企业管理方式和理念；保安流失严重；保安服务缺乏统一标准等。由于保安的人身安全得不到有力保障，待遇也普遍偏低，致使保安业要想留住人才，尤其是留住高质量的人才也成为亟待解决的问题。

（一）开放程度不够

中国人民公安大学犯罪学教授王大伟博士认为：我国的警力是世界最低的，只有万分之十二左右，西方国家一般为万分之三十五左右。由于强调政府主导行为的模式，我国的治安责任统统都压在政府的肩上，遇有安全问题时，政府警力不足的现象对社会治安的影响更为明显。但是，目前我国的保安市场模式基本上是以基层公安局的管辖区域为标准划分市场的，在此地域基础上成立保安企业的人、财、物权均归公安机关掌控，企业负责人也由公安民警担任。以公安行政网络为核心的纵向等级结构体系控制了各种保安资源。政府行为下的保安服务市场开始出现弊端。一是，由于公安机关既当运动员又当裁判员的状态，从管理上不利于加强对保安市场的规范。二是缺乏有效的市场竞争,"黑保安"的出现更是造成了一些社会问题。三是相对于我国庞大的人口与广阔的地域而言,目前保安公司的业务量还很难满足经济社会发展的需求。最重要的弊端就是开放程度低,竞争不充分。国外保安行业发展比较早,他们的模式值得借鉴。欧美国家普遍以私营公司为主,由行业协会进行管理,报警由警方进行处置。日本有专门的《保安业法》,明确规定保安业可以经营的业务范围,由日本警察部门直接审批,发放许可证并直接进行管理。日本警察部门不会直接干预保安市场,保安市场高度开放。我国保安行业应在市场经济环境下完全按照市场规则运行,政府管理方式也将由"指挥式"向"服务式"改变。公安机关减少对保安市场的干预,开放市场竞争,使保安公司更好的为社会服务。

(二) 保安监管盲区

公安机关作为保安服务业的监管机关,在具体的监管过程中,往往是管字当头,制订的政策缺乏实际操作性。目前,还有大量非公安机关批准的保安人员游离于公安机关管理之外。立法滞后制约了公安机关对保安行业的监管工作,行政机关要依法行政,无法可依的状态使监管工作十分被动。由于缺少行业法律规范,一些社会人员到工商部门注册了保安咨询、劳务服务等性质的公司,在名称上也叫"保安",公安机关无法掌握保安行业的准确情况,无法进行监管。不少私招滥建的保安队更是趋于隐蔽,安全脱离了公安机关的监管。我国加入WTO后,公安机关应当放松对保安业的监管,使保安业在市场竞争中发展壮大,同时,应规范保安行业门槛准入制度,依法规制保安人员的行为尺度,加大行政法律法规的健全统一,实现社会效益和经济效益双丰收。

(三) 企业管理缺陷

以我国当代第一家企业性质的保安服务公司在深圳蛇口工业区诞生为起点,我国的保安服务业迅速遍及全国各地,并很快步入了一个新的发展时期。我国的保安服务业虽然发展很快,但同世界保安业比较起来,各种机制不健全,保安服务业的社会功能没有充分表现出来,保安服务企业自身存在管理方式落后、业务范围窄、层次低、自身装备较差等弱点。

相当一部分保安员读的书不多，文化水平不高，还有不少是进城务工的农民，难免会出现保安员利用工作上的便利进行违法犯罪活动的问题，如打人、搜身、非法限制他人人身自由，等等。需要保安公司规范保安员从业行为，制定统一的从业标准，以对保安员进行制度化管理，规范保安行为。同时，保安员缺乏培训，在服务过程中因服务不规范引发矛盾，甚至形成诉讼或者酿成刑事案件。保安公司应注重对保安员的培养和教育工作。公安机关作为保安公司的直接管理者，要对保安公司和保安员的违法行为进行及时处理和纠正，使保安业得以健康发展。

目前大多数的保安服务企业仍然背靠公安机关，形成行业垄断，在没有竞争压力的情况下，难有更大的发展。我国保安服务业的职业化水平不高，保安人才的供应及培养相对滞后，发展不够成熟，这些都是亟待解决的问题。

（四）保安流失严重

按照保安人员阶级评定，应将保安员分为五个等级：初级保安员、中级保安员、高级保安员、保安师和高级保安师。工作表现突出的，可根据情况提前晋级。但是，即便有这样的保安人员阶级评定标准，保安队伍仍不稳定，流失率居高不下。保安业招人难、留人难，是各地保安业正面对的难题，为此，各地保安公司纷纷实行"挽留工程"。以四川省成都市保安服务总公司为例，公司为员工们购买保险，鼓励队员报名参加各种学校，利用业余时间学习，强化自身素质。然而，保安业整体流失严重已成了不争的事实。究其原因，主要是由于保安服务收费较低，保安员的基本保障不到位，保安员的正当权益得不到应有的维护，保安服务公司的吸引力和凝聚力降低，这样周而复始，保安服务企业难以吸纳高素质人才，致使保安服务业的发展举步维艰。另外，保安职业地位偏低，社会认同感有待提高。

与保安员行使的权限与其承担的职责严重失调一样，保安员承担的任务与其配备的装备不相适应，削弱了保安员现场制服罪犯和进行自卫的能力。据报道，京、沪等9省市仅1998年至2000年，就有30名保安员为维护客户安全，抢救国家和群众生命财产英勇牺牲，近500名保安员光荣负伤。① 仅2006年全国有6679名保安员英勇负伤，67名保安员牺牲。这除了说明社会治安形势严峻，犯罪分子猖狂残忍外，与保安员没有必需的防卫武器和有效制服罪犯的器械不无关系。现在大多数保安服务公司已介入金融部门承担押钞任务和贵重、危险物品的守护、押运，而这些领域又往往是犯罪分子伺机攻击的目标。

保安队伍在维护社会治安、服务群众、保卫经济建设中发挥了越来越重要的作用，但保安员在执行任务和维权时遭遇流血又流泪的尴尬。如果人身安全仍然得不到有效保障、合法权益得不到维护，保安人员严重流失的局面无法根本扭转。

（五）服务范围狭窄

目前我国保安存在的主要问题是服务范围狭窄和服务方式不规范。保安服务的范围显得相对较窄，应当建立起以保护消费者的安全利益为核心的保安服务体系。根据公安部的规定保安服务不包括为个人提供安全服务，而在实践中，恰恰是个人对安全服务存在着广泛的需求。在正规的保安服务公司无法为个人的人身安全提供服务的情况下，就出现了私人保镖和不合法地提供安全服务的情况。目前在社会上存在的保安服务方式也很不规范，特别是保安人员所持有的安全设备和所采取的保安手段没有法律规定，存在保安人员权力过大的问题，有的甚至行使着公安人员的职权，有侵犯其他公民合法权利之嫌。

新加坡的保安服务范围值得我们借鉴，新加坡的保安服务业分为两种：一种是工商保安，另一种是私人保安。工商保安与我国现有的保安模式相似，都是政府兴办监管的、自负盈亏的法人实体，其经营服务的项目是一些国家重点的领域，如银行、机场、政府办

---

① 徐浩然："论保安立法"，载《中国保安》2000年第12期，第20—23页。

公楼等一些国家要害部位，并且对这一领域拥有绝对的"垄断"。而私人保安服务公司，有点类似于我国现有的那些非正规的从事保安服务业务的公司，按新加坡《工商保安法》规定，他们只能经营工商保安所特许经营领域以外的保安服务业务，例如为个人安全提供服务。

可以借鉴新加坡保安服务管理模式，将我国现有的保安组织进行一次整合，划分两大块：一块是公共保安。由政府投资兴办，主要承担金融证券、边境、机场、港口等国家要害部位的保安服务，负责参与灾害处置预案，负责与国际间的合作打击恐怖袭击、犯罪等，是保安服务行业始终予以保护的部分，不允许开放，实行垄断经营。另一块是大众保安。由公安机关决定设立的条件，由市场供求决定收费标准，由行业自律决定其从业规则，公安机关予以监督，但只能经营公共保安所特许经营领域以外的保安服务业务，包括为个人提供安全服务，实行自主经营、自负盈亏、自我发展。

此外，保安服务企业的发展，外部环境至关重要。但就我国现阶段国情而言，外部环境的各个层面都存在不同程度的问题。市场经济发展不平衡，南北存在较大差异；没有统一立法规范保安服务业的行为；人们对保安服务业存在偏见；行政管理部门对保安服务业缺乏有力的扶持，这些外部原因都制约着保安业的进一步发展壮大。

三、我国保安服务业的改革与立法

虽然我国保安业面临许多问题和困难，但如果坚持解放思想，深化改革，逐步消除保安业发展的"瓶颈"，我国保安业一定能够迎来发展的高潮。由公安机关统一领导的我国保安服务业应逐步实行政企分开、管办分离，努力实现由"办保安"向"管保安"理念的转变，切实做到对保安服务市场有效监管。要按照培育全国统一、开放、竞争、有序的保安服务市场的要求，尽快健全完善有关保安管理的法规。依法实行保安服务市场准入制度，抓紧研究建立保安服务行业市场准入制度，逐步把各类有偿保安服务组织和人员纳入监管范围。要积极推行投资主体多元化，依法加强保安服务业的法制建设和标准体系。打破区域划分，积极培育全国统一、开放、竞争有序的保安服务市场，不断推进保安服务业法制化、规范化。

（一）打破垄断

保安业"垄断"经营是保安业成长发展的主要"瓶颈"，导致的一个突出问题就是公安部门"垄断"造成政企不分。政府从具体的经营活动中退出，回归到中立的角色，是建设服务型政府的必需。因此，为了保持中立，做好服务，公安机关必须解除和保安公司的"收养"从属关系，规范市场，放开保安公司，设立良好的准入制度，定期检验资质，引导并规范市场行为。

现行保安行业管理的规范性文件，只有公安部 2000 年 3 月 1 日公布施行的《关于保安服务公司规范管理的若干规定》。根据该文件，保安服务公司只能由公安机关组建，其他任何单位、部门、个人不得组建。保安公司由公安部门经办，那么当保安与他人引发冲突和纠纷时，必定会使前来处理的警察处于尴尬的境地。

2008 年 2 月国务院法制办对《保安服务管理条例（草案）》公开征求意见，明确公安部门将由"经办保安服务公司"转为"监管保安服务活动"，现行的保安服务公司只能由公安机关经办的政策加以调整。草案规定：设立保安服务企业应按规定经公安机关许可，公安机关负责保安服务活动的监管。对企事业单位招用保安员从事本单位安全防范服务的情形，草案则规定了向公安机关备案的制度。

打破"垄断"局面，首先要放宽保安服务公司申办条件。按照"公安领导、政企分开、科学管理"的要求，坚持以市场为平台，打破独家经营格局，激活保安服务市场，建立一套与市场经济和现代企业相适应的经营、管理机制，允许符合条件的公民、法人和其他组织依法开办保安企业，形成国有、私营和合资等多种所有制成分相互共存的格局，确保保安服务有序竞争，优胜劣汰。为避免保安企业无序竞争，或出现恶性循环的状态，还应对市场准入的人员、资金规模等作出相应的规定，使创办者确实具备条件做到创办企业与社会需要相结合,既要防止不足,又要防止过剩;既要相对专业,又要鼓励创业,真正让保安事业在市场中成长壮大。

公安机关由"经办"转为"监管"的政策,使得公安机关"垄断"保安行业的现状有望改变。进一步打破部门界限整合保安资源,扶持现有保安企业的发展,将会进一步完善社会服务体系。比如,逐步将商业性大型活动安全保卫工作交由保安企业承担,既可增加保安企业收入,又可使民警从繁重的非警务工作中解脱出来,等于增加了警力。鼓励、支持保安企业参与城市报警监控系统建设,提供联网报警服务;参与民爆等危险物品的专业化安全服务,减少中间环节和事故;参与消防、交通管理社会化改革,提供专业保安人员和保安服务等,都可为社会提供有益的服务。今后,除部分涉及枪支管理和重点要害部门的安全守卫业务外,公安机关以外的具备一定资格和能力的公民、法人、企业应当均可开办保安服务公司,保安服务市场将逐步开放。

(二) 打造品牌

保安业要想发展壮大,必须打造自己的品牌,知名品牌的保安公司可以规范保安业的发展,进一步促进保安业的发展,我国要有像美国平克顿公司一样有影响力的保安公司。打造保安品牌就要融入现代经营理念,增强品牌意识,充分体现企业文化,通过统一企业名称、统一保安服务规范等,树立保安企业整体形象。

1. 健全现代保安企业制度

现在保安服务业已到了发展的关键时期,既面临难得的发展机遇,又面临深层的发展难题。要把解决体制、机制等深层次问题作为重点进行考虑。通过改革,按照市场经济规则,建立现代企业制度,规定内部法人治理结构,完善监督制约、考核激励机制,促进企业经营管理和服务水平的提高。

我国目前绝大多数保安服务公司还不是真正意义上的现代公司形态,法人治理结构在深层次上尚有不足之处。国家要将保安作为国家职业种类中的一种,制定保安服务资质认证的办法,推行保安从业人员执业资格认证制度,建立保安员国家标准;同时提供政策支持，为保安业的市场化运作提供基础。建立现代企业制度，是应对保安市场竞争的需要，也是应对"入世"后面临挑战的需要，更是保安企业自身发展的需要。要从粗放型向集约型转变，通过整合保安资源，有计划对保安企业进行体制改革，建立归属清晰、权责明确、保护严格、流转顺畅的现代产权制度，逐步完善公司法人治理结构，增强市场竞争力。重要的是按照规则办事，通过制定保安服务企业准入和保安员准入，实现保安企业的市场化运作，如产权如何清晰、利益如何分配、机制如何创新、管理如何科学等问题，都应该找出从保安企业实际出发，又符合法律、改革要求的答案。如凡开办经营保安服务的企业，必须按照规定，报经省级人民政府公安机关审核批准后，方可到所在地工商行政管理部门办理注册登记等。

2. 制定保安企业未来发展战略

根据保安市场即将放开、保安竞争日益激烈的形势，国有保安企业应当加强发展战略研究，了解经济全球化及当代保安行业的发展趋势，切实把握国家政策的发展方向、保安服务在国内外市场的地位和变化趋势，全面分析、掌握自身及竞争对手的优势和劣势。要将研究发展战略列入重要议事日程，确定科学合理的战略目标，并设立专门机构负责制定发展战略。发展战略必须符合国家保安产业政策，坚持以保安人防为主阵地、加快保安技防业务发展，坚持押运、器材销售、犬防、开锁等多元化经营，增强技术创新能力和形成本企业的竞争优势，并根据市场的变化适时调整。保安企业要增加自身积累，加大保安企业发展后劲。

同时，国家要明确规定保安公司的设立条件、许可证制度、登记注册等，除涉及国家重大事项领域范围外，其他保安服务项目的经营和市场定价都可向社会资源全面开放，以解决政企、政事不分、管办合一的局面，对于境外保安企业的准入制度方面，可由公安机关会同有关部门制定相应政策，完善境外机构的市场准入制度。此外，要大力提高保安服务水平，用优质服务树立形象，赢得市场。改变服务方式。要从劳务型向技术型转变，走人力防范与技术防范相结合的道路,提高保安服务的科技含量。要紧密结合公安业务,在公安机关的支持、扶持下,突出保安服务的特殊性和专业性。

3. 完善保安企业内部管理制度

保安企业管理制度包括保安企业劳动合同制度、保安企业用工制度、保安企业分配制度等一系列制度。全面实行劳动合同制度,依照《劳动法》和《劳动合同法》,保安企业与保安员通过平等协商签订劳动合同,确定劳动关系。加强劳动合同管理,做好劳动合同变更、续订、终止和解除等各项工作,完善企业内部劳动争议调解制度。建立以岗位工资为主要形式的工资制度,明确岗位职责和技能要求,实行以岗定薪,岗变薪变。岗位工资标准应与企业经济效益挂钩,效益下降时相应降低岗位工资标准。调整职工收入分配结构,工资收入与企业效益和职工实际贡献挂钩,形成收入能增能减的机制。

在用人方面,制定科学灵活的企业用人制度,打破各种行政条条框框的限制,以用人量才为定员定岗原则,把素质高、业务精的骨干人员留住,带动企业文化氛围,造就新时期保安行业人员形象。完善岗位与人才相对应的良性人才流动机制,严格招录审查,逐步提高保安从业人员的自身素质、完善企业管理制度规范。

(三) 规范管理

推行保安服务业规范化管理已经成为当今保安行业健康发展的重中之重。2007年7月公安部提供给《瞭望》新闻周刊的统计数字显示,我国保安人员总数已达到230万人,超过了我国现有公安警力的总人数,预计到2010年,我国保安人员将达到500万人。一方面,保安已成为单位和小区安全越来越重要的守护力量;另一方面,保安打人及犯罪事件不断发生。商务楼或居民小区保安员监守自盗酿成恶性刑案被频频曝光。保安犯罪呈持续攀升势头,包括夜总会保安砍人,超市保安打人,写字楼保安监守自盗,停车场保安咬人,物业保安入室抢劫、强奸、杀人等。国内现有保安队伍从业人员分三类:包括原国企再就业人员、退伍军人和外来民工。后两类尤其是第三类人员成分复杂,少数人曾因犯罪受到过司法打击,还有的在被录用前就有案底。为了杜绝此类事件再次发生，应规范管理保安公司与保安人员，规范管理保安公司与保安人员可以借鉴其他国家先进的经验。

1. 强化从业人员素质与技能培训

从业保安人员的素质和技能成为保安服务业服务质量和水平提升的保障。就不断发生由于保安人员素质低而导致的各种影响社会治安的不良现象来看，保安员反而成为了社会不稳定的一个因素。有些保安员素质低，法律意识淡薄，保安行业频频成为暴力事件主角，近年来，保安施暴致人死伤事件在各地时有发生，搜身、辱骂、拘禁、打人等违法侵权之事就更多。规范管理保安公司与保安人员首先要提高保安人员的素质。① 伴随着保安服务业的发展，对保安人员的素质提出了较高的要求，保安人员的素质形成和提高的途径是教育、实践和自我修养。就教育而言，主要包括学校的保安专业教育、各种形式的中短期培训等。在此基础上，保安人员应积极投身于保安工作实践，把在实践中将所学知识内化为素质。

保安培训是学习掌握有关保安业务知识和技能的过程，实行资格认定持证上岗制度，是主管机关在实践中摸索总结出来的把好保安队伍"入口"关的有效办法，应当予以坚持。保安服务工作可分为守护服务、押运服务、技防服务三大类。服务的性质、要求不同，对从事各类服务人员的基本素质和技能要求也各不相同，因此，《保安从业人员资格证书》上应当载明允许从事保安服务的类别。如将守护服务定为 A 类保安服务，押运服务和技防服务就分别是 B 类、C 类。从事 A 类保安服务的保安人员，必须经过培训，获得 A 类上岗资格，取得从事 B 类保安服务资格方可以从事押运服务，而 C 类保安服务工作则只能由具有一定专业知识的工程技术人员承担。

要充分利用良好的教育资源，不断完善教育培训工作的硬件和

---

① 保安人员素质是指保安人员在生理、心理条件的基础上，通过教育、实践和自我修养等途径形成和发展起来的，是在保安工作中发挥作用的内在基本品质，或者说是保安人员所具备的条件和能力。

软件建设，开展保安专业教育，逐步形成多层次的、完备的保安培训体系；要积极推行保安服务企业经理资格认证和保安从业人员资格认证，以及保安从业人员分级分类管理制度，努力提高保安从业人员的政治、业务和体能素质。统一培训、考证标准，根据不同业务分别设置相应的培训、考证内容。公安部可以在各地设立培训、考试中心，并授权其核发证书，证书全国通用，这样有利于规范保安市场，提高保安队伍的整体素质。

2. 加大自聘保安的制度约束

对于自聘保安必须有三重的制度约束。其一，"准入制"。凡从事保安服务业务的企业，在到工商管理机关登记注册、年审之前都应先到公安机关进行备案登记，公安机关有治安一票否决权，并建立"黑名单"，有案底的企业和个人不得再从事保安服务。其二，"登记制"。公安部建立全国范围内的保安服务企业档案登记制度，在省级公安部门建立本行政区域内的保安人员人事档案制度，通过电子服务系统，对保安服务公司以及保安人员进行网络化管理。其三，"关联责任制"。在保安暴力犯罪过程中，雇主具有不可推卸的责任，甚至担当着主要责任。因此，当务之急是加强对雇主的监管，应通过立法，规范雇主与保安之间的权利义务关系。例如雇主不得命令和教唆保安从事非法暴力行为，保安对雇主的非法指令有拒绝执行的权利，雇主不得因此解雇保安，而保安因此被除名后有获得经济补偿和司法救济的权利。当保安听命于雇主滥施暴力造成伤害行为时，除依法追究当事人的责任外，还要追究主使者的连带责任，绝不能让雇主逍遥法外。

3. 完善保安业及保安员保障

一般而言，保安社会地位低，经济收入少，职业风险大，容易引起心理疾病、暴力倾向和频繁离职。规范国内保安服务业、引入竞争机制，把保安服务业发展为一个对社会稳定有积极作用的行业，也迫切需要在严格规范保安服务业及其从业人员的同时，加大保安业及保安员保障力度。保安员应当依法、文明提供保安服务，不得侵犯社会公共利益和他人合法权益。而保安员依法提供保安服务的行为受法律保护。

首先，稳定保安队伍。在提高保安员素质的基础上，切实保障保安从业人员的各项合法权益，关心帮助保安员，充分调动保安人员的积极性和创造性，稳定保安队伍。要逐步改变目前流动式用工制度，以长期合同形式稳定骨干力量，逐步解决保安骨干队员的住房、户口等问题，解除他们的后顾之忧；要逐步建立健全从业人员的工伤、医疗、失业保险等职业保障机制，逐步推行以业绩为中心的薪酬制度和激励机制，提高保安职业的凝聚力和吸引力。

其次，为保安业及其从业人员投保。如新加坡、韩国、我国香港特区的保安公司均要投保，特别是香港规定将保险金数额作为设立保安业的条件。当发生意外损害时，对损害赔偿规定有封顶数额，超出部分由保险公司负责赔偿，这样有力地支持了保安业的发展，使之不会因一次意外损害而破产。西欧的一些国家也有类似的规定。目前，我国大部分地区未普遍建立保安业投保制度，保安公司承担业务发生意外损害，一次赔偿就可能使之破产；若是不赔，既难保名誉，也不利于保安业的发展。所以在立法中应探索保安业与保险业的合作途径。

再次，加强保护保安从业人员。新加坡赋予保安人员辅助警察的地位，并给予很大的职权；韩国对用役警备业装备严格规定，不达到一定标准不准开业；美国有关保安人员的用枪规定，及对制裁的请求听证权，均体现了对保安人员的保护。这一点在我国各地方规范中均有不同程度的忽视，在以后的立法中应重视日常工作中的保护，以适应其工作的危险性。

最后，出台新法保障保安合法权益。2008年《保安服务管理条例（草案）》明确规定：对认真负责、恪尽职守提供保安服务的，以及在保护公共财产和人民群众生命财产安全、预防和制止违法犯罪活动过程中作出突出成绩的保安从业单位和保安员，由公安机关和其他有关部门给予表彰、奖励。该草案的最终通过将为保安员的合法权益提供法律保障。

4. 用赏识管理提升工作绩效

管理的目的是降低成本、提高效率，管理文化中涉及的因素很多，其中最重要的因素是人的管理。人的管理就是要以人为本，尊重人的创造性，激发人的潜能。保安服务主要包括门卫服务、守护服务、巡逻服务、押运服务、保安技术防范服务、保安培训服务等。保安工作的效果实际上取决于每一位保安人员的工作效果，如果每一位保安人员都很好地完成了自己的工作，那么全国的保安工作自然就完成得很好。在保安工作中调动每一位保安人员的积极性，使保安人员全身心的投入到保安工作中就显得格外重要了。

按照马斯洛的需求理论，人在物质条件得到满足后，就希望得到精神上的满足，即社会的尊重和承认，赏识管理就是满足人的精神需求。从社会心理学的角度讲赏识管理符合"皮格马利翁效应"①，即管理者对待部属的不同态度和寄予的不同期望，是造成部属取得不同成绩的根本原因。赏识管理在保安中就可以调动每一位保安人员的积极性，使保安人员全身心的投入到保安工作中。赏识管理在实际工作中的运用主要是通过对保安人员的褒奖和赞誉，提升保安人员对保安事业的认同感和忠诚度。可以通过广播、电视、报纸、网络，大力宣传表扬长期在保安一线勤勤恳恳的保安人员。通过精神上的表扬、物质上的奖励，使这些优秀的保安人员心理上产生很大的满足感，激发这些保安人员更大的工作热情。在表扬和奖励优秀的保安人员时，也会对其他保安人员起到引导和激励的作用。

5. 引入 ISO9001 质量认证体系管理

ISO9001 标准自问世以来，已被全世界 150 多个国家和地区采用

---

① 在古希腊神话里有这么一个故事：塞浦路斯国王皮格马利翁酷爱雕塑艺术，他试图借用大理石来塑造以为完美的女性形象。他对雕塑倾注了自己全部的心血和感情，此事让天神知道了，遂将生命赋予少女雕像，他的期望终于发生了效应。这个神话被美国心理学家罗森塔尔注意，他发现了里面的"期望效应"，并在实验中得到验证。罗森塔尔就用神话中主人公的名字把此效应命名为"皮格马利翁效应"。

为国家标准,全世界已有近40万家企业通过认证。我国于1992年将ISO9001标准采用为国家标准,十年来,已有近50000家企业通过ISO9001认证。ISO9001质量管理体系标准可以适用于任何面向社会提供产品的组织,作为提供保安服务的保安公司也需要改进和提高自身的服务水平,引进ISO9001质量管理体系标准正逢其时。

保安服务业作为维护社会治安的一支重要力量,从业人员众多,服务范围甚广。从治理结构来看,保安组织分为企业内部保安组织,如酒店里的保安部、工厂里的保安队等,以及专业的保安服务公司。虽然治理结构不同,但不论是企业内部的保安组织,还是专业的保安服务公司,其服务内容是相同的。目前我国保安企业管理模式已由粗放型向现代企业管理模式转变,并逐步与国际接轨,保安企业集团化运作、股份制经营模式初见端倪。越来越多的保安服务公司用科学、严谨、高效的制度来规范保安管理体制和工作流程,通过了ISO9001国际质量标准认证。全球经济的发展和国内市场竞争的加剧,导致顾客对质量的期望越来越高,而ISO9001标准为企业的质量管理提供了最好的模式,特别满足了保安服务业对质量管理和质量保证要有共同语言和共同准则的需要,因而ISO9000族标准也成为保安服务质量评价的基础和准则。保安服务业从业人员的学历结构偏低,所以规范化的管理显得十分必要,这也是众多保安服务机构寻求ISO9001认证的动力所在。

ISO9001标准在我国保安服务业的推行将极大地提高我国保安服务业的质量管理水平。ISO9001质量管理体系标准适用到保安公司,需要遵循以下8项质量管理原则:(1)以顾客为关注焦点;(2)领导作用;(3)全员参与;(4)过程方法;(5)管理的系统方法;(6)持续改进;(7)基于事实的决策方法;(8)与供方互利的关系。8项管理原则的核心是"以顾客为关注焦点",强调"领导作用"和"全员参与"。而采用的基本方法为"过程方法"和"管理的系统方法",同时关注所有相关方的利益,坚持持续改进。

6. 应对危机公关和突发事件处置

古人云:"智者千虑,必有一失。"保安公司是由人来组成的,保安公司的决策的落实都要靠人来实施和完成。既然人无完人，人非圣贤，那么，保安公司的决策失误、违背民意、侵犯民权等错误和过失自然就难以避免。特别是目前保安人员整体素质较低，各类侵犯公民权利的事件时有发生。当保安公司说错了话、做错了事，理所当然会受到具有良知和理性媒体的质询及公众的批评。但这种公众的不信任，无疑会动摇和影响公众对保安公司的信任，从而使保安公司面临危机。怎样应对信任危机，采取何种手段和措施平息事端，释疑解惑，自我完善，委实是一种智慧，是一种能力。当然，保安公司危机公关需要一些技术技巧层面的东西，但笔者更认为，保安公司危机公关能力更应该是一种品质，一种坦率、坦白、坦然的品质，一种诚心、诚实、诚信的品质。保安公司处理危机事件要遵循统一指挥原则和预防为主原则。统一指挥原则是指实行危机事件保安公司行政领导负责制，统一指挥可以减少各部门之间的推诿，提高处置效率；预防为主原则是指坚持"抓小、抓早、抓及时"。要加强信息工作，健全信息网络，及时预测可能出现的危机事件，超前做好预防工作，把矛盾和问题解决在萌芽状态，切实做到预测得早，控制得住，处置得了。

7. 借鉴美国保安公司的管理经验

发达国家的保安业已建立了一套行之有效的保安服务公司资质评定、认证管理办法，落实保安服务质量标准，实现了保安管理信息化。美国的保安公司管理居于世界领先水平。"他山之石，可以攻玉。"据统计，美国现有30多个全国性私人保安业组织，其中影响最大的是美国工业保安协会。该协会共有大约2万多名会员，这些会员都是美国各地私人保安公司的经理、督察或其他高级行政管理人员。这些组织的存在和发展，加强了保安人员的教育培训工作，对保安业的专业化发展起了巨大的作用。

近20年来，随着美国保安业规模的不断扩大和向专业化的发展，美国各州保安管理机构对保安业的管理主要强调如下两个方面。（1）保安公司的执照管理。执照是由具有一定资格的权力机关赋予的某种权利或特许的证明，它证明执照持有者具备了从事某项工作或行使某种权力的基本资格。因此，发放营业执照是加强社会管理的一项重要措施。美国早期的私人保安业是无须领取执照的，这使私人保安业在发展过程中一度处于十分混乱的状态，引起了社会公众的不满。从20世纪中叶开始，各州政府要求保安公司开业必须先领取执照。80年代初，大多数州都以法律形式对此作了明确的规定。由于保安业的多样性和复杂性，保安营业执照上一般都注明了执照持有者可以有资格提供的服务项目。目前，大多数州要求，从事如下保安业务的经济实体必须领取营业执照：①报警系统的销售、安装和维修业务；②报警信号的反应业务；③贵重财物的押运业务；④各种警卫业务；⑤各种调查业务；⑥测谎审查业务。执照上必须注明是哪一种或哪几种服务项目，持执照者不得超越规定范围服务。向管理机关申请执照，申请人要提供自己的基本情况：申请开业的经济实体的名称、营业地址，经营的业务名称、业务性质和提供的服务项目，申请人（如联营或合资公司，包括每个联营点和投资者）的姓名、住址和指纹印，法人代表从事保安工作的资格和经验简介等。持执照开业后，经营者必须接受监督。监督办法主要有二：一是实行"亮照经营"制度，接受顾客、社会和管理机关监督。二是对保安执照定期更换。通过换证，让管理机关定期审核公司经营的资格和条件。对违反保安法律有关规定的保安公司，管理机构有权宣布勒令停业和吊销执照。（2）保安人员的注册管理。目前美国各州普遍建立了由私人保安管理机关负责实施的保安人员注册登记制度。注册登记对象包括经营性保安公司的从业人员和工商企业内部保安组织的从业人员。由于保安工作可以分为武装性和非武装性两类，而且这两类工作可能给公众安全带来的威胁有明显差异，所以各州多对这两类保安人员规定了不同的注册基本条件。一般来说，非武装保安人员注册应具备如下条件：年满18岁；具备从事该种保安工作所需要的身体素质；具有较高的道德责任感；接受过工作所需的专业培训。武装保安人员的注册条件要求比非武装保安人员的注册条件高，除了上述条件外，还应具备这样的条件：具有高中毕业文凭或者通过了相应水平的资格考试。

在美国洛杉矶，聘用社区保安有三个原则，其中就有保安必须是社区自己推举出来的，保安的费用也从社区产生；被聘用的保安必须在社区里有良好的信誉，年纪比较大，有稳定的家庭，而且必须是长期居住在社区里的人。所以在洛杉矶社区，不会发生保安打业主的事。这被称为"保安本土化"，我国可以引入"保安本土化"经验，先在一些地区试验，总结经验后再推广到其他地区。

从美国管理保安公司的经验看，美国工业保安协会对保安公司的执照管理和保安人员的注册管理比较严格，这样可以有效减少保安人员的违法犯罪率，对我国规范保安公司与保安人员具有一定的借鉴意义。"保安本土化"经验也有一定的推广价值。

（四）市场化运作

保安服务业进行市场化运作为行业现代化所要求。纵观我国保安服务业的近20年发展史，服务的手段在改善，服务的项目在增加，服务的区域在扩大，服务的质量在提高，这毋庸置疑。然而，我国保安服务业正处在起步阶段，基础差，目前保安业在立法、监管机制、经营范围和服务领域等多方面发展还很不完善，"政企不分"的保安行政管理阻碍了保安业走向市场化的进一步发展。我国的保安管理体制与市场经济的变革及社会多方位的要求还格格不入，最突出的表现是，保安公司名为"公司"，却不具企业法人的基本特征。要真正迈向现代化，只有与当今世界日益推进的高科技产业及信息产业联手，在设备、技术、功能、手段、时效、精度等方面，达到国际一流水平，才有希望，才可实现。而要做到这一点，必要的前提，就是要使行业真正按市场化规律运作。我国的保安服务业要与世界接轨，要在专业化、科技化、智能化的道路上快速赶上去，只能通过市场化运作的方式来完成，否则，发展与现代化之说，只能是空谈。

第一个关键是提高科技水平，这也是保安服务业进行市场化运作必不可少的重要因素。当今世界的各类竞争，说到底是第一生产力的竞争。科技程度如何，往往决定着竞争的成败。据了解，在上海等地，保安业大都聘用一些企业待岗和下岗人员，北京和深圳等地除了聘用一些复员军人外，很大一部分则从周边农村招工。如有的学者所言：我国目前的"门卫、守护、巡逻、押运"等保安服务项目，主要集中在提供人力守护之类的低层次服务上，服务领域基本上是传统的保安服务内容，形态单一，在高层次的技术防范和高科技的信息网络领域基本没有涉足。[①]

在走向市场化运作，创新体制以及开展竞争的同时，提高自身的科技水平和信息化含量极其重要。事实已经表明，保安服务业现所达到的科技水平，如借用卫星测定方位，安装CK进行预警，也已成为保安公司常用的手段。不过，随着社会全面进步，信息化程度不断提高，保安服务业对现代科技的应用，不仅亟须跟上，而且要做到先行。保安服务业不仅需要大力开拓技防业务，而且要高起点建立起自己的科技网络体系，领先一步装备好一流的技防设备，科学地制订好应急预案，这样，才会在市场运作中得心应手，在竞争中处于有利地位。

第二个关键是加强管理。保安服务业作为特殊性行业，由公安部门进行管理，是合理的。这种管理以前需要，现在需要，将来仍一样需要，关键是如何深化管理，跟进管理。以笔者之见，该放的权则放；该抓的权则紧紧抓起来。何谓放权？政企脱钩，业务自主，推倒"壁垒"。"政企脱钩"是第一步，必须实实在在走好。"脱"，必须脱得彻底。"业务自主"是第二步，保安服务公司经营的业务，不能依赖公安部门。公安部门，更不包办保安公司的经营，业务上完全由公司独立进行。作为企业，保安公司其自身的利益与风险，由其独自承担。推倒"壁垒"是第三步。这里的"壁垒"，是指地域所属的界限。保安服务业是社会性的服务行业，地方行政部门不应在行政区划上设置经营障碍。如果以地方利益为重，让保安服务业继续"画地为牢"式的经营，那么，自我封闭的"壁垒"会依然森严，经营势必丧失活力。只有推倒"壁垒"，鼓励竞争，交叉渗

---

① 刘国航："确立'大保安'的理念"，载《法制日报》2002年8月17日。

透，行业的优势才能更好发挥，管理部门的管理水平也才能真正得到体现。所谓放权，并不是削弱公安部门对保安服务业的管理权，而是需要加大公安部门对保安服务行业管理的力度，对现有的管理模式作必要的变革，进而更好地实施对保安服务业的规范管理。

长期以来，我国的保安服务主要是以人防服务为主，对技防和其他形式的保安服务重视不够，因此，保安服务企业在为社会公众提供安全的品种和质量方面就很有限。市场化要求经营范围紧跟市场需求。所以，政府部门应尽量减少行政干预，使保安公司作为一个公司法人，以市场化方式运行。当今的社会需求绝不会停留在站岗、看门、巡逻的水平，随着市场的成熟，保安业的经营范围不断扩大，其发展出现了两大趋势——专业化和高科技化。目前，国际上保安业从事私人安全保护、技防产品的研制开发和营销已经是经常性的重要业务。美国保安业还有专门从事私人安全、反绑架业务的，专门进行社会服务的，专门对银行、校园、法院等部门进行专项对口型保安服务的（这可不只是站岗、巡逻，而是全套系统的防范服务）。同时，随着时代的发展，保安工作早已超出防火、防盗、防灾的"三防"范围，现代电子系统、通信系统、医疗系统已与人类生活紧密结合在一起，而一般企业、个人和家庭又普遍缺乏有关现代技术的处理能力，十分需要专门的公司来担任这项工作，这里潜藏着巨大的社会需求。对此，日本警备保障公司研制开发了一系列高科技家庭安全服务系统，以迅猛的态势占领了这一市场的巨大份额。

总之，保安业市场化运作就要广泛开展与国际保安业的交流，要走出劳动密集型的服务模式，通过引进先进的科学技术和管理方法，吸取国外的先进管理经验，扩大与国外保安服务企业的交流渠道，在开放保安服务市场的同时，借鉴和吸收国际化的服务标准和规范，全面提升我国保安服务企业在国内外保安服务市场上的竞争能力，特别是依靠我国保安服务企业自身的人力资源的优势，力争夺取一部分国际市场。

(五) 健全保安业协会

1994年中国保安协会成立，负责指导全国的保安业工作。截至2009年4月，该协会共有遍及全国各地的保安协会集体会员780多个。中国保安协会的工作为我国保安业的进一步发展厘清了思路，对做大做强我国保安业及和谐社会建设起到了不可或缺的作用。

保安协会近年来为保安公司提供服务、反映诉求，帮助保安服务企业更好地应对市场经济的发展，做了大量的工作。协会能够通过自律机制更好地在本行业进行自我约束，自我管理；能够协助公安机关加强对保安市场的指导，引入保安市场的公平竞争，在保安企业和公安机关之间发挥桥梁作用。公安机关可以通过协会这个平台更好地指导保安工作。为了适应目前的新情况，健全和发挥我国保安协会的作用，保安协会应加强以下几方面的工作：积极听取并向公安部反映保安企业对保安改革和保安立法工作的意见建议；大力推进质量管理体系认证工作，帮助保安企业建立现代企业管理制度；结合保安队伍管理的实际需求，组织开展全国统一保安服装标志改进工作；拓展对外联系交往渠道，加强国际间的交流与合作；加强宣传工作，办好《中国保安》杂志及相关网站。保安行业协会依据自身章程，对保安市场实施特有的规制和调节，在保安服务行业市场化运作过程中具有不可替代的促进作用。

(六) 加强立法

我国保安服务业发展20多年来一直没有法律规范和保障。保安服务业虽然呈现蓬勃发展势头，由于没有统一的规范，造成了保安业后期发展的混乱局面。因此，只有先解决保安立法问题，其他问题才能迎刃而解。为进一步规范对全国保安服务业的管理，适应市场经济发展形势，满足社会安全防范需要，促进保安服务业的健康发展，必须加快出台保安业法。把保安服务业的所有主体和保安行为全部纳入依法统一管理之中，凡是从事保安防范性质的单位和个人，不论以何种名称、何种形式出现，都要纳入保安立法的规范之中。

1. 立法的紧迫性

随着我国经济社会的发展和改革开放的深入，保安管理工作的诸多方面已不适应现实需要，主要表现在：一是各种保安组织泛滥，目前全国保安服务公司保安从业人员102.5万人，而社会上未经批准从事保安服务的人员约300万人；二是擅自开办保安培训机构的现象普遍；三是保安从业人员特别是未纳入监管的保安从业人员违法犯罪问题比较突出；四是保安员权益保障不力；五是社会各界要求尽快规范保安服务业的呼声强烈。虽然当前保安服务业发展中出现的问题是由多种因素造成的，但其中制约最大和根本的问题是管理法规的缺失，保安管理和发展工作无法可依。

社会各界对保安服务业，尤其是保安立法①的关注程度日益提升。一部统一的、相对完备的保安法应尽快出台。"看家护院"不能反映和证明保安服务业的全面功能，保安服务是一种新型的社会治安防范形式，我们与国外保安业的差距不仅表现在技术设备及人员素质等方面，更重要的是体现在我们至今没有一部完整的保安业法。2000年终于出台了一个全国性的《关于保安服务公司规范管理的若干规定》，算是在法制调控和规范方面有了一个部门规章。但是，它仍不能称之为"保安立法"，因为它还带有浓厚的政策性色彩，整体显得很单薄，业内人士称"它管不了多大事儿"。此外，国家发了一些保安规章，部分省市出台了保安地方性法规，但这些规章存在头绪繁杂，体系混乱，确实需要出台一部保安法律，规范、统一保安服务。但保安立法如何协调？对此，黑格尔有一句经典的名言可供立法者借鉴，"法的完整性只是永久不断地对完整性的接近而已"。保安立法既反对满篇纲领性大话，缺乏操作性的残凑、草率之作，也不能期待一部、一时的"保安法"能规范保安活动的所有内容。

立法也是适应形势发展的迫切需要。加入WTO后要求各项经济活动都必须纳入法制轨道，符合WTO规则和国际惯例。虽然在《中华人民共和国加入议定书》及其附件9（服务贸易具体承诺减让表）中没有具体将保安服务业列入其承诺开放的领域中，2002年2月11

---

① "保安立法"系指将保安立法作为一个法律体系来考虑它的创制、完备等阶段性、程序性问题，严格意义上讲，此属于法律完备的问题。

日国务院制定的《指导外商投资方向规定》（国务院第346号令，以下简称《投资规定》）和3月4日国务院批准的《外商投资产业指导目录》（国办函〔2002〕17号，以下简称《投资目录》）关于鼓励、限制、禁止类外商投资项目也没有涉足保安服务业，但是《投资规定》同时也规定："法律、行政法规限制、禁止情形除外。"以及"不属于鼓励类、限制类和禁止类的外商投资项目，为允许类外商投资项目"。保安服务业目前尚无法律、行政法规规定，并且未列入《投资目录》中，按《投资规定》，保安服务业应属于允许外商投资行列。目前某些地方已发生了涉及外商投资控股的纠纷。因此，必须尽快立法，明确保安服务企业的市场准入问题。

另外，保安企业的体制完善，要靠立法来保障。当前，我国的保安服务企业主要由公安部门筹建和管理，北京等少数地区的民营或私营性质的保安企业也以加盟等形式，置于公安职能部门的管辖之下。也就是说保安企业的国有主体地位还未动摇。但是，市场经济下的企事业的发展，必须受市场的牵引，有些问题，比如私营性质的保安企业、合资保安企业等市场化组织已经在打"擦边球"，对保安企业的管理、规范、发展、改革等，在体制完善上提出了新课题。国有保安企业的主流地位必将受到冲击，私营、合资等保安企业必将兴起，保安企业的体制变化已经凸显，要保障保安企业的体制改革健康有序，唯有立法是最佳选择。

同时，保安企业的业务拓展也要用立法规范。保安服务作为经济层面的产业，其服务范围已经由最初的仅提供人保服务，发展到现在的人保、技保和押运等领域，不仅成为了一支重要的社会力量，有效弥补了政府力量的不足，而且成为了国家和政府所赖以回应危机状态的一种后备和候补力量。应当看到，保安企业的业务正迅速向私营企业、娱乐场所、酒店宾馆、矿山、物业小区、大型商场和私人保镖等领域扩展，对保安服务人员的选拔、培养和安保器材的研制、配备等，提出了新的要求，如何保障这支队伍健康发展，为社会的安定团结和构建和谐社会作出应有的贡献，必须要有法律保障为支撑。

2. 立法的必要性

（1）保安管理规范化的需要

保安服务业不同于其他行业，它是以提供人防、技防、守护等安全防范为经营项目的特殊类行业，追求的不仅仅是利益的最大化，还必须追求更好的社会效益，协助公安机关维护社会稳定，达到经济效益和社会效益的高度统一。因此，为更好地发挥这支维护社会治安的重要辅助力量，从第一家保安服务公司成立起，国家政策就明确了公安机关对保安服务公司的监督、指导作用。但20多年来，公安机关对保安服务企业的管理始终处于非常被动的局面，原因是目前调整和规范保安服务企业的主要依据仅仅是公安机关内部报告、"两办通知"等内部文件，至今尚无一部统一的国家法律、法规。因此就出现了部分企事业单位无视规定、变相经营、违规经营、非法经营的保安服务企业的现象。如为了追求利益最大化，部分物业公司聘请无资质的人员充当保安，造成客户财产损失或人员伤亡；一些从事色情活动的娱乐场所私自聘请保安人员充当打手或通风报信者等。非法保安现象的存在已严重损害了保安服务企业的整体形象，阻碍了我国保安业的发展，如不加整顿，放任不管，部分已具有规模的非法保安极易转化成具有黑社会性质的组织，危害社会。为规范保安市场，推动保安业健康发展，公安部曾先后4次发文清理整顿保安服务市场，但在查处取缔非法保安时却无法无据，由于目前尚无全国统一的保安立法，处罚力度不大。因此为推动保安服务业发展，必须加快立法，明确保安服务企业的设立条件，保安员的资格、保安服务企业的权利和义务及相关法律责任，规范法律市场。

（2）保安服务业健康发展的需要

依据现有文件的规定，保安服务公司只能由公安机关独资开办，实行地域垄断，这种带有明显计划经济痕迹的规定，给保安服务公司的发展带来了一定的负面影响。具体表现在两个方面：

一是文件的部分规定不符合市场竞争的原则，从目前我国大中城市保安服务业的经营情况看，保安服务公司是公安机关独资设立，以地域为界，各公司之间画地为牢，未形成市场竞争机制。加入

WTO后，跨国保安企业将进入我国，目前上海已有两家国外公司在从事技防业务。"他山之石，可以攻玉"，我们能够通过学习和交流，了解国际先进保安管理经验和发展理念，推动我国保安服务业的改革创新和持续协调发展。与国外企业相比，我国保安企业无论从规模还是技术上都只是差强人意，若以各自弱小的单薄力量迎接挑战，势必难以制胜。因此要提高市场竞争力，就必须打破行业垄断，打破画地为牢的经营方式，变单一投资主体为多元化投资主体，引进社会资金，实行资产兼并重组，组建保安服务企业集团。

二是文件的不明确性阻碍了保安业的发展。目前上海多家法院已审理了数起有关超市保安搜身的民事案件，但判决却有出入。所以必须加快国家立法，明确保安服务公司的投资主体、公司形式、设立条件、保安人员的权利和义务等，用法律的权威性和前瞻性去替代政策性文件规定的不稳定性和行业保护性。

（3）保安质量规范化的需要

保安从业人员的文化水平、专业素质和职业道德水平不但影响着行业的社会形象，更决定着企业的兴衰和事业的发展。目前，保安从业人员的工资福利整体水平偏低，而职业风险相对较高，用工形式基本实行短期合同制，这些极大地影响了招收录用人员的质量，造成了保安队伍整体素质低、流动性大的状况。因此，加强保安队伍正规化建设，提升保安队伍职业化程度是保安服务业亟待解决的重要课题。狠抓队伍建设，切实提高保安人员的整体素质。保安素质的高低影响到保安服务工作的深入开展。通过立法推动保安队伍建设，通过加强管理、强化教育培训等手段，不断加大队伍管理力度，使得保安队伍的整体素质得到很大程度的提高。

（4）保安职业标准规范化的需要

保安队伍职业化是指保安队伍达到了其职业所要求的最佳状态，充分体现了保安服务的职业特点，满足了保安服务业发展对从业人员数量和质量的要求。具体应包括以下三个方面：一是保安服务已经成为社会公认的专门职业，成为人们选择职业的重要目标，能够吸引大量的各色人才，特别是能够吸引较高层次的专业人才；二是有相当数量的人长期从事这一职业并主动接受各种专业教育、培训，不断适应职业发展的要求，成为保安队伍中的骨干力量；三是保安队伍管理方面有一系列体现职业特点的管理制度和职业规范，形成了具有职业特色的管理模式。只有保安立法，才能保障有足够数量和质量的从业人员，才能保持行业发展所需要的基本素质，并不断提高保安队伍的整体素质。

3. 立法的可行性

通过立法来规范保安服务行业的做法在国外相当普遍，如美国许多州都制定了针对警卫安全公司的相关法律。欧洲大部分国家通过制定不同形式的条例或法规来管理、控制保安业。日本1972年制定了《警备业法》，韩国1976年制定了《用役警备业法》。各国法律都明确规定了保安服务企业的性质、法律地位、服务范围、权限、设立条件、保安员录用条件、损害赔偿等内容。国外的保安立法对于我国的保安立法具有一定的借鉴意义。由于我国保安服务公司的发展有早有晚，发展速度有快有慢，发展不平衡，立法中只能对一些重要的或者比较成熟、在全国范围内有共性的问题，作出基本的规定。同时，对相关国外法律应当加以研究、分析，适当的借鉴，所谓借鉴就是对反映社会化大生产中保安行业发展的规律性、共同性的内容，有利于保安行业发展的管理经验，在国际交往中形成的国际法规和惯例加以研究吸收。

现有的各项规定和地方性法规为保安立法奠定了基础。公安部在1988年7月下发的《关于印发〈关于组建保安服务公司的报告〉的通知》（［88］公发14号）中对成立保安服务公司及其经营范围作了较原则的规定。后又陆续制定了多项整顿保安服务市场及明确保安经营范围的规定。我国的广东、广西、武汉、大连等地已经先后制定一些地方性管理法规，对规范本地保安服务市场起到了积极作用。

保安企业的发展历程，为立法奠定了基础。我国保安企业20多年的发展历程，从无到有、从小到大、从弱到强，在公安部门的监管指导下，在社会实践中充分证明了其存在的必然性和不可或缺性。

20多年来,保安企业不仅完成了大量的人防、技防和押运等方面的重要任务,而且作为公安部门的辅警力量,为社会治安的稳定作出了突出贡献。但是,还应清醒地认识到,在服务的过程中,出现了一些保安人员伤害人民群众和自身被伤害的事件,保安人员值勤或执行任务中,应持什么安保器材等,都没有权威的法规规定,保安企业的性质和服务宗旨等都没有得到统一的界定。各级政府面对这些问题,相继出台了一些地方规定,这些规定为保安立法奠定了良好的基础。

4. 立法的强化点

(1) 突出服务。保安企业作为一个特殊企业,必须坚持以服务为宗旨,贴近客户,服务客户。坚决防止以执法者或管理者的身份,去完成不该由保安企业完成的工作。不论执行人保、技保,还是押运等保安任务,应充分体现通过提供必要的服务工作来保障安全。在武警、公安和保安相互共存的大环境下,务必将保安的工作性质加以严格区分,切实避免非法搜查、非法拘禁,甚至非法侦查等违法案件的发生。对保安非法伤害他人安全的问题也要高度关注,在行为和语言上加以规范,大力倡导文明执勤,和谐执勤,全面提升保安企业的社会形象。

(2) 市场化经营。我国的保安服务业自20世纪80年代起步以来,保安公司长期处于公安机关的垄断经营之下,行政管理色彩浓厚。实践证明,用行政而非市场的方式管理保安企业,已经不符合我国的现有国情。应当清醒地看到,社会对安全的需求不断增长,但保安企业的应对能力却受到来自行政管理上的诸多影响,其应变能力与张力明显不足。因此,只有树立现代企业经营理念,抓住市场规律,遵守市场法则,使保安企业顺利走向市场,与现代企业制度接轨,从根本上改变企业的运行机制,在市场竞争中,不断壮大保安企业,提高保安服务质量。

(3) 可持续发展。保安是为保障社会安全提供服务的,保安法是为保安企业的健康发展提供服务的。我国的保安企业在发展过程中出现的新情况、新问题,是发展中的问题,是可以解决的问题,问题的关键在于解决这些问题的方式方法和手段是否得当,保安立法是解决问题的重要手段。随着我国保安企业有条件地市场开放,保安事业扩张和快速发展的势头锐不可当,保安法的制定,必须紧紧围绕保障保安企业健康发展这一主题,规范、引导和激励保安企业的可持续发展;要用科学的、合理的、可行的、符合经济规律和国际规则的调控手段,保证保安服务市场的正常运转。

(4) 保安业的职业化。作为公安机关维护社会治安的一支辅助力量,我国保安业需要走向职业化已成为其发展之题中应有之义。然而,保安企业近几年出现的人才流失问题,已经制约着企业的发展,社会对于保安从业者的歧视现象还普遍存在。保安从业人员的年龄大多在青壮年时期,从事着高风险的职业,付出与所得的比例严重失衡,据有关统计,保安从业人员的流失率在20%以上,致使培训工作成本加大,优秀人才难以保留,队伍难以保持稳定,这与保安服务业由人保向技保发展,由人力密集型向科技密集型发展等趋势不相适应。

因此,保安立法要充分考虑保安从业人员的政治地位和经济地位,把保安作为一种职业,从招录标准、教育培训、提高工资待遇,特别是完善保障制度等方面加以规范,解除保安从业人员的后顾之忧,为保安企业创造一个有利于长足发展的社会环境。高水平人才必须由专业院校进行培训,目前,美国、英国和澳大利亚都有专门的保安学校,特别是国外的一些保安公司,都要求保安人员的学历要达到大学毕业以上。从这一点来说,我们也必须建立相应的保安培训院校才能培养出专业的高水平人才。中国人民大学从事保安研究的朱得旭教授认为:"优化保安职业生存环境,是实现保安职业化的主要前提;增高保安职业门槛是实现保安职业化的基础;要强化保安业的职业化管理;要建立专业的保安教育训练体系,强化职业资格认证制度;需要建立职业化的保安队伍组织管理制度;积极推进保安企业产业结构的调整;应通过保安资源的整合加速和提升我国保安业职业化的程度;保安业要与国际保安业接轨,实现保安业职业化由内向型向外向型的跨越。"① 2004年年初，深圳市公安局会同市劳动与社会保障局联合制定了《保安员职业规范》，在全国率先将保安员作为一个劳动工种，纳入职业化管理范畴，并建立了保安职业技能考评制度，对考试、考核合格的保安员发给相应国家劳动部门认可的职业等级证书，享受相应工资待遇。

（5）保安人员的权利、义务。适当增加保安人员在特殊场合的权利，如在押运货币、有价证券过程中的枪支使用权；重大活动安全保卫中的现场盘查权等。注意保安人员的劳动保障、社会福利，特别是保安人员因公致伤、致残，甚至牺牲后其荣誉、费用、待遇等方面的落实事项，以实现权利与义务相称。

（6）法律救济。应重点规定保安业与客户业务纠纷（特别是损害赔偿）的救济方式。规定最高赔偿额，超过部分由保险公司负担；保安业与公安机关争议的解决途径，如行政复议和行政诉讼；从业人员的法律保护，如劳资纠纷的行政裁决、仲裁、民事诉讼等。

（7）明确保安服务公司与公安机关的关系。由于保安公司是从事安全防范工作的有偿服务性行业，是公安机关的一支辅助力量。保安公司要完成保安任务，不仅需要公安部门的直接领导，有些还需要公安机关大力支持，才能完成。所以保安服务公司必须在公安机关的领导下，才能有效地开展工作。公安机关要把保安服务工作纳入整个工作安排中去，作为依靠群众、维护社会治安的一个组成部分。但是，保安服务公司作为独立的法人，又有相对的独立性，独立的组织机构，独立的工作职责范围，独立的经营权和经济支配权，独立承担民事责任。对此，应在立法过程中明确、具体地作出规定。

（8）规范物业保安与新兴保安服务公司的竞争。目前，国家没有保安业法，物业公司自己配保安是一种边缘行为，但是一旦立法形成，物业保安凭借已有的优势冲击保安服务公司市场，对现在本

---

① 梁文艳："保安业需要加速职业化进程"，载《中国产经新闻》2007年3月26日。

来就竞争激烈的保安服务市场而言是一个强烈的冲击。反之,保安服务业也必然用自己的客户资源优势,通过为客户提供更多的增值服务来提高自己的竞争优势。未来国内物业保安与新兴的保安服务公司的竞争是不可避免的,谁会更有优势,取决于未来的《保安业法》的内容。

第四章　治安承包概述

　　一般来说，警察的警务风格不是被动反应型，而是主动先发型，以打击犯罪为主。但是在社区治安层面却是以防范管理为主。"让人民满意"是警察的服务宗旨，维护社会安定、实现正义也是警察的主要任务，但并不仅仅是警察的任务。当下，我国警察担当了太多的社会责任，被赋予了太高的职业要求，但警察制度的设计注定不能照顾到社会中每一个人的具体利益和要求，所以我们不能够反过来要求公共安全的主要维护者和执行者做到这一点，故在相当长的时期内，对社会治安的辅助力量和人员的社会需求仍然十分广泛。社会转型期的社会治安形势日益严峻，警力不足，财政条件的限制，短期内不可能给公安机关增加更多编制、扩大队伍。[①] 探索和创立社会主义市场经济条件下基层社会治安防范的新途径，维护社会治安稳定，推动公民参与提供治安服务，已迫在眉睫。治安承包是社会治安综合治理市场化、社会化的新探索，实现了岗位职业化、报酬货币化和责任契约化，符合社会治安综合治理的群防群治原则，有助于利用社会人力资源改善治安综合治理。

一、治安、治安承包及相关术语

　　随着西方警务私有化的改革浪潮，政府在公共治安这种公共物品的供给过程中开始引入市场机制，使得治安承包这种社会治安防范与管理模式在全国各地得到普遍推广。在此，我们对治安承包的

---

　　① 李艳岩：《治安经济学》，法律出版社 2004 年版，第 6 页。

研究中,既包括对"治安"概念的研究,也包括对"治安承包"概念的研究。通过对"治安"与"警察"、"公安"等相关概念以及"治安承包"与"警察私有化"、"社区警务"、"保安公司"等相关概念的比较辨析研究,有助于更加明晰治安承包的内涵。

(一)治安与相关术语

警察、公安与治安是我们比较熟悉的三个概念。对治安承包进行研究,有必要首先对"治安"及相关概念加以辨析。①

1. 警察与公安

古希腊哲学家亚里士多德对警察下的定义是:"良好的秩序,城市的管理与组织,对人民的支持,是给予人民的所有礼物中最伟大的最首要的。"② 所以对于现代英文中的"警察"(police)一词的来源,有人认为是指古希腊城邦国家中的国家的一切行政行为,也认为最先来源于欧洲1829年英国内政大臣罗伯特·比尔创建的英国伦敦大都市警察,是指有组织的管理。王大伟教授认为"警察"一词的出现与概念的演变在西方可分为三个阶段,特别是当强调专业化与现代化时,快速反应、打击犯罪的战士、机器警察等新概念就成为这种警察内涵的代表。20世纪60年代以后,随着新的警察哲学、社区警务论等新一次警务革命的到来,就产生了广义的或哲学的警察概念。

在我国,"警"、"察"二字以及与"警察"相关的词语在先秦典籍和后来的史书中曾多次出现过。有种观点认为我国是世界上最早建立警察的国家。古代"警"字,"从敬从言"。"警者戒也,戒之以言,谓之警。"主要指告诫、警告、戒备。"有言在先不得违戒。""察字谓以手持肉,祭天求示,得神意而明白。反复详审请之察,察之为明。"主要指观察、仔细看,考察,考察后予以推荐、选

---

① 参见张兆端:"'警察'、'公安'与'治安'概念辨析",载《政法学刊》2001年第4期,第34—36页。

② 王大伟:《英美警察科学》,中国人民公安大学出版社1995年版,第46页。

举等含义。"警察"一词中的警与察并用可在《汉书》中的"密使警察不予宣露"而得以佐证。这里的"警察"含义为：观察、侦查、监视。但古代"警察"多为动词。我国历史上的警察机构虽然较多，如司民、司圜（周）、都亭（秦）、金吾卫（唐）、巡检司（宋）、警巡院（辽金）、五城兵司马（明）、巡捕五营（清）等，但却未发现以"警察"直接命名的治安机关。

在现代汉语中，"警察"系指"国家维持社会秩序和治安的武装力量。也指参加这种武装力量的成员"。① 梅可望的《警察学原理》也对警察的法定含义进行了系统的、颇具匠心的论述："警察是依据法律，以维护公共秩序，保护社会安全，防止一切危害，促进人民福利为目的，并以指导、服务和强制为手段的行政作用。"

对于"公安"一词，《布莱克法律词典》（Black's Law Dictionary）里，更多的是指通过警察行为、发挥警察职能来维护社会的公共安全。欧美国家早在18世纪就出现了以"公安"为名称的政治机构。如美国独立战争期间，法国资产阶级革命以后，新政权中都成立过"公安委员会"。在我国《现代汉语词典》中，"公安"指："社会整体（包括社会秩序、公共财产、公民权利等）的治安。""公安"在内涵上不仅指警察，也包括社会公共安全和公众安宁。从字面上看，"公安"主要指"公共安全"、"公共安宁"。而"公共"指"属于社会的、公有公用的"。"安全"指"没有危险；不受威胁；不出事故"。因此，大多数情况下，公共安全就是指社会治安安全，就是一个国家全体公民所需要的稳定的外部环境和秩序。康大民在《公安一词不取消》中说，当我们从"公安"的角度来研究时，就会看到公安机关作为主体，它面对的是两个工作对象：一个是防治对象（公安第一客体）；另一个是维护对象（公安第二客体）。当前各国警察为了加强预防，为了维护受害者的利益，其工作已不单纯面向公安第一客体，而是有越来越多的勤务内容面向公安第二客体。从这种发展趋势来说，"公安"较之"警察"有更大的

---

① 王仲方：《社会治安综合治理的理论与实践》，群众出版社1989年版。

包容性。①

总的来说，社会秩序正常运转，国家安全、公共财产、公民权利（包括公民的人身安全、人身自由和合法财产等）不受威胁和侵害之稳定发展状态，就是"公安"。

在我国古代没有警察或治安意义上的"公安"概念，仅有县名（即湖北省公安县）和明末的文学流派名（即以当时湖北省公安县人袁宗道三兄弟为首的文学流派——公安派）两解。1905年诞生了近代警察以后，民国政府首先运用"公安"称谓冠名政权警察机构，广东省在全国首开先河。1920年11月，为了反对北洋军阀政府，孙中山抵达广州，恢复了中华民国军政府。军政府发布命令，在"际滋拨乱之始，事业万端"的历史背景下，废除袁世凯颁布的《治安警察条例》，依据《广州市暂行条例》，设置广州市公安局。广东省会警察厅改为广州市公安局，隶属于市政厅。改组警察厅机构为公安局警务、司法、侦缉、消防四个科室。广州市警察所改为公安分局，县设公安局，并在广东逐步推广。这是我国省、市公安、警察机构分治的开始，也是我国运用"公安"称谓政权暴力机构与公众治安服务机构的开端。后来零星的地方警察机关开始被命名为公安局。抗日战争、解放战争时期，在我党领导的政权中普遍建立了地方公安局。但是，由于我们党特别是全国大陆解放以来，统一以"公安"命名警察机关和治安保卫工作，因此，在社会上和警察机关内部又赋予了以"公安"指代"警察"或"治安"的惯用含义。"公安"便逐渐成为一个普遍使用的概念。

2. 变迁中的治安意涵

古代汉语中，"治"常指管理、统治的方略及状态，一般与"乱"相对。我国历史上向来有"治、乱、盛、衰"的社会历史观。《易·系辞下》曰："黄帝尧舜垂衣裳而天下治。"在先秦典籍中，思想家们又由"治"引发出"治化"（治理国家，教化人民）、"治

---

① 王大伟：《欧美警察科学原理——世界警务革命向何处去》，中国人民公安大学出版社2007年版。

平"（治国平天下）、"治世、治国安民"等政治学说。"安"则指安定、安全，与"危"相对。《易·系辞下》曰："是故君子安而不忘危。"先秦时期的思想家们由此引发出"安人"、"安民"（安抚人民）、"安泰"（家国安宁、太平）、"安国"（治国安邦）、"安众"（安定人心）、"安宁"（安定、太平）等学说。"治安"作为一个概念使用，始见于先秦时期韩非的著作中。他在《说疑》一文中有"民治而国安"的提法，在《显学》篇中，"治"与"安"联结成一个词，对统治者如何实现国家治理与安定的途径阐述了个人见解。西汉初期，贾谊在《陈政事疏》里向汉文帝上"治安之策"，陈述时弊及使国家长治久安的方略。至汉武帝时，司马迁在《史记》中记载道："古者殷周有国，治安皆千余岁。"可见，古代的"治安"是指国家治理有序、政治清明、社会安定的状况。其内容比较宽泛，既指政治统治的秩序，又包括社会层面上的秩序。

近代，自职业警察制度形成以来，"治安"一词的含义较之古代逐步变窄，仅指社会层面上的秩序。在《现代汉语词典》中，"治安"指"社会的安宁秩序"。在这种意义上与"公安"相通。目前，有关"治安"的概念，在学术界有两种代表性观点：一种观点是现代意义上的社会治安，指国家通过法律和行政管理所建立起来的一种社会秩序。另一种观点是指符合统治阶级意志和利益并通过国家法律、法规和行政管理所规范、建立起来的社会公共安全秩序，以及以警察力量为主体所实施的管理与维护社会公共安全秩序的行政活动。

综上所述，"治安"的内涵可界定或定义为：由统治阶级法律所规定的有关国家和公共安全、社会管理和公民人身权利或民主权利，并涉及刑事或行政处罚的一种社会规范。这一定义既保持了古代"治安"的基本内容，也基本涵盖了我国近现代对"治安"一词的不同理解，而且它具有很大的包容性，即不同的历史阶段和时期，根据统治阶级的需要，体现统治阶级意志和利益并由其法律所规范的"治安"也不相同，因而任何国家和社会的"治安"都是历史的、具体的，都有其特定的内容与范围。①

总之，"治安"无论是指政治清明，还是社会安定，也无论是指治安秩序，还是指治安问题，它都是阶级社会所特有的历史现象；既不是自古就有，也不是永恒存在的，而是存在于人类社会发展的一定历史阶段。

3. 治安的广义与狭义

综观我国历代的"治安"思想与实践，"治安"概念经历了一个由宽到窄、由广义到狭义的演变。从现代社会治安实践与理论发展的趋势和要求看，我们也必须在广义和狭义两个层面上使用"治安"概念。

（1）广义"治安"，亦可称为"大治安"。它是指整个国家经济、文化、内政、外交方针大计的制定与实施及其社会效果，是国家政治秩序、经济秩序与民众生活秩序的总和。这是对我国古代"治安"概念的现代转化和运用。任何一个时代和国家的社会治安问题，从根本上讲都是各种社会矛盾的综合反映。只要存在社会矛盾，就必然产生治安问题。一个国家整体社会治安状况的好坏，实际上是该国家经济发展状况、民主政治和法治发展状况、文化教育发展状况、治安行政管理水平等方面的综合标志。

（2）狭义"治安"，亦可称为"小治安"。它是指一个国家以警察力量为主体所实施的管理与维护社会公共安全秩序的行政活动，即警察部门依法所实施的治安管理。② 在我国，对公安警察部门所实施的"治安"职能活动的理解也包含两个层面：其一，指公安机关依法维护社会治安秩序的全部职能活动，既包括其所担负的治安行政管理职能活动，也包括预防、侦查和打击犯罪行为的刑事执法职能活动；其二，专指我国公安机关的治安部门为了维护社会治安

---

① 王彩元："对治安概念的理性思考"，载《中国人民公安大学学报》2003 年第 2 期，第 133 页。

② 卫之民：《治安行政管理学总论》，中国人民公安大学出版社 1986 年版，第 2 页。

秩序、保障社会生活正常运行而依法实施的行政管理活动，是我国公安工作的一项重要业务。后一种理解目前在公安院校多种教材中具有很高的代表性，它突出了社会治安的阶级性、法律性和层次性，划定了社会治安工作的大致范围，强调了警察部门在社会治安中的作用。

对于"治安"概念作上述不同层面的辨析十分重要。因为我国现代社会盛行的一直是"小治安"观念，许多部门、领导和公众都认为维护社会治安仅仅是警察部门的责任，从而放弃了自身在维护社会治安方面应尽的义务和责任，所以至今在不少地方社会治安综合治理的措施难以落实，"综合治理"仍然是警察"独家治理"。因此，首先在理论上明确社会"治安"概念的广义和狭义两个层面，并注意在社会治安实践中广泛宣传，既有利于在全社会内普遍确立起"大治安"观念，增强社会各部门、组织、团体、群体和公民个人积极参与社会治安综合治理的自觉性和责任感，又有利于促使公安司法机关在社会治安综合治理过程中更加充分地发挥自身的专门职能作用，以"小治安"促进"大治安"。当然，对"警察"、"公安"与"治安"等基本概念加以科学辨析和规范，对正确理解"治安"的概念，并进一步明确治安承包的内涵是大有裨益且非常必要的。

（二）治安承包与相关术语

1. 治安承包的内涵

"治安承包"是将某一特定区域的治安防范任务和一部分治安管理任务有偿承包给某个人或某一组织，承包人自己或组织人员开展巡防工作等，相关政府部门根据区域内的刑事案发数量和承包人抓获的犯罪嫌疑人数等指标对承包者进行考核奖惩的社会化安全管理新模式。① "治安承包"需要发包方和承包方签订合同，明确责、权、利，严格奖惩制度，并置于基层党政组织、公安机关和人民群

---

① 邱乐安："'治安承包'的理论探讨"，载《四川警官高等专科学校学报》2004年第6期，第76页。

众的有效监督之下,建立起一种长效的运行机制和约束机制,从而达到维护社会治安或安全的目的。

2. 治安承包与警察私有化

萨瓦斯认为,"私有化"就是在某项活动或在资产所有权中,降低政府的比重或者提高私人部门的作用。王大伟教授认为"警察私有化,英文为privatization,即在警务改革中间,私人警察演变的趋势"。我国的治安承包源于警察私有化,而又不同于警察私有化。

警察私有化作为欧美警力革命的重要组成部分,其产生有其历史背景。

(1) 警力不足。资金短缺、警力不足是各国警察部门共同面临的难题。为解决这两个难题,英国内政部不得不将警察预算承包并制定警察工资的最高限额。英国公众对日益增长的警察开支深恶痛绝,使社会与警察部门不得不另辟警力的新来源。

(2) 有偿服务。"你要获得服务,就要支付金钱",这是市场经济中天经地义的规则。在英国,正规警察可以被雇佣,且服务价格是公开的,但通常其开价太高,因此私人安全公司便应运而生。

(3) 限额服务。警察对社会与公众的服务是多方面的。从开救护车送病人去医院到为动物提供保护,无所不有。服务清单包括:提供足球比赛警卫、防止计算机诈骗、寻找丢失儿童、指路报时、防止文物走私等。在多数情况下,此类服务是免费的。市场经济的规律表明凡是免费而社会又十分需要的服务就一定是定量的,政府承担不起过多的免费服务。

(4) 自我警务。欧美等国家多实行自治体警察,公民们本身就把国家作为"代理人"来为自身服务,所以对警察"国有化"不予认同,加之公众的隐私意识较强,不愿让警察介入他们的私人生活,一旦发生案子,他们往往喜欢采取自助、自救的措施。因此,国家由来已久的这种传统催生了私人警察在英美等国如雨后春笋般的蓬勃发展。西方警察私有化已形成包括私人安全公司、合同安全员、特别警察队、特别公安员、警察承包制、文职警察、私人侦探等多种类型并存的格局。由此看出,西方国家的警察私有化有其产生的成熟条件，且已发展到了一定的规模。

我国的治安承包虽受到西方警察私有化理念的影响，但又深得我国"土地承包责任制"的启发，是在我国现实土壤中滋生出的一种治安模式。对于其产生的背景，警力不足是警察私有化与治安承包的共同之处。除此之外，公共服务市场化的影响、我国治安现状的需要、多样性公共治安需求与单一性提供模式的矛盾、我国社会治安综合治理体制的要求等也是其催生因素。

治安承包的原型应是警察私有化中的警察承包制。警察承包制具体是指正规警察通过合同形式，雇用私人承担一些原本属于警察的特殊工作，如警察内部的勘查测量、家具维修、为公众进行失物招领与动物招领等。治安承包中的治安管理承包就是将公安机关的一些服务性公权力（如出租房的登记、暂住人口的登记等）承包给私人或组织。

以此观之，治安承包与警察私有化存在一定程度的相似性，但二者又存有本质区别，警察私有化使国家警察与私人警察在社会中并存，私人警察拥有部分与国家警察同等的权力。而目前我国治安承包的承包方仅有与普通公民同样的权利，如扭送权、纠纷调解权等，不涉及警察执法权力的使用，且承包方仅处于国家警察的辅助地位。经过近二三十年的发展，治安承包仍没有形成完整、系统的格局，各地采取的具体模式不一，且发包方与承包方的角色定位、承包方式、经费来源等都处于混乱无序的状态，远未达到警察私有化的水平。

3. 治安承包与社区警务

社区警务是西方国家现代警务改革过程中产生的一个新概念。1829年罗伯特·皮尔在建立伦敦都市警察时提出了著名的"皮尔原则"，指出警察就是公众，而公众就是警察。"皮尔原则"体现了社区警务的本质。

20世纪30年代至70年代，欧美警务界开展第三次警务革命后，虽然警察的装备现代化了，打击犯罪的快速反应能力增强了，但警民关系却淡化了，且忽视了犯罪的预防，犯罪率仍居高不下，公众对警察产生了信任危机，此时，西方一些国家的警察机关重新认识到"皮尔原则"的价值，开始追本溯源，返璞归真，由此引发了第四次警务改革——社区警务运动。

我国的社区警务是市场经济的产物，是责任区民警工作的深化，是责任区民警立足社区，协同居委会或物业管理公司为社区居民提供警勤服务，并组织、宣传、协调、带领群众以多种形式参与预防犯罪和社会治安活动的警务行为。①

社区警务与传统警务相比有几大亮点：

第一，主体多元化。社区警务的主体非常广泛，除了警察机关及其警察之外，还包括社区的家庭、居民个人、居委会、治保会、企事业单位及各种社会团体。其中，警察是主导力量，起核心作用；公众是基础力量，不可或缺，社区问题的最终解决依赖于社区民众的积极参与。社会公共安全是人们最基本的需求，社区治安稳定关系到社区民众的共同利益，不光是警察的事情，警察和社区有共同合作的基础。在此过程中，警察与社区居民共同研究、制定和实施有关社区问题的解决对策，建立起了一种互利、互信、互助的合作伙伴关系。

第二，形象柔性化。社区警务的警察从单一的"打击犯罪战士"的角色中转变出来，成为更有人情味，更注重人际沟通，更善于听取意见的可提供多方面服务的"社会服务员"。《人民警察法》及有关法律、行政法规规定了人民警察的任务和职责，那么社区警务的范围是否也应限定于警察法定职责范围内呢？从实践中看，影响社区安全与稳定的问题有很多，并不仅仅局限于治安问题，如饥饿、贫困、吸毒、贩毒、卖淫、嫖娼、酗酒滋事、身份歧视、性别歧视、精神疾病、家庭暴力、就业问题、环境污染问题、青少年犯罪、帮派、社区亚文化、犬患等均会影响到社区的安全和稳定，因此社区警务必须涵盖这些问题的应对措施。不仅如此，社区警务的警察甚至还为社区敬老院的老

---

① "社区警务"课题研究小组："关于社区警务的构建"，载《公安研究》2001年第5期，第78页。

者送去棉衣。很显然这些活动并非法定的警察任务或职责，警察的角色更偏向于服务者，定位于人民的"公仆"。

第三，治安对策前置化。社区警务将治安对策前置化，以"快速反应—现场出现—侦查—破案"为主要内容的警务活动过程，转变为以"调查研究—宣传教育—社会合作—预防和减少犯罪"为主要内容的警务活动过程，① 变被动为主动，将打击为主变为预防为主，通过巡逻、邻里守望、改善邻里关系、调解纠纷、社区安全提示等多种手段，把工作重心转移到案发前，减少民众对犯罪的恐惧感，提高社区居民的生活质量。

在治安承包中，防范和管理的主体由"警察"变成了"警察、私人和组织"，由单方统治变成了多方治理，公安机关或成为发包方（在内部承包模式中，一些民警成为承包方，使公安机关变相地成为承包方），或成为监督者，与公众共同治理治安环境；同时，承包方重在预防犯罪、提供治安信息等，从根本上增强民众的安全感。因此，在主体多元化与以预防为重等方面，治安承包与社区警务有其共通性。但在社区警务中，警察的职责范围突破了法定范围，降低到公民生活的第一线，警察不仅要执法、打击犯罪，还要帮助公民解决日常生活困难，包括邻里纠纷、夫妻吵架等，其职能范围的扩大导致了公安机关的核心职能与边缘职能的本末倒置。但治安承包却将这些最底线的职能承包给了私人或组织，公安机关只对承包方进行指导和监督，从而留下了更为充沛的精力投入到大案要案中，使公民的安全得到更充分的保障。

4. 治安承包与保安公司

我国的保安公司是专业化的社会治安防范组织，是协助公安机关维护社会治安的特殊服务性企业。我国的保安公司尽管名为公司，实际上仍未脱离公安机关的附属地位，由公安机关控制，保安服务公司与公安机关之间还存在政企不分的问题，缺乏自主经营权，尚

---

① 王大伟：《英美警察科学》，中国人民公安大学出版社1995年版，第284页。

未建立完全的现代企业制度。根据国务院批准的公安部《关于组建保安服务公司的报告》（［88］公发14号文件），我国保安公司的业务范围是：提供守护、门卫、内部巡逻、押运贵重财物和危险品等保安服务；提供保护财产或人身安全的服务；提供展览、展销及文娱、体育、旅游活动的保安服务；按照国家有关规定，经营防盗、防火、报警等安全技术防范设备的设计、安装、咨询和维修服务；应客户要求并有能力承担的其他安全服务项目。同时，公安部《关于保安服务公司规范管理的若干规定》第12条赋予了保安人员履行职责时的权力，第13条又对保安人员执行任务时的行为作出了限制，既肯定了保安人员查验值勤区域车辆、物品出入手续，配备必要的非杀伤性防卫器械，抓获现行违法犯罪嫌疑人的权力，又明确规定了保安人员没有限制他人人身自由、搜查他人身体和扣押他人证件的权力。

治安承包是一种治安防范和管理模式，保安公司则可能成为该种模式的承包方，但是治安承包的承包方并不仅仅局限于保安公司，还包括公民个人或者其他组织。在治安承包的实施过程中，有些区域将治安防范或部分管理承包给保安公司，保安公司作为承包方，拥有的权力与上述规定一致，不具有盘查权等警察的执法权力。治安承包的承包方均会受到公安机关的监督与指导。但对于除治安巡防之外的治安防范承包而言，公安机关对保安公司的控制力度似乎更强。

二、推行治安承包的现实背景

社会主义市场经济体制的建立，极大地促进了城乡生产力的发展，随着各项改革政策的出台，经济结构的调整变化，不可避免地给社会治安带来一定影响。广大工人、农民、个体业主获得了独立的经济地位和生产经营自主权后，人、财、物的流动更加频繁，对组织、单位的人身依附关系开始松散，原有的社会管理机制和行政强制手段逐步弱化，不可避免地使治安状况日益严峻，这些与社会风险增加导致的社会治安需求多样化以及我国警力严重不足等问题在经济急速发展的形势下矛盾凸显，无形中也给政府的财政投入提出了严肃的课题。社会治安防控机制与快速发展的市场经济严重脱节，导致基层社会治安防范工作需要寻求新的出路。

（一）转型社会中的严峻治安状况

随着改革开放和市场经济的确立，城乡二元结构和城乡壁垒开始逐步松动和瓦解，部分农民和城镇闲余人员在市场经济的调控下，开始了自觉或不自觉的高频流动，这种高频的人口流动在促进人力资源的逐步合理配置、加速经济发展的同时，给社会治安状况带来了新的变化，给社会治安管理带来了新的压力。一是客观上提高了犯罪得逞率。犯罪人隐藏于高频流动的人群中，能够捕捉最佳的作案目标，选择最佳的作案方式，犯罪得逞率得到提高。二是造成打击犯罪的确定性的降低。由于人口流动和场所更换所带来的信息的传递和变换，造成许多相关重要信息的丢失，给调查取证工作增加许多困难，现实中的一些积案、隐案，多为流窜作案所为。三是削弱了治安防范的力度。高频的人口流动，对静态的治安管理模式构成强大的冲击，造成许多治安防范的缺口，削弱了治安防范的力度。在农村地区，随着商品经济的发展，流动人口的增多，治安任务也变得更为繁杂艰巨，迫切需要加大治保工作的力度。而且农村原有的治保组织和工作制度，已经远远不能适应现代农村社会治安和经济发展的需要。另外，我国正处于社会转型期，农村大量的青壮年劳力外出打工，只有老人、妇女和儿童留守，致使农村群防能力减弱，治安形势恶化。而治安承包制度的出现则满足了农村治安的需求。治安承包制度将治安防范以合同的形式承包出去，不仅弥补了农村警力的不足，也维护了农村地区的安全稳定。

目前而言，由经济纠纷引发的暴力讨债、绑架、哄抢等"民转刑"案件，流动人口犯罪、多发性侵财犯罪和非法集资等涉众型经济犯罪有所增加，城市社会治安问题有向农村蔓延扩散的趋势。同时，社会治安问题的敏感性进一步增强，一起普通的刑事案件或治安案件都有可能转变为社会热点问题，甚至诱发其他矛盾和问题。因此，控制社会治安局势需要更多的社会力量参与，应当注意包括公共治安承包在内的社会治安综合治理各种手段的和谐应用。当前，我国社会治安形势比较严峻，刑事犯罪总量仍在高位运行，全国刑事案件立案数量逐年上升（见下表）。

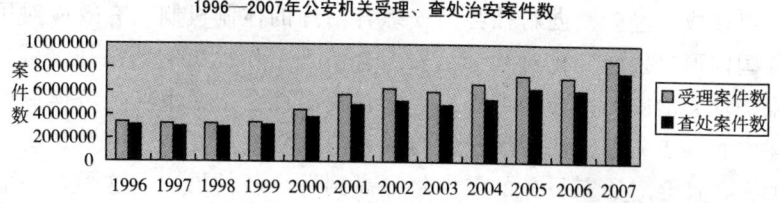

(资料来源：中国统计年鉴1997—2008)

上表显示了我国公安机关最近10年受理、查处治安案件数目变化情况。1996年至1999年间公安机关受理、查处的治安案件数量大体持平，大致在330万件左右。从2000年开始，受理与查处的案件数逐步上升，受理的案件从440万上升至870万左右。社会查处的案件也从380万到760万左右。不难看出，随着事务复杂程度日益加深，我国治安案件数也呈逐年上升趋势。这就显示公安机关不仅在维护社会治安方面还有进一步提高的空间，同时，充分引入和利用社会资源参与社会治安也日益成了当今多元治理需求。我国警察治安工作不能满足各方面的要求的矛盾在有些地方变得十分突出，具体表现包括警察经常加班加点也不能有效控制治安案件的发生，群众纷纷安装防盗门窗、减少夜间外出，各方面对公安机关的不满情绪不断增加等。在这种情况下，各地纷纷开始实行的治安承包制度可谓"应运而生"。

（二）风险社会的治安需求多样化

德国著名社会学家贝克表达了对当代人正生活在文明的火山上的深刻忧虑，他认为，人们越是自觉地意识到风险和意外的存在，也就越深入地理解当代生活的本质。他首次采用"风险社会"这一核心概念来阐释现代性社会的特征，指出"风险社会"包括两种风险：整个社会面临的社会性风险和某些社会个体可能遭遇的个人性风险。贝克的"风险社会"理论触及了一个重大的时代命题：风险社会及其防范。我国已经进入新世纪以来经济发展面临困难最大、挑战最严峻的时期，也是社会风险因素增多，矛盾碰头叠加，治安形势严峻复杂、社会治安综合治理任务繁重艰巨的阶段。我们将借鉴以往成功经验，创新社会治安综合治理的体制机制，有效应对国际国内形势发展变化对社会治安综合治理工作提出的新挑战，着力维护社会治安与社会和谐稳定。随着我国社会主义市场经济体制的建立和逐步完善，社会治安的内容和范围将愈加复杂且变数也随之加大，社会对治安服务的需求将提高到一个新的层次。这种旺盛的治安需求主要表现在以下三个方面：

1. 个人需求的增长

随着我国经济的发展，社会财富不断增加，城镇居民收入出现较快增长，我国大部分地区的居民都已逐渐摆脱贫困，步入小康，甚至富裕的生活，在生理需要得到满足之后，其安全的需要就会产生，与以往相比较，他们更加关注自身的安全问题，对治安服务也提出了更高的要求。特别是其中的富裕阶层，他们的安全需要更为旺盛。越来越多的富人们更是高薪聘请保镖，以应付随时可能出现的危险。

2. 社会需求的增加

改革开放以前，我国的治安服务主要是由公安机关提供，机关、团体、企事业单位的保卫部门和基层群众性治安防范组织作为补充，构成了一个适应计划经济体制需要的社会治安服务供给体系。然而在计划经济体制下形成的治安服务供给机制，已不能完全适应形势发展的需要，在治安服务实践中日益暴露出其不足，这种由于体制转轨而带来的社会治安服务需求的不满足需要通过制度创新来弥补。

3. 安全需求的多样化

改革开放以来，我国经济持续快速发展，但在人民收入水平较快增长的背后，却存在收入分配差距不断扩大、贫富分化加剧的问题。这个问题除了表现在居民收入总体性差距外，还表现在不断扩大的城乡居民收入差距、地区间收入差距、行业间收入差距、不同经济性质的单位职工收入差距和城镇内部各阶层之间的收入差距。

在 2000 年，我国东部地区人均收入是西部地区的 2.26 倍，最高的省与最低的省差距超过 3 倍。城镇内部方面，高收入户的收入增长近两年大大超过了低收入户的收入增长，在 2002 年第一季度，20%的高收入者的收入占总收入的 46.2%，20%的低收入者的收入占总收入的 6%，高低收入差距为 7.66 倍。财产的集中度也越来越强，居民家庭财产的差别也越来越大。调查统计显示，10%的富裕家庭占城市居民全部财产的 45%。最低收入 10%的家庭其财产总额占全部居民财产的 1.4%，另外 80%的家庭占有财产总额的 53.6%。① 另据美林集团发布的一份年度全球财富报告，2003 年我国内地百万美元富翁约有 23.6 万人，比上一年的 21 万人增长了 12%，而这些富翁们所掌握的财富总额更是飙升至 9690 亿美元。如果以人民币计算，将有近 24 万人成为千万富翁。② 因此，在人们治安服务需求总体不断增长的同时，还存在由于人与人之间的收入差距的不同及其对治安状况的主观感受的不同等，导致对治安服务需求多样化的趋势。

（三）警力严重不足

改革开放以后，我国社会的政治、经济、文化等方面都发生了深刻的变化，社会治安问题日益突出和严峻，公安机关显然已经不能包办整个社会的治安服务，其警力严重不足的矛盾也日渐明显。比如相对于北京 40 万人的警力状况，河南省 6 万人的警力难以满足社会治安的要求，所以从 1999 年开始，河南省方城县就开始探索以"治安有偿承包"代替"义务巡逻打更"并由负责治安工作的领导机关与治安承包责任人签订《治安承包合同书》。地处浙东沿海的东吴镇，有常住人口 1.7 万人，外来流动人口 9900 人，虽属偏僻山区小乡镇，但治安环境较为复杂，当地派出所仅有的 9 名民警，工作压力非常大。为了实现社会化维稳的目标，东吴镇从 2005 年就积极

---

① "中国人均收入差距超国际公认承受线"，载凤凰网，2003 年 6 月 17 日，http://www.phoenixtv.com/home/news/Inland/2003/06/17/75427.html。

② "报告显示：内地千万富翁 24 万掌握财富近万亿美元"，载人民网，2004 年 8 月 31 日，http://www.people.com.cn/GB/jingji/1039/2751130.html。

探索治安防范承包责任制,并在小白村实施试点,让小白村各类案件得到了有效控制,发案率下降40%,全村的治安形势不断好转。小白村警务综治室治安中队中队长乐嘉仁对这一做法颇有感触:"自从实行治安承包管理责任制以来,农村治安队员不再把站岗巡逻当成副业,而是把维护农村平安作为自己的神圣职责。"西安市公安局未央分局草滩派出所所长马护军告诉记者,在草滩农村实行治安承包制,一个主要原因就是派出所的警力不足。这个所共有20名民警,管辖面积却达41平方公里。以前,这里是大片农田,居民大多是这里的农民,而现在,一栋栋高楼拔地而起,与派出所一条马路之隔就是一个大型的游乐场。面对越来越复杂的治安形势,现有的警力显然无法独立应对农村的治安防范任务。在这样的形势下,治安承包制在草滩应运而生。①

一个国家、一个地方警察的数量应以多少为宜,世界上没有统一的标准,也不可能有统一的标准。因为各国的社会治安形势以及一国各个地区的社会治安形势都是各不相同的。但衡量一个国家警察数量的多少,世界上有一个比较通行的指标,即警察数量与人口的比例。我国警察与人口之间的比例(如下表所示),和美国、德国、英国、日本、加拿大等发达国家相比,仅为这5国平均值的23%。②

2008年部分国家警察与人口比例情况表

国　家	人　口	警　力	警察与人口比例
中国	13亿	140万	1.1‰
朝鲜	2392万	10万	4.18‰
韩国	4485万	163998	3.65‰
日本	1.2678亿	282159	2.23‰

---

① 胡杰:"西安草滩:农民承包农村治安",载《人民公安报》2005年4月20日第6版。

② 安瑛:《警察激励研究》,中国人民公安大学出版社2001年版。

续表

国　家	人　口	警　力	警察与人口比例
新加坡	310 万	12000	3.87‰
泰国	6261 万	23 万	3.67‰
土耳其	6164 万	442623	7.18‰
俄罗斯	1.449 亿	1226 万	8.46‰
德国	8220 万	26 万	3.16‰
英国	5800 万	15 万	2.60‰
法国	6090 万	242881	3.98‰
意大利	5768 万	37.8 万	6.55‰
埃及	6370 万	32 万	5.02‰
南非	4124 万	129000	3.13‰
加拿大	3075 万	78866	2.57‰
美国	2.83 亿	92 万	3.25‰
哥伦比亚	3510 万	13 万	3.70‰
秘鲁	2356 万	11.8 万	5.01‰

（数据来源：中华人民共和国公安部网站 [http://www.mps.gov.cn/n16/n983040/n1372245/index.html]）

由此可见，我国警察数量与人口数量的比例与世界各国相比，是最少的国家之一。警力不足成为制约我国公安工作发展与提高的重要因素，也催生了治安承包的产生和发展。

同时，从下图可以看出，2003 年到 2004 年，群众安全感比重有所下降，之后的几年间呈逐渐上升态势。对于目前的社会治安环境，群众安全感的比重合计占到 93.3%，比 2006 年上升了 1.3 个百分点。群众安全感比重连续五年超过九成，表明我国治安总体保持了良好的平稳态势，群众对公共安全的感受继续提高。2003 年至 2007 年间，我国群众安全感比重总体上升，一方面，是由于政府对社会问题的解决力度不断加大，政府职能转变落实到位，较好地解决了群众普遍关心的社会问题；另一方面，非政府的民间组织发展壮大，如治安承包、社区警务、保安公司等新型实践的出现，并积极参与社会综合治理，弥补了公共警察警力不足和部分社会治安职能的空白。

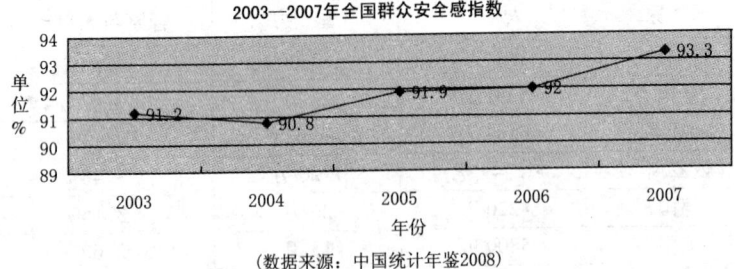

(数据来源：中国统计年鉴2008)

(四) 治安财政压力

公安部新闻发言人武和平举例说："美国现在基本是267人中有一个警察，英国是288人，加拿大大概是400人，日本达到434人，而我们国家则将近1000人，928人才有一个警察。我们国家还是一个发展中国家，特别是各级财力有限，要集中办大事情，要办惠及国计民生的大事情，公安机关的警力增加，应该是和社会经济发展相匹配。但是我们当前维护社会稳定、打击犯罪、保护人权的工作又非常繁重，那么采取什么样的办法解决警力资源不足的问题？这就是公安部从2006年提出来要加强'三基'工程建设的初衷，即通过加强基层的配置，使基层警力达到80%，《组织条例》里面提到实战部门特别是基层所队，在一线作战的部门要增加到85%。另外还有一个加强基础工作，基础工作就是提高单兵素质，提高战斗力。再有就是苦练基本功，解决警力不足的问题。"[1]

直接增加警力以促进治安工作，这是一种行之有效的方法。但是，代价十分明显，即财政负担的增加。在经济不发达地区，财政负担方面的障碍会更突出。在经济发达地区，警力的增加也要受到行政编制方面的限制——从行政法治的要求来看，这种限制是必不可少的。警察数量的增加离不开巨大的财政支出作后盾，这对我们

---

[1] 唐佳蕾："公安部：我国警力长期不足，和发达国家相比差距大"，载中国网，2007年1月23日，http://www.china.com.cn/txt/2007-01/23/content_7700100.htm。

这样一个人口大国来说是难以承受的。试想，如果我国的警察数量达到西方国家的万人比，那么我国的警察数量将超过400万人，这无疑将成为国家财政的巨大负担。因此，必须进行充分利用各类市场资源进行社会管理的探索。

三、治安承包的特征

治安承包起源于我国农村地区，并向城市逐步推广。农村和城市自身的治安特点决定了二者开展的"治安承包"在内容和具体操作上必然存在差异。尽管如此，治安承包在农村和城市仍具有其共性，同时也是治安承包本身所具有的主要特征，即都表现出岗位职业化、报酬货币化、责任契约化三大共同的特征。

（一）岗位职业化

通过岗位职业化，解决有人办事的问题。在农村，市场经济大潮的冲击使越来越多的青壮年出外打工，留下的只是老弱病残，尤其是农村费改税之后，义务工的取消使基层治保组织的管控能力和群众的自防能力弱化，各类案件尤其是盗抢案件居高不下；在城镇，由于外来务工人员的大幅度增加和科学技术的提高，犯罪率和智能犯罪数也显著上升。目前，群防群治虽已普及到许多地方的城乡，但计划经济体制下那种农村党员联户、干部带班、义务巡逻、厂企单位"老弱病残看大门"的防范机制，已经与市场经济的要求严重脱节。当前的侵财型犯罪之所以有增无减，主要是防范措施不到位，人防、物防、技防措施跟不上形势发展，特别是人防这一关键措施相对薄弱。有的地方形式上有干部带班巡逻、治保巡逻、义务传牌、联户联防等。但事实上，在广大农村，农户既要生产，又要不分昼夜守在大棚、果园里看护，这很难做到。而义务巡逻防范由于缺乏有效的激励约束机制，已经流于形式。在城镇，我国原来一直也有治安联防制度，但联防队员都是兼职人员或离退休人员，工作能力一般，且年龄偏大，既没有足够的时间，也没有足够的精力参与社会治安工作。由于这些都是义务性工作，责任也不明确，大家积极性也不高，出了问题也很难追究责任，不利于高效维护正常的社会秩序。

实行治安承包后，该地区或者该部门的治安防范工作通过公开竞投标等方式承包给专门的人员或组织，并签订治安承包合同，以契约的形式把治安防范任务固定下来，并明确当事人的权利义务，从而使治安防范成为一项有专人负责的岗位。承包人则通过报名、公示、竞标、中标等程序，由乡镇党政组织考评录用，经过培训考核合格后方能上岗，负责承包区域的巡逻防范，了解、收集、掌握各类治安动态和不稳定因素信息，预防和依法制止盗窃、抢劫、抢夺等各类治安事件的发生，有的甚至还协助民警完成暂住人口的登记与管理等工作。承包人按约履行合同所规定的治安防范职责和义务后，享有工资报酬。治安承包通过专职群防队伍的组织，解决了社会治安综合治理方面的政策棚架①现象，公安机关警力不足的现象得到缓解。例如2002年11月，南京市溧水县所属82个行政村以村为单位，招聘了专职巡防员。全县一共招用了166名专职巡防员24小时分班制不间断维护有关治安承包点。

由于承包人的选拔直接关系到一方平安，所以一般对承包人的产生都比较慎重。具体说来，承包人的选定要由村委会、居委会推荐，经过群众民主测评，选拔出身体健康、品行端正、志愿从事治安保卫工作、模范遵纪守法、有一定治安保卫工作专业知识的同志来承包当地治安工作，治安承包人正在逐步成为一种职业。再如，陕西省西安市未央区草滩地区的农村，从2004年五六月份陆续开始实行治安承包，规定了治安承包人的产生程序：作为治安承包的甲方，村委会和村民委员会负责召开村民大会，面向村民公开招标；中标的乙方即承包人必须是一位身体健康、遵纪守法、责任心强的村民，他要负责本村夜里10点半至次日凌晨5点半之间的巡逻。当

---

① 政策棚架是指政策在执行过程中，只是被宣传一通，做了表面文章，而未被转化为可操作性的具体措施，即政策并未真正落到实处，成了空架子，使政策赤字增加。

然，这样的任务仅凭承包人一人还难以完成，经报村里及派出所审批，承包人可在村里请两位村民与他一起巡逻。按照双方签订的合同，承包期为1年。为确保合同能够落到实处，由村里支付的治安承包金必须放在专用账户上。如果有村民在承包人责任期间家中遇到盗窃等案件，承包人必须按合同规定，按一定比例赔偿受害村民。这笔钱也将从承包金中扣除。按规定，承包金半年兑现一次。[①]

(二) 报酬货币化

通过报酬货币化，解决待遇问题。为打破大锅饭和平均主义，防止责、权、利脱节，治安承包把市场经济规律引入群防群治工作中，实行报酬统管、工资浮动、以绩定酬的管理模式，形成了以经济杠杆调节治安防范的一部分治安管理行为的群防群治工作新格局。报酬货币化、工作有偿的性质是区别于以往治保会中的义务性群防群治工作的关键所在。治安承包的核心就是将以往农村巡逻打更、城镇院户联防的义务性质，变成以承包合同为载体的有偿服务，使治安防范的一部分治安管理与经济利益挂钩，提高承包人员的积极性。在经济激励和约束下，承包人更能敬职敬业、切实搞好治安防范工作。[②]

治安承包的报酬兑现在各地实践中也不尽相同。在农村，承包人的报酬主要从村民中收取，通常根据承包区域的大小、治安现状、防范的难易程度来确定受益村民应承担的承包费。集体经济好的地方，集体会出资一部分，在集体采取群众集资的方式后直接兑现货币。但随着治安承包的不断深入，承包费的解决途径探索出了多种模式，除了直接兑现货币，还有实物折价的方法，把承包费换算成树木、粮食等，或利用集体机动地、荒山、荒滩承包权折抵承包费，或采取以工代费等方法。根据治安工作状况，将工作业绩与报酬直

[①] 胡杰:"西安草滩：农民承包农村治安"，载《人民公安报》2005年4月20日第6版。

[②] 刘海霞、马兢:"对我国治安承包的解读：特征、模式及思考"，载《江西公安专科学校学报》2004年第3期，第31页。

接挂钩,实行数额不定的弹性奖惩性报酬。如浙江省温州市瓯海区南堡村《关于治安巡逻承包责任制实施方案》规定,对巡逻过程中抓获的犯罪嫌疑人有拘留以上处理的予以奖励,在巡逻中每抓获1名刑拘或劳教以上的犯罪嫌疑人,奖励500元;抓获治安拘留对象1名奖励50元;抓获赌博对象,每起赌博案件罚没款达1万元以上的,每1万元奖励200元;查获涉黄案件,每起奖励100元;遣送"三无"人员1名奖励5元。①有效地提高了治安承包人的工作积极性,取得了较好的防范效果。

(三) 责任契约化

通过责任契约化,解决有章办事的问题。在治安承包中,发包方和承包方双方当事人按民法平等自愿、等价有偿的原则达成协议,签订治安承包合同,明确治安承包的区域、承包人的职责、承包费的金额、承包费支付办法、奖惩办法等,从而对治安承包行为进行规范和落实。合同还明确规定承包方因防范不力造成群众损失的,要按合同约定予以赔偿。如在河南正阳县,承包方可以对承包区域内农户的显性财物(包括农业机械、家电、家具、家禽家畜、粮食等)分户造册,并随财物的增减而及时更正,有助于盗抢案件发生后财产的认定。赔偿比例一般为丢失物价值的5%—25%,双方也可协商确定。② 河南省方城县政法委和综治委为了使治安承包合同书规范合法,专门出台了《治安承包合同管理办法》。该《办法》分为总则、发包与承包、合同的签订与无效、合同的确认、变更与解除、违约责任、调解与仲裁等7章31条。对承包人,特别强调要遵纪守法、身体健康、热心治安,在此基础上自愿报名,公开竞标,由发包方说了算。由于各地承包模式不同,合同的相关内容也因地而异,但共通之处却是通过合同的签订使责、权、利有章可循,使

---

① 黎津平:"'治安承包'是社会治安综合治理的一种新形势",载《新疆警官高等专科学校学报》2004年第3期,第21页。

② 李俞、张立新:"治安防范有偿承包责任制构建平安正阳",载《驻马店日报》2005年4月23日。

责任契约化,且双方当事人的行为也有规范和调整。① 再如温州市瓯海区的治安承包模式中,治安承包人产生之后,在公安派出所、镇(街道)综治办的组织下,村委会、住宅区物业管理公司作为发包方,按事先公开的治安承包指标,与治安承包人签订治安承包合同,明确治安承包双方的权利义务关系以及违约责任,重点是赋予承包人对治安防范工作的相对独立的管理权,包括承包人具有的对巡防队员的物色使用权、辞退权、工作调配权和经费分配权等。②

四、社会治安综合治理体系改革中的治安承包

社会治安综合治理是充分发挥政法部门特别是公安机关骨干作用的同时,组织和依靠各部门、各单位和人民群众的力量,综合运用政治的、经济的、行政的、法律的、文化的、教育的等多种手段,通过加强打击、防范、教育、管理、建设、改造等方面的工作,实现从根本上预防和治理违法犯罪,化解不安定因素,维护社会治安持续稳定的一项系统工程。社会治安综合治理是公安工作中党的领导、公安机关和人民群众三者的有机结合,参加的主体不仅包括公安机关,还包括各级综合治理领导机构、各机关、团体、企事业等单位,以及广大人民群众,其原则即是群防群治;其手段和措施是综合性的,要向市场化和社会化发展;其要达到的目标不仅是要打击犯罪,还要预防犯罪,改造罪犯,合理配置社会人力资源,最终保障社会稳定,实现社会安定。

要实现社会治安的根本好转,必须实行社会治安的综合治理;要做好综合治理工作,就要加强基层基础工作。也只有依靠治安工

---

① 李均德:"社会治安能承包吗?——方城县推行治安承包合同制引发争议",载新华网,2003年4月9日,http://www.ha.xinhuanet.com/add/2003-04/09/content_379291.htm。

② 邱煜、林陈奇:"对温州市瓯海区治安承包模式的调查与思考",载《公安学刊》2007年第4期,第63页。

作的承包责任制,才能把维护社会治安的任务落实到每一个基层,才能使公安机关更好地贯彻执行党委领导下的群众路线,把社会治安搞好。我们强调社会治安综合治理的政府责任,并非主张政府包揽一切,这种政府责任应当注意运用社会化、市场化的方式去实现。让属于民间社会的各种形式的社会组织,如社工组织、保安公司、私家侦探社、治安承包组织等广泛参与,拓展民间社会资本进入公共治安服务行业的范围和形式。治安承包的理论和实践证明,它是综合治理的一种新形式,符合客观形势的需要和广大人民群众的愿望,是基层治安管理工作的一项重要改革和创新,是动员和依靠全社会的力量,共同搞好社会治安的有效途径之一,有利于更好地维护社会秩序。

(一) 符合社会治安综合治理的群防群治原则

社会治安综合治理工作担负着为改革开放、建设和谐社会保驾护航的重任,必须与时俱进,适应社会转型时期的发展和要求。目前,社会治安综合治理工作,以权威政治作为组织保证,主要通过党(政法委)的权威来协调和调度各种治安工作资源。在此基础上,也正在顺应建设现代民主政治的要求,探讨适用于市场经济的社会控制模式。社会治安防范机制社会化是新形势下治安工作发展的必由之路,社会化具有其理论和实践上的依据。坚持走社会治安防范机制社会化的道路,就要坚持党委和政府的领导,坚持防范主体多元化、建设形式多样化、防范内容宽泛化、责权利的市场化。除社区警务改革外,治安承包实践也是符合社会治安综合治理主体的要求的。治安承包人员属于社会治安综合治理的重要力量,搞好社会治安必须充分发动和依靠广大人民群众,这是新形势下坚持专门机关工作和群众路线相结合原则的具体体现,它密切了党同人民群众的联系,改善了警民关系,是对社会治安综合治理的重大发展。治安承包是对社会治安综合治理有关文件所规定的扩大社会治安参与主体范围政策的具体落实。

加强社会治安综合治理是解决我国社会治安问题的根本途径,维护社会治安是全社会的责任。社会治安问题是社会各种矛盾的综合反映，不能只靠公安、检察、法院等司法机关，必须动员和组织全社会的力量，运用涵盖治安承包实践的多种手段进行综合治理，从根本上预防和减少违法犯罪，维护社会秩序，保障社会稳定。从社会管理学的角度来看，治安管理应该是一项广泛性社会工作，涉及方方面面，所以要全社会总动员才能搞好社会治安。治安承包的出现正是社会治安工作专群结合和群防群治的具体表现形式，进一步消除了"治安管理只是公安司法机关的专责，社会治安只是公安司法机关的事情"的错误观念。

社会治安防控体系建设，要从源头上堵塞治安隐患，坚持"打防结合、预防为主、专群结合、依靠群众"的工作方针，来解决治安问题，保持社会治安大局平稳。为此，我们应当积极引入社会化、市场化、职业化的组织、管理手段，拓宽经费筹集渠道，完善激励机制，建立党委和政府统一领导、专门机关指导监督的群防群治工作模式，使治安承包成为全方位、动态化的社会稳定预警机制的一个组成部分，致力于提高对社会治安局势的控制力。

（二）社会治安综合治理市场化、社会化的新探索

治安承包是公安工作的根本原则和群众路线在新形势下的新发展。准确把握人民群众对社会治安的新期待、新要求，以改革创新精神积极推动社会治安综合治理工作的科学发展。社会治安综合治理工作"市场化、社会化、法制化、信息化"是转型社会对社会治安综合治理模式发展的新要求，是传统社会治安工作模式走向现代化社会治安综合工作治理模式的必然路径。

在我国，社会治安管理光靠公安机关一家是难以胜任的，在党委政府的政策和法律扶持下，要按照社会化、市场化、职业化、规范化的总体思路，积极探索社会主义市场经济条件下加强社会治安群防群治工作的新途径，搭建综合治理工作大平台，形成党政领导、条块结合、上下联动的基层维护社会治安和社会稳定工作体系，真正形成维护基层稳定的整体合力。尝试部分社会治安管理工作社会化、市场化无疑是一条现实的理性选择，把社会治安综合治理和引进市场化运作机制结合起来，统一社会化管理并形成完备的系统，

由小到大，由点到面，推广治安承包。

有序规范和开展综合治理工作市场化改革。"社会化是实现传统社会治安综合治理转型的一种重要途径。政府可以将其提供基本治安服务的部分职能逐步地交由社会组织去承担，形成国家政府防范、社会防范、公民个人防范、有偿治安服务等全方位、多元化防范体系。对于基本治安服务，政府可以通过市场化运作的方式，吸引社团、企业甚至公民个人等来提供，政府出资购买该保安服务。对于额外的治安服务，政府也应当通过市场化运作的方式，鼓励企业、社团等组织甚至个人提供。"① 如扶植、培育、引导、规范民间非警察的组织或者个人参与治安承包。让老百姓能在获得政府基本的治安服务的同时，还能通过市场获得额外的、优质的治安服务。从近几年的实践来看，治安承包所表现出来的岗位职业化、报酬货币化、责任契约化的特征是非常鲜明的，它使社会治安综合治理"必须发动和依靠广大人民群众"的口号得以落实，它是对社会治安综合治理工作任务的全面贯彻执行，是新形势下对社会治安综合治理的新型实践，是社会治安综合治理的新形式。

（三）有助于利用社会人力资源改善治安综合治理

首先，实行治安承包地区的社会治安形势都趋于好转，刑事案件发案率明显降低，社会秩序和社会稳定均得以维护和保证。治安承包能够营造有利于经济社会发展的法治环境和市场经济环境，在警察治安公共服务之外，拾遗补阙地满足人民群众日益增长的安全需求。各地的治安承包实践紧紧围绕人民群众最关心、最直接、最现实的安全问题，较大限度地减少不安全、不稳定、不和谐因素。经验证明，治安承包是社会治安综合治理的好办法，它降低了发案率，增强了人民群众的安全感，为维护社会治安发挥了积极作用。

其次，治安承包实践促进社会就业和人力资源的合理配置。随着经济结构的调整和快速发展，近年来下岗人员激增，加之大量农

---

① 杨正鸣、姚建龙："转型社会中的社会治安综合治理体系改革"，载《政治与法律》2004年第2期，第67页。

村富余劳动力和进入社会需要就业的人员,这些庞大的待业群体,不仅造成了大量资源的浪费,一定程度上,也是某种不稳定的社会因素。治安承包的实施,可以为他们提供一部分就业岗位。这些人员加入到社会治安综合治理的各种基层组织,既维护社会治安,又减少相应的财政负担,同时还增加了大家的收入,充分调动了治安承包人员的积极性,将不稳定因素转化为维护社会稳定的力量。从经济学角度来看,也是一种需求,相对闲置人力资源是基于这种需求而配置的,从某种意义上说,有利于社会资源的合理配置和最佳利用。

由此可见,无论是从理论上还是从实践上来看,治安承包都符合社会治安综合治理的要求,从效果上看,也达到了社会治安综合治理的目的,可以说是社会治安综合治理的新形式,它有利于维护正常的社会治安秩序,保持社会稳定,既能保护广大人民群众生命财产安全,也取得了保护国家和集体财产不受侵害的重大社会效益和经济效益,所以,我们对治安承包应该在进一步规范和完善的基础上,在条件适宜的城乡地区、社区单位和商业区推广实施,以使其发挥更大作用。

第五章 治安承包的理论分析

根据宏观到微观的递进演进逻辑,新公共管理运动、现代西方警务改革、治安承包本土化三股实践潮流,使得当下我国的治安承包理论研究既有广阔视野,又有历史纵深的背景。公共经济学、公共管理学、社会学、法学、警察学等诸学科的相关流行理论在此汇集,呈现了一个理论谱系:公共产品理论、公共选择理论、委托代理理论、多中心治理理论、社会资本理论、私人执法理论、无增长改善警力理论。它们共同构成了目前我国治安承包实践的多元理论基础和依据。

一、治安承包的理论研究背景

治安承包在我国断断续续实行了20多年,在这漫长的实践探索期间,新公共管理运动的滥觞为其提供了理论性、工具性背景,国外的警务改革研究为其提供了可操作性的借鉴之处,众多国内学者则是从治安学、法学、管理学等多学科角度对治安承包存在的正当性和发展的趋向性进行了研究。

(一)新公共管理运动

新公共管理(New Public Management)是20世纪70年代以来西方国家兴起的一场政府管理模式改革运动。摆脱政府面临的财政危机、管理危机和信任危机是当代行政改革的内在动力。最初它起源于英国,然后遍及美国、澳大利亚和新西兰,并很快扩展到其他西方国家,掀起一场普遍性、广泛性、全面性的可谓前所未有的"行政改革"浪潮。公共选择和管理主义是改革的主导。当代西方行政改革主要围绕三条主线展开：一是调整政府与市场的关系，优化政府职能；二是利用社会力量，实现公共服务社会化；三是改革政府部门内部的管理体制。

公共选择和管理主义是这场改革的主导理论。公共选择的核心是所谓的"市场价值的重新发现和利用"，管理主义的基本观点则是私营企业的管理比政府部门优越得多，所以我们应当借用私人企业的管理人员和管理理论、原则、方法、技术来"重塑政府"，提高政府工作效率。据此，新公共管理主张社会力量的利用和公共服务社会化，以提高效率和管理水平。公共服务社会化在实践中主要采取的改革措施包括分权与权力下放、政府业务合同出租、以私补公、打破政府垄断、建立政府部门与私营的伙伴关系、公共服务社区化。① 将竞争机制引入政府公共服务领域，打破在公共服务供给中政府的垄断地位，就必须在公共部门恢复自由竞争，在公共服务领域引入市场机制，让私营部门参与公共服务的供给，从而提高公共服务的质量和效率。奥斯本和盖布勒在《改革政府》一书中提出"市场意味着选择（而不是单一），市场意味着竞争（而不是垄断），市场意味着机会（而不是墨守成规），处在这个经济大环境下的政府，尤其是在市场经济发达的国家里，不得不重视和利用市场的机制，以求取得更佳的效果"。② "新合同主义"理论甚至认为，任何人们所能想到的公共服务都可以通过合同提供，内容明确的合同的本质在于将政府服务的"购买者"与"提供者"分离开来，由购买者决定要生产什么，而提供者提供经购买协议认可的产出与成果。③

笔者认为，要提高治安服务供给的管理效率和水平，可以借鉴

---

① 周志忍："当代西方行政改革与管理模式转换"，载《北京大学学报》（哲学社会科学版）1995年第4期，第81—82页。

② [美]戴维·奥斯本、特德·盖布勒：《改革政府——企业精神如何改革着公营部门》，周敦仁等译，上海译文出版社1996年版，第7页。

③ [澳]欧文·E. 休斯：《公共管理导论》，中国人民大学出版社2001年版，第82页。

西方的新公共管理革命的先进经验，在对提供的治安服务进行宏观管制的前提下，将竞争机制引入治安服务领域，开放一些治安服务的市场，在一定的范围内允许和鼓励私营部门进入提供治安服务的领域，以契约的方式引入多元供给主体，营造一个有序竞争的局面，提高治安服务供给的效率，满足民众的多元化需要，提高民众的满意度和安全感。

（二）现代西方警务改革

现代警察的发展，经历了四次大的警务革命。其中，第一次以警察的职业化为标志，第二次以警察的专业化为标志，第三次以警察的现代化为标志，在20世纪30年代至70年代，当时的欧美国家警察数量与人口总量的比值很高，但犯罪量仍然有增无减并导致公众对警察工作的满意度下降，并对警察的工作丧失信任，许多人呼吁对警察进行彻底的改革。在这种背景之下，第四次警务革命孕育而生。这次革命打破了人多物好就是现代化的思维桎梏，倡导实施社区式警务、提前式警务。随着以社区警务为主要内容的警务革命的兴起，各级公安机关越来越关注社会有限经济能力、机构精简与大量增加警力、警用装备投入所需高额经费之间的矛盾冲突。

20世纪90年代以来，新公共管理的思想和实践在英国政府其他部门中的应用越来越广泛，观念变革成为其他变革的先导。随着英国新公共管理的兴起，英国警察的管理观念首先发生了改变。英国警察部门也开始反思其在整个20世纪80年代中职能、机构、警务方式、管理方法等众多方面的不足和缺陷，并最终将新公共管理的理念和改革措施在警察部门中推广开来，逐步开始了警察核心职能范围的收缩、警察管理体制的变化、警察管理方式的创新、警务方式和重心的转移。

国外对警务改革的研究始于19世纪20年代，首推英国国会通过的新警察制度的议案——《大伦敦警察法》，其开始了警察职业化改革，随后进行了警察专业化、警察现代化和社区警务革命。在第四次警务革命中，对安全需求的增长成为了英国保安发展的三个主要原因之一。

在国外警务改革的研究中，警察承包制引起了研究者的关注，英国等西方国家的私人保安业的发展历程及发展原因得到了系统性的阐述，并在巡逻、社区警务、衡量标准等问题上介绍了西方第四次警务革命的情况。社区警务的本质是要求警察立足社区，最大限度地面向公众，通过有效的警民合作，取得群众的理解、认可和支持，进而宣传和引导群众，在此基础上建立警方与社区的协作关系，达到共同预防和减少违法犯罪的目标。

借助社会资源是第四次世界警务革命的特质，与我国公安机关提出的警力有限、民力无穷以及社会治安综合治理等思想相吻合。充分相信群众、密切联系群众、紧紧依靠群众，是我国公安工作的优势和传统，群众中蕴藏着巨大能量和资源，借助群众的力量，利用好社会资源和有偿治安承包的市场激励机制，警力问题将会得到极大缓解，也必将有助于实现社会治安综合治理工作的健康、协调、可持续发展。

我国公共治安承包源于多样性的治安需求与单一性提供模式间的矛盾。西方现代社区警务革命为有中国特色的治安承包的研究拓展了分析视野，而我国的治安承包实践也为目前正在进行的我国社区警务改革提供了联系的观察点。西方第四次警务革命"社区警务运动"仅停留于警察内部的改革，没有重视外部的私人警务在警务革命中的作用。在20世纪七八十年代，警务社会化是警务改革核心内涵，警察管理中私有和私营成分逐渐扩大，并对警察机关产生了较大影响。公共警务和私人警务结合带来的警务多样化得到了学者们的重视，美国、法国、以色列、新加坡等相关国家的私人保安业发展现状都得到了不同程度的呈现，对私人保安组织与公共保安组织之间的区别与联系也作了分析，为我国治安承包提供了可操作性的借鉴之处。但国外的私人警察与我国的治安承包又有本质不同，国外用社会警察来替代了国家警察的部分职能，包括执法权，这与我国实际有较大差距，我国的治安承包范围限于治安管理和治安防范方面，基本上是一种辅助性的工作，承包中不涉及执法权。

(三) 治安承包本土化

为改善治安状况，缓解警力不足，20世纪80年代初，我国部分城镇进行社会治安市场化运作试点，通过公开招投标方式，实行社会治安有偿承包。由于治安的特殊性和没有统一的成功承包模式可供借鉴，治安承包自产生之初便引起了社会相关人士的广泛争议，对于其中方方面面的研究也随之展开。关于治安承包的第一篇描述性文章为1984年的《推行社会治安承包责任制》，自此推算，我国现代治安承包已经有近25年的历史。期间，"治安承包"应该可行、缓行还是不行，学者和社会舆论众说纷纭、莫衷一是、褒贬不一。有人拍手叫好，有人则强烈反对。当然，有争议未必就是坏事。有争议表明我们在关注问题、研究问题，而唯有对问题的真正关注和研究才能为解决问题提供可能。

研究者的研究视角和重点也各不相同。从国内社区警务现状的需求、社会治安综合治理的要求以及多样性的公共治安需求与单一性的提供模式之间的矛盾分析了治安承包产生的现实背景；从政治哲学、犯罪学、现代警务结构、社会角度和法学角度解析了治安承包存在的正当性，即规范合法性与现实合理性；对具体省市的治安承包形式进行归纳总结和异同比较；从治安学的角度较为详细地明确了治安承包内容的划分，并对治安承包的特征作了详细而深入的阐释；对治安承包合同的性质、权力来源、承包合同双方当事人的角色定位、经费来源以及治安承包的招标、考核和标底确定等方面制定了不同的界定标准，并作出了不同的界定结果；较为全面、系统地对治安承包的发展前景提出了加强规制、确立科学合理的评估指标等完善对策。正是我国学者借鉴国外经验，关注、观察和研究我国治安承包具体实践，正是他们这些立足本土化的治安承包研究，为有中国特色的治安承包实践发展和完善提供了认清自我、剖析实质、廓清误解、避免极端奠定了基础，为治安承包的进一步探索和健康发展提供了必要指导和有益借鉴。

社会治安究竟能否引入部分市场机制实现有偿承包这个问题的实质探讨，其实牵涉到警务改革的有关内容。作为公安机关，同样应当以效率、效益最大化为原则，正是在这样的认识层面上，一些专家学者近年来开始呼吁以警务社会化为标志的第五次警务改革。过去的几次警务改革，几乎都是停留在围绕着警察工作的主要目标——打击犯罪、维护社会治安秩序和公众利益，也考虑到为达到公众的满意在单纯服务等层面而进行的优化警察勤务规划的调适性改革。而新的警务改革，则对传统的警察业务必须由警察包办这一认识提出了挑战，主张引入市场机制来完善政府公共组织管理。除属于国家警察权范畴的强制措施和执法活动外，警察的日常管理、保护、救护、服务等职能是可以由社会其他组织来履行的。这样做的目的，在于允许社会其他组织提供部分服务，使其进入良性的竞争状态，从而使公众有了选择更好治安服务的机会。①

二、治安承包的理论依据

我国的治安承包有较为多元的理论基础和依据。公共产品理论为治安承包的经费来源和承包内容的产品属性提供了分析工具。公共选择理论以"理性经济人"的假设和政府失灵论为治安承包存在的正当性提供了依据，并且强调了治安承包的市场机制特性和消费者选择自由。通过委托代理理论在治安承包实践中探讨了"道德风险"和"逆向选择"等代理问题及产生原因。多中心治理理论强调了政府、市场和社会三维框架下的合作型治安承包模式的重要性与正当性。社会资本理论以契约性规范与行政性规范之间的支持与依存关系、公民参与网络与垂直柱状网络之间的优劣对比来规范和调整治安承包的发展现状、完善治安承包的具体发展模式。私人执法理论为治安承包正名，认为私人执法有时比公共执法更有效，可将两种执法机制与社会最优安排适当配置，互为补充。"无增长改善"警力理论不应当忽略善用治安承包实践的功效，作为一种广泛社会

---

① 郭振清："社会治安承包与警务社会化"，载《工人日报》2003年5月27日。

资源利用形式之一的公共治安承包是实现增长改善论与基层警力不足的一种有效途径。

（一）公共产品理论

公共经济学（public economics）是以公共部门的公共事务活动的经济问题为研究对象，解决公共部门的"产品"供给与需求之间的特殊矛盾，即如何优化公共经济资源配置的问题。公共产品①最早由美国著名经济学家萨缪尔森于1954年提出，根据产品在消费上是否具有排他性和竞争性可以把产品分为私人产品和公共产品两大类。

1. 公共产品的特性和分类

排他性是指一个人消费一单位的产品就排除了其他人来消费这同单位产品的可能，竞争性是指一个人消费了某种产品就减少了这种产品供其他人消费的数量，私人产品兼具排他性和竞争性。而公共产品则兼具受益的非排他性和消费的非竞争性，此二者为公共产品的特性。非排他性是指将不为公共产品付费的个人排除在公共产品的受益范围之外，在技术上不可能或技术上可行但排他成本高昂到在经济上不可行，按照萨缪尔森的阐述具有三个方面的含义：第一，公共产品在技术上不易排除众多的受益人；第二，公共产品还具有不可拒绝性；第三，虽然在技术上可以实现排他性原则，但是排他的成本极高。消费的非竞争性，指一个人的消费不会减少其他人的消费数量，或许多人可以同时消费同一种物品。② 非竞争性包含两方面的含义：第一，产品数量既定的前提下，因消费者增加对供给者带来的边际生产成本为零；第二，拥挤成本为零，每个消费

---

① 公共产品是相对于私人产品而言，私人产品是指在市场机制运行过程中的一类物品或者服务的概括，它们是排他的、具有很强竞争性的物品。根据萨缪尔森的定义，公共产品是指任何一个人对某种物品的消费不会减少别人对其消费的物品，即具有消费的非排他性的非竞争性的产品。此定义的公共产品指的是纯公共产品。

② 郭庆旺、赵志耘：《财政理论与政策》，中国经济科学出版社1999年版，第69页。

者的消费都不影响其他消费者的消费数量和质量,这种产品不但是共同消费的,也不存在消费中的拥挤现象。这两个特征基本上都是从公共产品具有的经济技术特点的角度来界定社会公共产品,已经成为人们判断什么是公共产品的主要标准。但除以上两个特性外,公共产品还有第三个特性——效用的不可分割性。它是指公共产品是面向整个社会共同提供的,具有共同受益或联合消费的特点,其效用为整个社会的成员所共享,而不能将其分割为若干部分分别归属于个人享用。

并非所有产品都仅分为带有非竞争性、非排他性的公共产品和带有竞争性、排他性的私人产品,二者之间还有一种产品为混合产品。混合产品也分为两种,一种是带有非竞争性和排他性的"俱乐部产品",如公共桥梁、公共游泳池、图书馆等;一种是带有竞争性和非排他性的"公共池塘资源",如渔场、地下水流域与水体资源、特区、森林、灌溉渠道等。政府机制更适宜于从事公共产品的配置,而市场机制则更适宜从事私人产品的配置,对于介于公共产品和私人产品之间的混合产品应如何处置的问题,根据上述推理,公共产品理论也同样给出了原则性的回答,这就是根据混合产品中公共产品性质或私人产品性质强弱的不同,或近似于公共产品处置,或近似于私人产品处置,或由政府和市场共同来提供。

2. 外部性

所谓外部性,是指一个生产者的成本或收益未内部化,要么收益外溢给他人,要么成本外溢给他人。如果收益外溢给他人,就称之为正外部效应;如果成本外溢给他人,则称之为负外部效应。公共产品的消费的非竞争性和非排他性使得所有消费者消费同一数量的公共产品,消费者人数的增加并不导致对公共产品需求数量的增加,即需求不受消费量的制约,这就导致付出与回报无法对应,仅仅依靠利益驱动,通过市场机制是无法满足社会对公共物品的需求的,其结果表现为市场失灵,政府机制的介入成了解决方法之一。在奥斯特罗姆看来,"任何时候,一个人只要不被排斥在分享由他人努力所带来的利益之外,就没有动力为共同的利益做贡献,而只会选择做一个搭便车者"。① 而搭便车者从公共产品中得到的好处可能比生产者还要高,会挫伤生产者的积极性,导致公共产品的供给不足。由此可见,公共产品的生产就自然而然地落到了政府身上,但现实中,政府在提供公共产品问题上会受到许多条件的限制,例如种类限制、时间限制、规模限制等,这些限制表明仅由政府来提供公共产品也不是最优选择,并为公共产品供给主体的多元化提供了契机。

3. 公共产品定价问题

外部性问题的存在使得公共产品的提供不应以获取利润为目的,而应为社会公益或共益服务,因此,市场便不愿或不能承担提供公共产品的责任,于是政府承担了公共物品提供的责任。公共物品的定价问题,可从以下方面考虑:

(1) 定价原则

定价主体在定价过程中应严格遵循基本的定价原则,否则社会利益和公共利益将会得不到有效保障,民营化会走入歧途,社会又再次陷入市场失灵的漩涡之中。

第一,公共福利原则。人民的福利是最高的法律,确实是非常公正的和根本的准则。凡是真诚地遵循这一原则的人就不会犯危险的错误。② 公共产品不同于普通商品,它与国家全体公民的生存和生活息息相关。纯公共产品是全社会应该享受的一种公共福利,是全社会公民的一种普遍性的生存保证和生活保障,其价格应采用福利价格。准公共产品作为一种福利,是和"度"紧紧联系在一起的,只有在这个度内,它才是一种福利,超出这个度,它就不再是一种福利,而变成了一种完全由市场支配的普通商品,而这个度就是一定区域内所有居民的基本生活对这种准公共产品的平均需求量,在这个需求量内,采用福利价格;在这个需求量外,则采用普通商品价格。

---

① [美] 埃莉诺·奥斯特罗姆:《公共事物的治理之道——集体行动制度的演进》,三联书店 2000 年版,第 18—19 页。
② [英] 约翰·洛克:《政府论两篇》,赵伯英译,陕西人民出版社 2005 年版。

第二,消费者首要原则。公共产品具有不可拒绝性,不管公共产品定价高或低,消费者只能被动接受,这就使消费者处于弱势地位。因此,应将消费者作为定价时的首要考虑对象,以保证所有公民都有能力消费最低数量的公共产品。同时,由于准公共产品的市场化,对于准公共产品的定价,还应兼顾生产者和销售者的利益,保证其在正常生产销售情况下能够补偿成本并有适当盈利,这样才能保持他们继续生产和销售准公共产品的内在动力。

第三,受益付费原则。公共产品按受益原则定价是比较合理的。受益原则是指当某项公共产品给消费者带来可以用货币度量的具体受益,并且收费的标准不超过受益量时,对此项产品的定价才是合理的。[①] 偏离受益原则的公共产品定价相当于对消费者的额外征税。对于纯公共产品,因其受益范围为全体公民,所以费用应该由全体公民分摊。对于准公共产品,其受益者是一定区域的公民,费用则应由该区域的受益者分担,但应注意两点:一是收费项目应与受益者直接相关;二是收费的限度只能低于或等于受益量,即受益者的负担量要与其受益量对称。

(2)定价标准与定价方法选择

因为公共产品分为纯公共产品和准公共产品,故这两类不同类型的公共产品不可能也不应该具有相同的价格标准和定价方法。在公共产品定价中,成本是一个重要因素,要有明确的预测成本的依据和明确的、量化的利润标准,定价主体除了要考虑货币成本外,还要重视非货币成本的考量,特别对准公共产品定价时尤为重要。非货币成本包括感观成本、心理成本、场所成本、时间成本。[②] 非

---

① 蒲实:"以垄断视角论公共产品价格监管",载《天府新论》2005年第6期,第42页。

② 陈晓春、张士建:"非营利组织准公共产品定价刍议",载《湖南工业职业技术学院学报》2003年第4期。转引自 C. H. Lovelock, C. B. Weinberg:《公共非营利组织营销》,渡边好章、梅泽昌太郎校译,白桃书房1995年版,第286页。

货币成本表明顾客购买及使用服务时付出的其他代价。时间成本、搜寻成本和心理成本常常成为是否购买或再次购买某种服务的评估因素，而且有时会比货币价格更为重要。顾客在购买准公共产品前，由于消费住处的不对称性，其在了解准公共产品的功能、质量等方面信息的过程中，往往感觉到搜寻成本太大；在购买准公共产品后，往往会被时间成本的节约、精神上所带来的愉悦以及自我感觉上所带来的满足与成就感所吸引而决定再次购买。虽然准公共产品具有部分私人产品的特性为市场竞争机制的引入提供了可行性，但准公共产品蕴涵的公共属性决定了其不能像私人产品那样仅追求经济利润，它更多关注的是公民的满意度和产品质量，这便是准公共产品和私人产品之间区别的一个度。因此，其价格就不能仅仅依靠成本和利润来定价，还应考虑非货币成本的比重，将公民满意度和产品质量作为定价的标准之一。

对于纯公共物品，采用免费方式供全体社会成员无偿消费，因其具有巨大的社会公益性和福利性，只能以全体公民所能享受到的最低水平定价，其成本通过税收形式由全社会强制分摊生产费用，对于纯公共物品的提供，政府负有不可推卸的责任，政府值得考虑的就是提高纯公共物品的提供成本以及纯公共物品的质量和水平。对于准公共产品，其既有私人产品的特征，又具有一定的公共性，准公共产品的稀缺性会随着消费者人数的增加而出现拥挤现象，如果仍然靠税收来供应，就会出现过度消费；而其中具有非排他性和竞争性的"公共池塘资源"则容易引起"过度捕捞"现象，造成资源枯竭。对准公共产品的定价问题就显得更为复杂，既要考虑资源配置效率，又要重视社会整体利益。因此，准公共产品的定价机制可确定为企业定价、政府监管，政府应根据准公共产品的公共性程度的强弱来确定政府监管在收费体制和标准方面的范围与强度，做到兼顾社会福利和企业利润。准公共产品的定价应根据其性质、地域差别等采用不同的定价体系：对于接近纯公共产品的准公共产品，可采用全额补贴的定价方式；对于位于纯公共产品和私人产品之间的准公共产品，可采用差额补贴或不盈不赔的定价方式；对于接近私人产品的准公共产品,则可采用微利的定价方式,以确保准公共产品民营化的持续性。

4. 治安服务的公共产品理论分析

随着我国市场经济的不断完善,地方政府不再包揽所有公共产品和服务,而是通过公共服务的属性选择公共服务的提供者,以满足社会成员日益多元化的需求。公安机关对于当代城市公共安全的供给具有不可推卸的责任。公共场所的社会治安,具有非竞争性与非排他性,属纯公共产品。但维护社会稳定和社会秩序是一个相当大的系统工程,要搞好城市社会治安综合治理①,光靠公安机关一己之力显然无法满足社会日益多样化的安全需求。单独的公安机关供给主体,无法有效整合社会资源,难保不在某种程度上造成"政府失灵"。因而,有必要引入社会力量提供治安服务,以便公共资源得到最优化配置。

治安服务作为广义社会治安综合治理,其供给机制不能单纯由公安机关承担,而是应与非政府形式联合,即对于涉及国家安全及社会重大公共安全事项之外的治安服务交由非政府承担,如采取治安承包的方式将部分公共治安承包给非政府组织或个人,充分发挥社会资源的自身优势,实现政府和社会之间的良性互动和良好合作。

在国外,私人提供公共产品已不是什么新鲜的话题,存在着种种成功的范例。如美国的航空、能源、银行、电信、教育等公共产品的供给已全部面向私人开放。在我国,随着改革开放的深入,私人也将涉及公共产品的供给领域。这将有利于减轻财政负担,通过私人供给的补充,提高社会治安这一公共产品的整体效率。②

---

① 城市社会治安综合治理是指在党委和政府统一领导下,公安机关等专门职能机构与群众相结合,城市各单位协调一致、齐抓共管,运用政治、经济、行政、法律、文化、教育等手段,打击和预防犯罪,维护社会秩序,保障社会稳定的管理活动。

② 钟广静:"论准公共产品非政府供给的可行性与途径",载《台声》2005年第10期,第23—25页。

根据公共产品理论,治安服务可以分为公共治安服务、私人治安服务和混合治安服务三种。公共治安服务具有明显的非竞争性和非排他性,如警察的治安巡逻、对危险物品的管理、对公共场所与特种行业的监督检查等;私人治安服务则是具有竞争性和排他性的典型的私人产品,如保安服务、私人保镖等;混合治安服务中,如住宅小区的物业安全管理服务、沿街商户为提高安全防范能力聘请保安人员为其提供治安巡逻等治安服务则具有严格排他性。

在治安承包中,三种治安服务均有被作为承包内容的服务,对于私人治安服务和混合治安服务的承包,人们尚可接受;但对于属于纯公共产品的公共治安服务的承包,却屡屡遭到专家和公众的质疑,主要集中在公民需要另外缴费才能享用治安服务。因为对于公共治安服务而言,其属于纯公共产品,受益范围为全体公民,所以全体公民均为缴费者,但此费用已从公民缴纳的税金中扣除。由此可见,很多农村地区的治安承包中采用完全由村民筹钱的方式有些欠妥,即使在今天这样一个完全免除农业税的后农业税时代,公共治安承包的大部分费用也应由政府补贴。

经济学家戈尔丁认为,在公共服务的消费上存在着"平等进入"和"选择性进入"的区别。混合治安服务中的住宅小区或沿街商户的治安承包便属此类,"选择性进入"指消费者只有在满足一定的约束条件例如付费后,才可以进行公共产品消费。混合治安服务因其受益者仅为该区域的居民,受益者受地域限制,此类治安服务的水平高于全体公民所享用的最低治安服务的平均水平,他们享受到了与一般民众不同的治安服务,因此将其市场化,并由受益者共同承担费用(费用应与受益程度相当)可有效填补公安机关提供社会治安综合治理之不足。但全国范围的治安承包的收费标准中却存在一个明显的缺漏之处,大多数情况下,常常由政府作为定价主体,却没有统一的定价标准。村民或居民应该缴多少费用、费用构成、不同治安服务所应缴纳的不同级别的费用以及经济发达地区与落后地区之间的费用差别等既没有也很难有明确、统一的规定,然而这又是治安承包制度中最关键的问题,也是容易引发纷争的焦点。

(二) 公共选择理论

公共选择 (public choice) 被定义为"对非市场决策的经济学研究"。第二次世界大战后，西方经济日益依赖政府干预，在西方国家政府尽力利用凯恩斯主义弥补市场缺陷的同时，政府的财政、管理和信任三重危机也日益明显。危机是新的理论的"催生剂"，公共选择理论也就应运而生。公共选择理论由美国经济学家布坎南创立，其主要特征是用经济学的方法来研究广泛的非市场决策的政治问题，正如布坎南所说，公共选择"不过是经济工具在政治上的应用与扩充"。[①] 他以研究公共财政入手，将经济学工具运用到政治学，目的在于提高公共组织的效率和回应性。在公共选择理论看来，公民具有能够反映其价值观、喜好和厌恶的显著偏好，被看做公共物品和服务的"消费者"，国家的决策过程被看成类似市场的、由公共物品的供求双方相互决定的过程，在这过程中，当公民能够详细说明他们所渴望的服务内容、能够说明可以将其利益最大化的这些服务的质量和数量时，就出现了公共选择。同时，公共选择理论以"经济人"这一假定作为分析的逻辑起点，剖析了官僚集团可能因为追求自身利益最大化而导致政府变异，如权力寻租。与传统行政学致力于改革完善政府本身不同，公共选择关注的中心是政府与市场的关系。它认为"没有任何逻辑理由证明公共服务必须由政府官僚机构来提供"。既然政府内部问题重重且历次改革收效甚微，那么最好的出路是打破政府的垄断地位，建立公私机构之间的竞争，从而使公众得到自由选择的机会。

1. 基本假设："理性经济人"

"如同经济学一样，公共选择的基本行为假定是，人是关心个人利益的，是理性的，并且是效用最大化的追逐者。"[②] 即每个人在政

---

① [美]詹姆斯·M.布坎南：《自由、市场和国家》(中译本)，北京经济学院出版社1998年版，第12页。

② [美]丹尼斯·穆勒：《公共选择》，王诚译，商务印书馆1992年版，第5页。

治市场和经济市场中都是"理性经济人"、都有自己的利益追求。"在公共选择中'政治人'和'经济人'就是同一个人,公共选择理论的宗旨就是把政治和市场两方面的人类行为纳入单一的模式领域中。"①"经济人"假设认为人都有两个基本特点:自利和理性。人与人之间是一种契约关系,一切活动都以个人的成本——收益计算为基础;个人参与政治活动的目的是追求个人利益最大化;"政治人"与"经济人"一样,是利己的、理性的、依据个人偏好的,以最有利于自己的方式进行活动。公共选择理论的"经济人"范式突破了西方主流经济学和主流政治学建立在关于人的动机不同假说之上的局限。西方经济学的传统是假设人是利己主义的,西方政治学的传统是假设人是利他主义的,而公共选择理论把人的行为纳入一个统一的"经济人"的分析框架,认为人的政治行为和经济行为一样,都受自利动机支配,人不是为了追求真善美而参与政治,而是为了追求自身利益而参与政治。政治活动中"经济人"范式的目的是要打破笼罩在政治家头上的神圣光环,对公共选择活动给出与正统政治学不同的解释。②但当前我国政治学的基调却还是"道德人",把政府看成最终的善。殊不知,政府具有"经济人"特征,其行为选择必然带有制度化的利益动机,在权力未能规范的情况下,其官员可能以经纪人身份利用公共政策、公共资源创收盈利,必然造成政府权力扩张从而导致政府职能异化。

2. 政府职能退却,市场价值回归

公共选择的核心结论是所谓的"市场价值的重新发现和利用","政府失灵"是公共选择理论的研究重点。公共政策的失效、公共物品供给的低效率、内部性与政府扩张以及政府官员的寻租与腐败催

---

① [美]詹姆斯·M.布坎南、[德]理查德·A.马斯格雷夫:《公共财政与公共选择:两种截然不同的国家观》,中国财政经济出版社2000年版,第4页。

② 方福前:"'经济人'范式在公共选择理论中的得失",载《经济学家》2001年第1期,第90页。

生了政府失灵现象，也因此触发了政府与市场的关系的争论。公共选择理论认为政府部门对公共物品供给的垄断导致了公共物品的提供缺乏优胜劣汰的竞争机制，政府运作也相对低效，由此产生的最终结果便是明显的多余成本，即"X低效率"——由于没有竞争的对手，官僚机构可能过分投资，生产多于社会需要的公共物品，甚至不适当地扩大机构、增加雇员、提高薪金和办公费用等，造成大量的浪费，同时，对政府机构及公务人员的监督机制存在缺陷，致使公共物品的提供既无市场的调节，也无制度的有效制约。① 因此，公共选择理论主张打破政府的垄断地位，引入竞争机制，将政府的一些职能释放给市场和社会，通过外部的政府与市场关系的重组改革政府，强调市场价值的重新发现。它给政府开出的"药方"就是要让政府将其不应该做的和做不好的事交给市场来完成，充分运用市场机制与给予更多个人选择，公共服务市场化便成了较佳途径。市场机制主要是竞争机制——公私组织之间、公共组织之间的充分竞争。这种竞争给公众提供了自由选择服务机构的机会（即"用脚投票"）。公民由此获得了至高无上的市场权力。就像顾客通过对产品的选择决定企业命运一样，公民对服务机构的选择可以决定单个公共机构的存亡。这必然迫使公共机构竭力改善服务以赢得更多的"顾客"。

按照公共选择理论的基本假设，每个人都是理性的"经济人"，都追求自身利益的最大化，警察部门也不例外。在治安服务由政府权威型供给的垄断模式下，警察部门提供安全服务没有强大的动力，官僚们在进行资源配置时优先考虑的是获取更多的经费、谋求更大的权力、谋求更高的职位等。但在社会迅速发展、治安状况恶化的形势下，个体消费者需求却随着社会的不断发展和社会结构分层化提高，个人对于安全公共品个性化需求自然也不断地增强，而体现社会共性需要的基本治安服务面临着供给与需求之间的矛盾，导致

---

① 吴光芸："论构建政府、市场与公民社会三者互动的有效公共服务体系"，载《江汉论坛》2005年第9期，第73页。

警察的安全服务跟不上民众对治安服务的需求程度。在权威型供给模式下，警察部门缺少外部的竞争，缺乏提高治安服务质量和水平的动力，公民大多只能被动地接受所提供的服务，这引发了民众对警察部门的不满，治安服务领域需求与供给的矛盾就日显突出。加之垄断的生产者缺少成本效益分析观念，警察部门生产和供给一项公共产品的成本远远高于在竞争机制下市场主体所需要投入的成本，加重了公共财政负担。上述矛盾所引起的困境和挑战，社会治安商业型供给模式提供了一条可选择的解决途径。

在治安服务被承包前，以义务巡逻等为内容的社区警务治理模式在全国广泛适用。但义务巡防者并非天生的公共人，其也有自私、理性的"经济人"一面，没有经济激励的义务巡防也只能流于形式；同时，由于大部分警察都下沉到第一线，不仅要负责重大案件的侦破，还要忙于公民最基本的日常生活，甚至连夫妻吵架也在警察的职责范围之内，警察管了大量不该管也管不好的事情，本职工作受到削弱。除此之外，警察是治安服务的唯一生产者和提供者，大量繁琐的工作使没有竞争机制的工作模式更加低效，且行政成本不断增加。因此，引入竞争机制，重组政府与市场的关系，将治安服务的一部分进行承包，便成为治安服务走出低效率、高成本提供模式的有效的选择方式。

（三）委托代理理论

所谓委托代理理论，指直接从信息不对称条件下契约的形成过程出发，探讨委托人如何以最小的成本去设计一种契约或机制，促使代理人努力工作，以最大限度增加委托人的效用的理论。它主要研究非对称信息条件下市场参与者的经济关系——委托代理关系，以及激励约束机制问题。

1. 委托代理关系的阐析

所谓委托代理关系，是指委托人授权代理人在一定范围内以自己的名义从事相应活动、处理有关事务而形成的委托人和代理人之间的权能与收益分享关系。用詹森和梅克林的话说，委托代理关系是"一种契约，在这种契约下，一个人或更多人（即委托人）聘用另一个人（即代理人）代表他们来履行某些服务，包括把若干决策权托付给代理人"。① 在委托代理关系中，代理人更多地努力或付出，就可能有更好的结果。但委托人与代理人都是"经济人"，行为目标都是为了实现自身效用的最大化。因此，委托人最关心的是结果，这直接取决于代理人的成本（付出的努力），而代理人最关心的收益却是委托人的成本（支付的报酬）。二者之间的利益是不一致的，甚至是相互冲突的。同时，委托人与代理人之间存在着信息不对称的现象。委托人并不能直接观察到代理人的努力工作程度，且第三方也不能加以证实；而代理人自己却很清楚付出的努力水平。因此代理人便可能利用委托人无法知道其努力水平这种信息优势，谋取自身效用的最大化。当委托人与代理人的利益相互冲突且信息不对称时，代理问题就产生了。

2. 代理问题及其原因剖析

代理问题主要有两种典型的表现形式："道德风险"和"逆向选择"。"道德风险"是指经济主体一方可能发生违背道德规范的行为，在一味追求自身利益的同时，损害另一方的利益。道德风险发生在契约生效后，是代理人为了实现自己的目标，利用信息上的优势采取不被委托人察觉的"隐藏行动"而使委托人利益受损并为自己逃脱责任的行为，它的存在将导致契约履行的低效率。"逆向选择"又叫不利选择，是指在建立委托代理关系之前，代理人已经掌握某些委托人不了解的信息，代理人有可能利用这些对委托人不利的信息签订对自己有利的合同，而委托人由于信息劣势处于对己不利的选择位置上。很明显，逆向选择问题存在于契约签订以前。

"代理问题"主要缘于四种情况：第一，利益目标不一致。委托人的主要目标是自身利益的最大化，但代理人的目标是代理利益的最大化，双方存在着潜在的利益冲突。第二，信息的非对称性。信

---

① ［美］迈克尔·詹森、威廉·梅克林："企业理论：管理行为、代理成本与所有权结构"，载《金融经济学杂志》（中文版）1976年第10期。陈郁：《所有权、控制权与激励——代理经济学文选》，上海人民出版社1998年版。

息是具有价值的,信息的掌握显著影响着决策的质量,然而取得信息是要成本的,而且有时信息的成本是很高的。越是有问题的代理人越会利用信息优势来进行交易,占信息劣势者便宜,造成交易的标的都是有问题的劣币驱逐良币现象,即逆向选择问题;同时,代理人在订立契约时就已掌握或在订立契约进行工作后就掌握"私人信息",而委托人往往不掌握代理人这一私人信息,这就为代理人的"道德风险"提供了可能。第三,责任的不对等性。代理人利用委托人不知情而推脱责任,侵吞委托人的财产,损害委托人的利益,自身并没有承担任何风险,而最终结果却由委托人来埋单。第四,契约的不完备性。委托代理关系是一种契约关系,但由于不确定性的存在,委托人与代理人之间不可能在事前签订一个完备的合同来约束代理人的行为,也不可能规定各种情况下各方的责任,这就有可能使代理人作出有损于委托人利益的决策并且不被委托人发现。如何解决在利益相冲突和信息不对称情况下产生的委托代理问题,防止代理人不良行为的影响,最优化委托人对代理人的激励,诱导代理人去追求委托人的目标,便成了委托代理理论的核心。因此,委托代理问题的关键是如何设计一种有效的刺激结构,这种刺激结构旨在开发出一种诱导代理人尽可能多地显示他个人掌握的信息的监管制度和机制。委托人必须把这些相关的内容纳入契约结构,以便促使代理人在任何情况下都能像委托人本人那样行动。

3. 发包方与承包方间的委托代理问题

在公共治安服务的社会化、市场化过程中,把竞争机制引入公共服务领域最常见的途径是采用合同制,即由公共部门和政府作为顾客与委托人,同代理人即那些真正提供服务的组织(公营的或私营的)签订合同。公安机关将治安服务承包给私人或组织时,二者之间就形成了一种委托代理关系(包括行政契约关系和民事契约关系)。由于委托代理关系中的"经济人"假设、利益的不一致和信息的非对称性,作为"理性经济人"的发包方、承包方、考核方和监督方的行为都倾向于使自身利益最大化。发包方为了治安承包招投标过程中能谋取到的私利可能损害公共利益;承包方为了能顺利承包到标的以及承包后能得到更高的奖金,可能隐瞒某些真实情况引发逆向选择问题,也可能制造虚假数据和行为引发道德风险问题;考核方可能成为承包方贿赂的对象;监督方也可能产生偏私或包庇。其核心问题便为发包方与承包方之间的委托代理问题。

当公安机关单方提供公共治安服务和混合治安服务时,因其集所有权与管理经营权于一体,不存在代理人,因此没有委托代理问题产生,却产生了政府失灵和垄断现象;当公安机关将一部分公共治安服务和混合治安服务承包于他人或组织时,委托人和代理人区分开了,所有权和管理经营权的权能区分固然可提升效率,但也产生了大家因各自追求目标不一致或优先顺序不同,而使承包人未必能实行公安机关的意愿。其解决之道,就是建立激励机制。公安机关通过预先设定的条件和目标对承包人进行考核,达到目标或者比预期目标效果更好则给予奖励,督促其更加积极主动地按照治安承包协议的约定提供治安服务,相反,对于达不到治安承包要求和结果等的违约问题则给予负激励,督促其按照规定的方式和设定的目标来提供相应服务,使其不偏离、不违背委托人的初衷。

(四) 多中心治理理论

公共事务的复杂性、政府自身难以逾越的低效屏障以及非营利组织不断崛起的自我管理能力在社会发展的过程中日益凸显出来,从而在客观上形成了对政府的角色与功能及其同非营利组织的关系进行重新定位的诉求,政府收缩了职能范围,将权力归还给市场和社会,非营利组织承担起一部分社会责任,参与了公共事务的治理,并逐步与政府建立平等合作的关系。由此,20世纪90年代,产生了多中心治理理论。其创立者是以美国印第安纳大学政治理论与政策分析研究所的埃莉诺·奥斯特罗姆与文森特·奥斯特罗姆夫妇为核心的一批研究者。多中心治理作为西方公共管理研究领域的一种新的治理模式,它以承认政府能力有限及有限政府为前提,提出了政府与市场之外的治理公共事务的新的可能性,并在政府、市场这两个中心之外引入第三个中心,认为"多中心"是自主治理的根本前提。①

这种"多中心"看到了市场或政府的单中心治理所存在的问题,看到了政府或市场作为单一治理力量的有限性,从而主张公共事务的治理是一个多元化的互动过程,强调建立政府、市场和社会三维框架下的多中心治理模式,通过合作、协商、谈判而不是简单的行政规划和命令来解决公共治理问题,以有效克服单一靠市场或政府来对公共事务进行治理的不足。其强调公共服务的多元化,强调公共部门、私人部门、社区组织都可提供公共服务,从而把多元竞争机制引入到公共管理过程中;强调在公共事务管理中要建立国家与社会、政府与民间、公共部门与私人部门的互相依赖、互相协商、互相合作的关系②。其核心思想是要打破政府作为唯一管理主体和单一权力中心的现状,实现管理主体和权力中心的多元化。具体来说,多中心治理理论的多中心表现为:一是空间上的多中心,即打破政府和市场二分的传统格局,形成政府、市场和社会第三部门共同治理公共事务的三维空间;二是管理主体的多中心,对传统的政府权威提出挑战,不再将政府视为唯一的权力中心,各种公共的和私人的机构只要其行使的权力得到公众的认可,都可能成为各个共同层面上的管理主体和权力中心;三是权力向度上的多中心,即公共事务权力从强调单向的自上而下的运作转变为上下互动。多个决策中心在竞争性关系中相互重视对方的存在,相互签订各种各样的合约,并从事合作性的活动。③

在多中心制度安排中,存在三类行为者:公共服务的提供者、

---

① [美]迈克尔·麦金尼斯:《多中心体制与地方公共经济》,上海三联书店2000年版,第4页。

② [美]奥斯特罗姆、帕克斯、惠特克:《公共服务的制度建构》,毛寿龙译,上海三联书店1999年版,第11—12页。

③ [美]奥斯特罗姆、帕克斯、惠特克:《公共服务的制度建构》,毛寿龙译,上海三联书店1999年版,第11—12页。

生产者和消费者。有些情况下还存在第四类行为者：中介组织。该组织可以是一个政府机构，也可以是一个公共企业。多中心的特点是允许并鼓励消费者、提供者和生产者在"不同的综合层次混合和搭配运作"。

治安承包在制度安排上突破了过去以政府为中心提供安全服务的单中心的制度安排，并且在提供公共安全服务过程中突出了警察、当地政府、保安公司、社区成员等相关者之间的互动，是一种复合的多中心的制度安排。其重新认识到市场在公共治安的资源配置中的重要地位以及政府与市场的关系，通过多元化的制度安排有效地提高公民对治安的满意度。

（五）社会资本理论

1. 社会资本的意涵

社会资本理论是20世纪80年代开始特别是90年代兴起的学术思潮。法国社会学家皮埃尔·布迪厄第一个系统性地表述了社会资本。经过詹姆斯·科尔曼、罗伯特·D.普特南和亚历山大德罗·波茨等诸多学者的不断发展，社会资本理论从社会学进入经济学、政治学以及公共管理领域，引起整个社会科学界的重视。

社会资本理论十分富于包含力与生命力，该理论自产生之日起，其内涵与外延都经历了重大变化。社会资本理论自诞生之日起一直处于发展演变中，经历了从微观到宏观、从社会学、经济学范畴到文化、道德范畴、从私人产品到公共产品的发展过程。"社会资本"这一概念在早期主要被视为社会学的分析术语，指代社会结构、社会关系以及其中蕴涵的资源，目的在于说明其对个人行动及社会系统的意义。布迪厄认为，社会资本是一个社会或群体所具有的现实或潜在的资源集合体，它主要由确定社会或群体成员身份的关系网络所构成。此时对"社会资本"的运用主要在狭义或微观层面的，主要指的是个人的联系，是属于个人的社会资本。它是一个中性的分析概念，指代一种客观现象。科尔曼基本改变了这种态度，他认为"（社会资本）为结构内部的个人行动提供便利。和其他形式的资本一样，社会资本是生产性的，是否拥有社会资本，决定了人们是否可能实现某些既定目标"。① 他借用农民之间互借农具从而降低成本实现更多目的来说明社会资本的积极功能。科尔曼把社会网络与社会效率、成本收益联系起来,让人们看到了社会资本的经济学意义,社会资本开始由社会学领域向经济学领域扩展,人们开始在中观层面理解"社会资本",将它视为某种程度上的公共产品。随着人们对社会资本作用机制的深入研究,普特南揭示了社会资本与人们的态度、价值观有关,并进而影响到政治制度的运转,社会资本就由社会学、经济学范畴扩展到文化道德、价值观范畴。普特南在《使民主运转起来》中将社会资本界定为"社会组织的特征,例如信任、规范和网络,它们能够通过推动协调的行动来提高社会的效率"。② 普特南还在《独自打保龄球:美国下降的社会资本》、《繁荣的社群——社会资本与公共生活》等文章中运用社会资本的理论框架讨论了美国的社会资本状况及其对美国经济和政治的影响。社会资本理论逐步扩展到对集体行动问题以及公共政策的研究上来。如世界银行专门成立了一个社会资本研究小组,该小组集中了国际上最有影响力的社会资本研究学者,专门从事社会资本与世界政治经济的发展以及相关政策的研究。

通过梳理社会资本的理论沿革和核心概念的发展轨迹,我们知道,社会资本理论并不是科学研究上的跟风时髦,而是一种从多学科、多角度进行深化学术研究,具有广泛包容性的理论,目前还有许多学者在不断从事学术工作,旨在使社会资本理论更加精细化。由于社会资本理论的复杂性与变动性,使它在诞生至今一直受到一些学者的批评。但是笔者相信就如"政治发展"概念在 20 世纪 50 年代一被提出,就引发了学界的广泛争议,但持续至今的争议并没有妨碍人们在这一概念之下和这一主题领域之内开展广泛的学术研

---

① [美] 詹姆斯·科尔曼:《社会理论的基础》,邓方译,社会科学文献出版社 1999 年版,第 3 页。

② [美] 罗伯特·普特南:《使民主运转起来》,王列等译,江西人民出版社 2001 年版,第 195 页。

究并取得富有建设性的研究成果一样,我们要正视社会资本理论的研究成果,不断增加和培育社会资本,提高公共管理的效率。

2. 社会资本理论的基本内涵

普特南认为,社会资本包含的最主要内容就是社会信任、互惠规范以及公民参与网络。肯尼斯·纽顿认为,按照普特南的定义,社会资本至少可作三方面的理解。首先,社会资本主要是由公民的信任、互惠和合作有关的一系列态度和价值观构成的,其关键是使人们倾向于相互合作、去信任、去理解的主观的世界观所具有的特征;其次,社会资本的主要特征体现在那些将朋友、家庭、社区、工作以及公私生活联系起来的人格网络;第三,社会资本是社会结构和社会关系的有助于推动社会行动。[①]

(1) 信任。信任是社会资本的核心概念。人类之间的相互交往,其中包括经济生活中的交往都有赖于信任。没有信任就没有合作。信任关系的建立可以大大地降低交易成本,减少信息收集的时间,促进个体之间的广泛合作。弗朗西斯·福山认为社会资本的信任就是"在正式的、诚实的和合作行为的共同体内,基于共享规范的期望"。[②]

(2) 规范。社会资本的规范主要是指组织成员之间的互动所产生的共同行为准则。一套明确的共同规范对关系网络成员的维持是相当重要的。当组织成员有共同期望、共同利益时,他们对规范的遵守就会表现出惊人的一致。社会规范按其性质可划分为三种:道德性规范、契约性规范和行政性规范。[③] 道德性规范是指以社会舆论为支持,由风俗习惯和人们内心信念去进行调节的社会规范的总

---

① 张艺:"社会资本理论视角下我国农村治安防控体系构建研究",载《江西公安专科学校学报》2008年第5期,第55—58页。

② [美]弗兰·汤克斯:《信任、网络与经济》。转引自曹荣汀选编:《走出囚徒困境:社会资本与制度分析》,上海三联出版社2003年版,第242页。

③ 童星、罗军:"社会规范的三种形式及其相互关系",载《江海学刊》2001年第3期。

称，它要求一个人对自己进行自我约束，是一种自律力量。契约性规范是指由协议双方或多方共同制定出各自在行使其权利和履行其义务时所一致认可的一系列规则。契约性规范虽然也是一种自我约束，但它要求的自我约束是建立在契约双方互动过程中所要达成或已经达成的好处的基础之上。行政性规范指的是以国家的强制力量作为保证，由国家或政府制定出来的一系列调节人与人、人与组织、组织与组织之间的行为和关系的原则。

（3）网络。社会网络是指由个体间的社会关系所构成的相对稳定的体系。没有网络建构的社会无疑是一盘散沙，一盘散沙的社会会使个体的能量在无凝聚力的社会结构中消耗殆尽。网络的构建既需要纵向的联系，也需要横向的联系。因此网络可分为"公民参与网络"和"垂直柱状网络"。公民参与网络是由一系列公民团体和公共生活参与网络所构成。而垂直柱状网络结构则是通过以血缘、地缘等为纽带将地位和权力不平等的行为结合到不对称的等级和依附关系之中，是一种以个人为中心的社会关系网络。

社会资本高低与制度绩效有着很大关系。罗伯特·D. 普特南通过对意大利社区多年的研究，从实证角度肯定了社会资本对社会的巨大作用。社会资本可以有效地降低交易成本。当然通过契约、等级、官僚政治规则及诸如此类的正式协调机制也能达成交易，在没有社会资本的群体之间也可能实现协调，但是这往往会增添额外的如监督、协商、诉讼及执行正式协定之类的交易成本。由于现代社会信息瞬息万变，没有契约能够对所有可能发生的附带事件都加以细致的规定，必然在实践过程中，大家需要通过信誉等非正式的协定降低风险，提高效率。

社会资本是社会黏合剂。对于社会资本在现代民主制度中的政治功能，托克维尔在其著作《论美国的民主》里谈到了他观察美国的社团发展状况后的体会：充裕的社会资本储备往往会产生联系紧密的公民社会，而公民社会亦被普遍视为现代自由主义民主制度的必要条件。厄内斯特·盖尔纳就指出，"没有公民社会，就没有民主制度"。① 公民社会的作用就在于平衡国家的权力,同时保护个体免受国家权力的侵扰。低水平的社会资本无法产生强有力的公民社会,与国家权力产生制衡,往往导致政治功能的失调。当公民社会缺乏时,国家常常需要对那些无力自我组织的个体们进行重新组织。因此,过度个体主义的结果并不是自由,相反却是一个被托克维尔视为规模庞大、貌似慈善的国家之物的专政。这个国家凌驾于社会之上,犹如一位父亲般地负责社会的一切需要,这种管理的集权最终就会变成一种过度僵硬、反应迟钝的政治体制。

3. 社会资本与治安承包

社会资本理论对治安承包制度的构建有着积极的指导意义,社会资本可以从信任、规范和公民参与网络三方面给予治安承包以理论支持。

(1) 作为信任的社会资本可以为治安承包创造合法性基础

"这种信任构成一个相互交流的有效机制,能够在政府创新(进而治安承包)中减少个人或利益集团与政府公共部门进行'零和博弈'的现象。"②"合法性"作为基础的评价性概念,是任何改革面对的首要问题,只有公民相信改革是出于公共利益,才能使治安承包这一新制度得到广泛的认同与支持,信任这种社会资本能创造合法性,使治安承包获得普遍性支持。

(2) 作为规范的社会资本可以为治安承包提供制度保障

无论是道德性规范、契约性规范还是行政性规范,它们都是对现存正式制度的默认和接受,更是对传统、习俗、非正式规则等非制度化"规范"的遵行。普特南指出,普遍互惠的社会规范,有效地限制了机会主义行为,将导致那些经历了重复互惠的人之间的信

---

① Ernest Gellner, In Conditions of Liberty: *Civil Society and Its Rivals*, London: Hamish Hamilton, 1994.

② 庄德水:"政府创新:社会资本视角",载《公共管理学报》2006年第2期,第36页。

任水平的增加。① 因此作为规范的社会资本可以为治安承包制度的构建与推行提供有效的社会机制资源和有力的社会秩序保障。

（3）作为公民参与网络的社会资本可以提供治安承包双方进行互动的平台

公民社会是治安承包的基础，没有公民社会的积极参与，治安承包就无法顺利进行。如果一个社会的社会资本下降，其原有的"熟人社会"变成了新的"陌生人社会"，人们相互之间缺乏一定的互动网络与信任，行为就容易"失范"。而通过构建公民参与网络，不仅可以加强公民间的联系，重建信任，还便于公民形成意见和行动的协同机制，为治安承包的顺利进行打下基础。

（六）私人执法理论

在一般观念中，执法被视为由公共机关垄断。但在一些经济学家看来，执法权究竟属于公共机关抑或私人并不重要，关键在于何种执法模式符合最大化原则。法律执行可分为公共执法和私人执法。"private enforcement of law"一词也可以译为"法律的私人执行"或者"私人法律实施"。公共执法指通过公共代理人（如警察、检察官、税务检查员）发现和制裁违法者。除公共执法外，私人在法律执行方面也发挥着重要作用，如为公共机关提供信息，提起诉讼尤其是侵权诉讼，公共机关委托私人执法等。人们普遍认为，执法指国家司法机关、行政机关及执法人员依法定职权范围和程序将法律规范适用于现实的社会关系之活动，私人除作为执法对象和守法外，与执法毫无关联。在法律实证主义看来，法律是国家垄断的行为规则，私人不可能在法律执行中发挥主体作用。② 我国以及大陆法系国家公共机关垄断执法的传统观念遭到了一些经济学家的质疑，他们主张在执法领域引进竞争机制，以提高执法效率。执法的最终社会目标旨在通过选择执法强度和其他执法手段使经济和执法活动所

---

① 周红云："社会资本理论述评"，载《马克思主义理论与现实》2002年第5期，第29—41页。

② 徐昕："法律的私人执行"，载《法学研究》2004年第1期，第18页。

产生的社会净福利最大化。因此，经济学家一般都倾向于在执法活动中，导入公共机关与私人的竞争机制。在某种竞争关系中，也许会树立这样一种观念："社会管理并不一定都要依赖政府进行，作为社会成员，我们自己同样是重要的社会管理力量，我们自己可以组织社会秩序，不能一味依赖国家权力、政府权力。其实，国家权力过多渗透到社会生活，不一定是一件好事。"①

1974年加里·贝克尔与乔治·斯蒂格勒共同提出法律执行的私人化。他们建议，私人可调查违法行为、拘押违法者（包括刑事罪犯）、提起诉讼包括刑事检控，以矫正违法。若成功，私人执法者有权保有全部收益，如已决犯交纳的罚金；若不成功，执法者需补偿被告的法律费用。大批学者撰文支持，并以此分析刑法、行政法、诉讼法、反托拉斯法等许多领域的法律问题。谢弗甚至提出，只要议会制定明确简单的法律，法律可交由私人执行，理由是腐败的官僚体系（包括司法系统）没有执法动机，而私人却有，即便是黑社会组织为确立信誉也会选择执行公认的法律。基于法律执行经济分析，结合民间收债、私人侦探、私刑等社会现象，可认为法律的私人执行是阐释私力救济的另一种思路，而提升私人执法的作用将成为法制变革的方向。私人执法显然是现行社会和经济制度的一项普遍特征。②

任何公共执法不论如何完善都有缺陷，或"执法不力"，或"执法过度"。一定范围内允许私人执法体现了法律执行的民主，有助于吸收社会对公共执法的不满，节省公共资源。就特定情形而言，私人执法可能更适合，更符合效率原则，一定范围的私人执法有助于维护个人合法权益。但是，私人执法也是一把"双刃剑"：一方面，可能产生危害，甚至引发私刑；另一方面，又有助于执法效率和正义实现。有时私人执法比公共执法更有效，可作为公共执法的

---

① 贺卫方："漫谈'私人侦探'"，载http://www.c007.com/ztsj/1038.htm。

② 徐昕："法律的私人执行"，载《法学研究》2004年第1期，第18—19页。

补充，但有时效率更低（如公共机关可快捷召集警察）。因此，将两种执法机制与社会最优安排进行比较是非常有用的，私人执法与公共执法应当适当配置。我国经济学者李波在充分汲取前人成果的基础上，对公共执法和私人执法二者的利弊得失作了细致分析，而且进一步对私人执法和公共执法的互动关系作了深入考察。特别是其中运用当代政治经济学的政治支持理论和中间选民理论等对私人执法和公共执法各自的社会的经济成本收益和政府的政治成本收益作了对比分析。① 他所得出的结论，即应当允许各个行业、各种社会群体广泛地、有组织地参与到政治过程和公共政策的讨论过程中来，也是极富启发性的。

在一个运作良好的社会，公权力不可能也没必要垄断一切事务，公共执法与私人执法应保持平衡，相互配合和补充，私人在法律执行中可以且应发挥一定作用。当然，在现代法治国家，私人执法不能超出一定限度。这取决于国家政策：国家在何种情形、何种程度上允许私人执法；对私人执法行为如何规制；对执法错误如何救济等。而私人执法尽管受制于国家正式的制度安排，但还可能在实践中自发形成各种非正式的私人执法制度（正如在国家禁止的背景下民间收债、私人侦探）。因此，在构建正式制度时，国家需考虑私人执法的一般规律以及民间客观存在的各种非正式制度。②

（七）无增长改善理论

20世纪30年代至70年代，日趋增加的美国警察数量和有增无减的犯罪率，导致了社会公众强烈不满，引发了第四次警务革命。"无增长改善论"正是在此期间产生的。1976年，英国警务改革的旗手约翰·安德逊在他的著作《从人力资源到观念的转变》中，提出了"无增长改善论"（Improve Without Growth）。无增长改善论又叫新的警察哲学，主要指警察机关在不增加人员编制和装备器材的

---

① 李波：《公共执法与私人执法的比较经济研究》，北京大学出版社2008年版，第1页。

② 徐昕："法律的私人执行"，载《法学研究》2004年第1期，第21页。

前提下改善与提高警力。

目前,我国警察数量与人口的比例约为万分之十二,国际平均数约为万分之二十至万分之三十,西方发达国家则更高。仅仅从数字表面上看,我国严重缺警。但其中有两个因素应引起注意:一是我国农村人口多,相对于城市而言,农村治安形势平稳,警力需求相对小;二是现有警力不足既有绝对数量不足的一面,也有因警务资源配置不当而严重浪费的一面。日趋严峻的社会治安形势和日益繁多的非警务活动与警力严重不足的客观矛盾,严重困扰和束缚着公安机关职能的正常发挥。从现代世界警务革命来看,增加实战警力,优化系统功能,以质量胜数量,借助社会资源,是实现公安工作健康、协调、可持续发展的必由之路。我国目前的警务现状是屯警场所过多、警力配置不合理、警力资源浪费现象严重、社区警务重点错位、队伍缺乏活力。在短时间内不可能大规模增加警察编制的情况下,用无增长改善理论改变这种现象,将成为我国警务改革的优选之路。[①]

借助社会资源是第四次世界警务革命的特质,结合我国社会治安综合治理,"无增长改善"警力理论不应当忽略善用治安承包实践的功效。公安机关本身是一个大的系统,由诸多子系统及要素组合而成。"无增长改善论"就是在没有外力作用的前提下,调整内部各系统及要素之间存在的内外、上下、左右关系,将各种力量融合成为新的力量,产生 1＋1＞2 的效果,从而实现公安系统整体功能的放大化。但同时公安机关本身又是整个社会大系统中的小系统,作为一种广泛社会资源利用形式之一的公共治安承包也自然是实现增长改善论与基层警力不足的一种有效途径。人的需求决定人的行为。如果善用民间力量和公共警察力量,使之作为公安机关执法的有益补充,通过治安承包施以必要的物质动力和精神激励,充分调动社会人员的积极性、主动性和创造性,做到人尽其才,各尽所能,同样会产生 1＋1＞2 的社会治安维护效果。因为公共治安承包的最本

[①] 曹力伟:"无增长改善是我国警务改革的优选之路",载《公安研究》2008 年第 8 期。

质特征是以社会人力资源为警力的后备,"以公众的千百双眼睛和耳朵作为警察的眼睛与耳朵",推行寻找解决社区隐患问题及预防、控制犯罪的途径。也就是要以社区服务、预防为主,充分利用社会资源和市场机制,借助无穷民力协助警方搞好其生活和工作社区的治安工作,使得"无增长改善"的不仅仅是警力,而且是整个社会治安状况,从而达到"无增长改善"警力和社会治安情况的目的。

专群结合是"无增长改善"警力,真正起到预防、控制和减少违法犯罪作用的必由之路。要解决机构精简、节约开支与大量增加警力、警用装备投入所需高额经费之间的矛盾冲突,必须走"无增长改善"警力之路,充分挖掘人民群众蕴藏着的无限资源,把有限的警力资源和人民群众这一无限的治安资源结合在一起,以警力资源的小投入,换回治安稳定的大收益。群众路线是公安工作的生命线,走专群结合之路是我们的优良传统,也是公安机关的根本政治优势之所在。我们必须充分运用这个优势,大力发动群众,让居民或村民无偿或有偿地积极参与社会治安维护。警察队伍缺乏活力,而活力源于竞争。现在,公安机关内部都在进行着各种评比,这无疑具有积极意义,但也需要有外在压力,即主要警力配置于打击重要违法犯罪活动,有条件地开放私人侦探业、扩大保安业和实施部分治安管理和治安防范承包。"无增长改善"警力并非最终目的,通过全社会整体治安力量和资源的综合配置实现不仅警力价值的最大化,而且社会治安综合治理效果的最大化。这才是"无增长改善"警力努力的根本方向。事实上,我们早就有了市场化有偿提供社会治安服务的社会组织,如近年来一些地方出现的保安服务公司、治安联防队等,都是对警力的补充。长期以来,正是他们在实际上补充甚至替代了人民警察的部分职能,才使得我们历次的公安机关机构精简和人员压缩成为可能。

第六章　我国的治安承包实践

在我国社会转型期间，社会控制难度加大、警力不足的问题日益凸显，单一性的治安服务提供模式难以满足公民多样性的治安需求。此外，西方第五次警务革命、契约型治理机制也被引入到了我国社区警务改革中，推进和完善社会治安综合治理和构建和谐社会对我国治安承包提出了新的要求。治安承包自产生之日起，便出现了多种形式与类型。各地区根据自身的地域特点与人文环境，形成了多样化的治安承包实践状况，从发包方、承包方、承包内容、承包项目、承包形式、经费来源、公安机关的角色定位、承包方的角色定位等方面均体现了因地制宜的特色。

一、治安承包的产生环境

治安承包虽是西方理论与实践本土化的产物，但其提出与发展，有着深刻的现实背景，是社会发展与行政改革、治安现状与警务改革相互协调、共同作用的必然结果。在公共服务的供给与需求失衡的背景下，传统行政模式产生的三大危机：管理危机、财政危机和信任危机①开始倡导公共服务的市场化和复合供给制度；治安承包

---

① 自20世纪30年代开始，西方各国政府的经济职能和社会职能不断扩张，凯恩斯的国家干预政策的长期奉行使政府组织的膨胀也同步发生，再加上石油危机的影响，政府的财政危机产生。由于政府垄断公共服务的提供，导致社会对政府的依赖日趋加大，同时又由于官僚制所形成的政府垄断公共服务所导致的因缺乏竞争而形成的效率低下、公共服务品质降低等弊端，导致社会对政府的信任处于下降趋势，从而引发了政府的信任危机和管理危机。导致三种危机的根源在于传统公共行政模式中公共服务的国家垄断，以单一的、机械的官僚组织垄断公共服务。

由于传统行政模式治道变革的诉求和公共服务市场化的召唤而逐步兴起；同时，由于各个地区的情况不一样，因此各地的治安承包的制度呈现出多样化的现象，但是以倡导复合供给制度成为主流。由于我国社会急需治安现状得到有效改善但是治安现状的形势依然严峻、多样性公共治安需求与单一性提供模式的矛盾、我国的现实情况需要我国的各种可能的社会力量参与到社会治安综合治理中去所面临的问题，在借鉴国外警务改革的经验之下，我国治安承包模式便由此产生。

(一) 社会发展视野下的制度变迁

1. 治安承包的社会背景——公共服务的供给与需求的失衡

公共服务，"就是提供公共产品和服务，包括加强城乡公共设施建设，发展社会就业、社会保障服务和教育、科技、文化、卫生、体育等公共事业，发布公共信息等，为社会公众生活和参与社会经济、政治、文化活动提供保障和创造条件"。① 由于地区之间、行业之间、城乡之间以及社会群体之间发展程度和水平相差较大，加之体制转轨、社会结构分化和利益重组的加剧，我国的公共需求呈现出区域多样化、行业多样化、群体多样化和城乡差异化等方面的特点，② 这些现实变化要求公共需求具有多样性与扩张性。

首先，公共需求的主体范围正在不断扩大。在经济社会发展过程中，许多传统公共服务体制所未涉及的新兴主体（如城市农民工群体）与长期处于传统公共服务体制边缘的主体（如广大农民和城镇的下岗失业群体）凸显出来。由于公共服务的传统供应主体仅为政府，而其供应的程度仅为社会平均水平，因此，处于弱势地位的这些主体对于公共服务更为强烈的需求便得不到充分满足。

其次，公共需求的总量表现出剧增趋势。随着经济的发展和科

---

① 温家宝："在国家行政学院省部级干部政府管理创新与电子政务专题研究班上的讲话"，载新华网 2003 年 9 月 15 日。

② 原方、郑延涛、罗自刚："公共需求扩张与公共供给问题研究"，载《理论探索》2005 年第 4 期，第 3 页。

技的进步,许多新兴的公共需求产生,特别是沿海开放的大中型城市、经济特区等地区对公共服务的需求总量已达到一定的高度。

再次,公共需求的结构正从消费型转向发展型。市场经济的发展及由此带来的人们生活水平的提升、公民社会权利意识的普遍觉醒等,催生了人们对公共服务空间广泛和深刻的需求,使原有旨在满足基本生存的消费型需求向旨在推动人的全面发展的公共需求转变。教育、医疗保健和交通通信等成为较为重要的几种公共需求。

最后,对公共需求品质的要求提高。随着社会的进步和公共空间的逐渐形成,公共服务的数量不再是人们追求的唯一标准和目标,参与意识越来越强烈的社会公众越发注重公共服务的品质。

与社会公共需求的强劲增长和分化势头相比,公共服务供给与之的矛盾与差距也不断显现。第一,供给不足。大部分公共服务领域存在政府垄断,政府在提供公共服务的过程中没有竞争压力,"自上而下"的公共品供给决策机制使公众的需求通常被忽略,公共服务的供给难以反映公众对公共服务的真实需求,导致供给效率低下,如邮政、医疗卫生等服务普遍存在着质次价高的问题。公共服务的供给不仅存在效率低下的问题,在城乡之间、不同群体之间还存在着不均等的现象,在总量上也处于严重不足的境况。第二,供给过剩。根据公共选择理论,政府及其成员都是理性自私的"经济人",追求自身效益的最大化,可能出现"政府失灵",不能准确反映公众的真正需求偏好或进行"政治创租",导致公共服务供给过度问题的出现。

政府自身财力和能力的限制决定了社会公共需求的不断增长与政府公共服务供给能力有限之间存在着矛盾,这种矛盾的存在迫切需要对公共服务领域进行社会化和市场化改革。根据多中心治理理论,政府的作用是有限制的,有必要打破政府的垄断地位,将单一的供给主体扩大为政府、市场和社会多元供给主体,建立三维框架下的多中心治理模式。尤其是农村的治安状况,其警力严重不足的情况更加突出。由于青壮年男性大多外出打工,群防群治实际上也流于形式。正因为青壮年和警力的不足,农村的妇孺小孩的治安需求更加强烈,生命安全保障受到更大的威胁,这就更要求打破公安机关单方提供治安服务的格局,同时也为治安承包的提出提供了现实可能性。

2. 治安承包的生成前提——传统行政模式治道变革的诉求

"治道,即治理之道,就是人类社会管理公共事务,解决公共问题,提供公共服务的基本模式。"① 在传统的行政模式中,政府的管制行政倾向与行为人的自由选择要求之间产生矛盾;政府的全能行政倾向与市场的资源基础配置作用和社会自治之间产生矛盾;政府的强制行政倾向与社会、企业、公民之市场导向、目标导向、需求导向之间产生矛盾。传统的行政模式产生了资源浪费、对社会事务干预过多、行政效率低下、财政赤字、腐败成风等一系列问题。人治、专制、集权、封闭等成了传统行政模式缺陷的集中表现,建立以市场为导向的法治、民主、分权和开放的政府便成了传统行政模式治道变革的目标。

为了应对全球化、信息化时代的挑战,以及因财政赤字、信任赤字等而引发的财政危机、信任危机和管理危机,20世纪80年代,西方国家开始纷纷兴起治道变革的浪潮。治道变革就是从传统的计划政府走向以市场为主导的政府,从人治政府走向法治政府,从集权政府走向分权政府,从专政政府走向民主政府,从封闭政府走向开放政府的变革。其倡导政府职能的退却,市场价值的回归,主张缩小政府规模,将政府职能确定为掌舵而非划桨;重新调整政府与市场、政府与社会之间的关系,强调更多的市场,更少的政府,倡导顾客导向和公民参与,推行公共服务社区化;采用私营部门的管理理论、方法和技术,改革政府内部管理,推行分权化和弹性化,对政府进行彻底的重新设计,以便在成本、质量、服务和速度等重

---

① 毛寿龙:"现代治道与治道变革",载《江苏行政学院学报》2003年第2期。

要尺度上取得根本的改善。① 戴维·奥斯本和特德·盖布勒的《重塑政府》一书总结出了10条治道变革的思路：从划桨到掌舵、从服务到授权、从垄断到竞争、从规章到使命、从投入到效果、从官僚到顾客、从浪费到收益、从治疗到预防、从集权到分权和从政府到市场，这10项原则实际上就是新型治道的范式，是现代政府适应时代潮流的指南。

传统行政模式的治道变革使全能政府向有限政府转变，政府公共部门从直接的经济活动中撤离，其内部也出现创造"准市场"的种种尝试，公共服务市场化成为现代政府管理的发展趋势，这也要求对警力不足、质量不高的公共治安服务进行承包，用市场化的方式来打破公安机关的垄断格局；其要求单中心治理向多中心治理转变，政府作为传统行政模式中行使国家事务管理和社会事务管理的唯一权力中心，已经难以解决全球化、信息化时代的日益复杂化的公共问题，非政府组织、社区组织、私营部门和公民便成了除政府之外的多中心治理主体，与政府一起共同承担管理社会事务、提供公共服务的职能，对治安服务进行承包，治理主体由公安机关扩大到市场和社会，由公民或私营部门来提供治安服务便顺应了这一转变；治道变革还主张从管制行政向服务行政转变，建立"顾客至上"的提供标准，扩大企业和公民自由选择的权利和机会，将公民满意作为公共行政的最终目标或价值取向。传统行政模式的治道变革改变了政府管理的实践模式，"体现了公共管理方式的根本性的方向性调整"，② 一种新的治理模式（新公共管理模式）逐渐兴起。

3. 治安承包的运行基础——公共服务市场化的召唤

随着经济的发展和社会分工的细化，公共服务的领域不断扩大，

---

① 张成福、党秀云：《公共管理学》，中国人民大学出版社2001年版，第351页。

② ［澳］约翰·哈里甘："澳大利亚和新西兰"，载国家行政学院国际合作交流部：《西方国家行政改革述评》，国家行政学院出版社1998年版，第101页。

西方福利国家原有的模式受到挑战。民众对政府的要求也越来越高,希望政府能提供数量更多、质量更好的公共服务,但政府全面干预市场和社会,包揽了很多不属于政府的经济职能和社会职能,根据公共选择理论,政府官员与市场经济中的"经济人"一样是理性的、自私的,由理性"经济人"组成的政府必然也追逐利益最大化,因此公共服务(如公共治安)由政府垄断供给可能造成腐败、低效、行政成本过高等现象。在这种背景下,应该重新审视和规范政府职能,对政府的"作用应该是什么,它能做和不能做什么,以及如何最好地做这些事情"① 有一个科学的认识。公共选择理论主张打破政府的垄断地位,将政府的一些职能释放给市场和社会,建立公私之间的竞争,通过外部的政府与市场关系的重组来改革政府。因此,倡导政府进行职能让位,放弃垄断经营,利用更多市场化的方法,通过地方分权和社区参与,调动地方政府积极性的公共服务市场化便成了破解"政府失灵"② 难题的一个切入点,成了改革的潮流。

所谓的"公共服务市场化,就是指在公共服务领域打破政府垄断,引入市场竞争机制,将原来由政府承担的部分公共职能推向市场,通过充分发挥市场优化资源配置的作用而达到改善与提升公共服务的目的"③ 市场化的基本理念是在公共服务领域引入竞争机制,实现公共服务的最佳供给和公共资源的有效配置,通常表现为

---

① 世界银行:"1997年世界发展报告",载《变革世界中的政府》,中国财政经济出版社1997年版,第1页。

② "政府失灵"是指个人对公共物品的需求在现代代议制民主中得不到很好满足,公共部门在提供公共物品时趋向于浪费和滥用资源,致使公共支出成本规模过大或者效率降低,预算上出现偏差,政府的活动并不总像应该的或像理论上所说能够做到的那样"有效"。"政府失灵"通常表现为政府行为的低效率、政府部门的扩张以及寻租行为和社会资源的浪费。

③ 程样国、韩艺:"西方公共服务市场化背景下的中国公共服务改革",载中国行政管理学会:《2004年年会暨"政府社会管理与公共服务"论文集》。

政府内部的竞争、政府与企业之间的竞争、企业之间的竞争。[①] 公共服务市场化体现了多中心治理理论的观点，改变了以往的单一政府供给模式，各种非政府组织、私营企业和公共部门都有可能通过竞争而成为公共服务的提供者，政府由最初的垄断者转变成公共服务的促进者、合作者和管理者，将政府不能管、不该管或管不好的事务推向市场和社会，大量公共服务交由非政府公共组织和私人部门来提供，公共服务的提供主体呈现出多元化的趋势：由单一政府变为政府、非政府组织和私人企业等；作为对主体多元性的折射性反应，单一的政府供应形式也被多元性的形式所取代：合同出租、公私合作、使用者付费、凭单制度等；公共服务市场化使市场竞争取代了垄断性服务，各提供主体为争夺公共服务的提供权都必须参与市场竞争，形成了服务的竞争性；通过合同或制定标准对私营部门和非政府组织提供的服务效果和质量进行监管，政府改变了以往无法监督自身提供的服务的状况，使效果具有可监督性。

在我国，由于政府单方提供的公共服务逐渐显现出其效率低下、质量不足、成本过高的劣势，同时，在改革发展的推进中也出现了大量的公共服务需求，政府的财政压力增大，这就迫使政府必须及时找出缓解这种情况的应对措施，西方公共服务民营化的浪潮便提供了良好的契机。通过对西方的经验借鉴，我国的公共服务市场化采取了以下几种模式：(1) 政府业务合同出租；(2) 建立政府部门与私人企业的伙伴关系；(3) 公共服务社区化；(4) 有选择地实行公共服务使用者付费制度。在公共服务领域引进市场机制后，政府权威与市场交换的功能优势得到有机结合，政府从公共服务的"直接提供者"变为"促进者"和"发包人"。通过承包治安服务，治安服务的直接提供者——公安机关变成了发包方或促进者，在一定程度上可以打破公安机关对治安服务的垄断，降低行政成本，还能提高治安服务的供给效率，使公民、私营组织等参与了治安服务的

[①] 邵峰："公共服务市场化的国际比较及其启示"，载《深圳大学学报》2005年第1期。

提供，扩大公民参与的范围，不仅能用更低的成本向社会提供更好的治安服务，而且能提高公民的参与积极性，增强政府的责任心和社会凝聚力。

4. 治安承包的制度选择——复合供给制度的倡导

多中心治理以自主治理为基础，允许多个权力中心或服务中心并存，通过竞争和协作给予公民更多的选择权和更好的服务，减少搭便车的行为，提高决策的科学性。多中心意味着无中心，对应着单中心，在其制度安排中存在几类行为者：公共服务提供者、生产者、消费者和中介组织。这些行为者在不同的综合层次混合和搭配运作，便形成了复合式的供给制度：（1）服务的提供者建立和经营"自己的"生产单位。（2）服务的提供者通过中介组织来组织服务的生产。（3）服务的提供者与私人企业签约。（4）服务的提供者与不同辖区或层次的另外一个服务提供者签约，购买特定服务。（5）服务的提供者从自己的生产单位中得到一些服务，从其他政府或者私人生产者那里得到其他服务；依靠自己的生产单位来安排一项服务的某些要素，依靠其他消费和生产单位来安排该服务的其他要素。（6）服务的提供者确立得到授权的生产者必须遵守的服务标准，并允许每一个消费者选择私人零售商，并从得到授权的供给者那里得到服务。（7）服务的提供者对某些特定消费提供补贴，如把一定的现金补贴或凭单发给家庭，并允许他们从任何得到授权的供给者那里购买服务。（8）消费者自己生产服务。（9）志愿服务。[①] 复合供给制度为治安服务的承包提供了现实的制度基础。这种制度安排倡导"公众参与网络"，为不同主体获得平等的地位提供了可能，摆脱了单中心供给体制中公安机关的"上级权威"，使公众在平等、民主、合作、宽容的横向关系网络里相互合作、理解和妥协，有了公众的自我参与意识，政府与公民间的信任会增强；同时，多个主体间还会相互竞争，为了在公共经济运行中获得收益和利益，

[①] 李海燕："竞争、多中心治道与我国公共服务改革"，载《河南社会科学》2004年第6期，第23页。

就会通过各种办法降低成本、提高效率,为解决公安机关的财政危机和警力不足问题以及公众不同治安需求得不到满足的问题提供了一条可行之路。

(二) 公共治安供求失衡的时代变革

1. 改善我国治安现状的需要

(1) 社会控制难度与警察数量不匹配

首先,随着社会主义市场经济体制的逐步建立,社会由封闭走向开放,人、财、物大流动,各种诱发犯罪的因素剧增,形成各类犯罪案件不断攀升的局面,社会控制难度加大。特别是在外来流动人口较多的地区,由于本地、外地人员在思想观念、文化背景、生活方式上存在较大差异,经常会由此引发劳资纠纷、工作矛盾、生活摩擦等诸多问题,甚至进而发展到突发性和群体性事件,有的还形成一些地方恶势力和犯罪团伙。在农村,虽然犯罪率比较低,但也存在一些不容忽视的问题。少数地方村霸、地霸等流氓地痞沆瀣一气,横行乡里,直接危及农民群众的人身安全和财产安全;参加封建宗教迷信活动的人多、面广,严重威胁了基层政权建设和生活秩序;社会矛盾纠纷增多,诸如故意伤害、故意杀人等暴力犯罪案件和报复村干部的案件时有发生;在城郊、地域边缘结合部位经常发生盗抢案件,甚至成为犯罪分子窝赃销赃的场所。

其次,虽然改革开放以来,我国从公安部到基层派出所,各级公安机关的警力在逐步增多,装备、设施也大为改善,队伍的正规化、现代化建设得到加强,但从当前社会治安形势的严峻性来看,现有的警力无论从数量上还是质量上,与维护社会治安的需要还是相差甚远。在农村这一问题更加突出。由于农村区域广阔、点多线长,乡镇的公安民警数量极其有限,不可能每个自然村、每个重点部位派驻人员,更不可能天天蹲在村里巡夜,而地面上的盗贼刚好喜欢昼伏夜出,很难防范。在经济发达地区,警力不足和经费装备的匮乏也非常严重。截至 2005 年,我国共有警察 170 万人,占总人口的比例不到 1.4‰;① 而加拿大这一比例为 2.57‰,美国为 3.25‰,英国为 2.24‰,日本为 2.23‰,②且西方发达国家的一般标准是 3.5‰。我们应注意,警力配备万人比一般以常住人口为基数计算,但我国有些地方,特别是经济发达地区暂住人口数量极大,甚至已经远远超过常住人口。例如,2003 年"非典"过后,广东登记在册的流动人口达到了 2100 万人,其中深圳(770 万)和东莞(500 万)两市的外来暂住人口分别是常住人口的 6 倍和 3 倍。治安形势复杂、案件多发的深圳市宝安区 2004 年常住人口加上流动人口已达 400 万,而警察只有 1000 多人。③ 警力不足会导致现有的办案人手不足,民警疲于应付,一些案件难以及时办理,办案质量受到影响,超量的工作还会使民警身心健康受损,导致疾病突发,并且警察经常加班加点也不能有效控制治安案件的发生,群众对公安机关的不满情绪不断增加。同时,计算机网络犯罪、黑社会性质有组织犯罪、恐怖主义犯罪等新的犯罪形式与公安部门的现有警力形成对抗,特别是在沿海经济发达地区,如广东、江浙一带以及人口大省如河南、四川等省,警力不足已经影响到当地的社会稳定和经济发展。而由于我国经济发展与财政条件的限制,短期内不可能给公安机关增加更多编制、扩大队伍,这就为治安承包提供了机会。④

(2) 公安机关执法疲软

公安机关是维护社会稳定、预防和打击犯罪的主体力量,而且公安机关的主体地位对于维护国家的权威以及合法性具有重要的政

---

① 2005 年全国公安机关共有 178 万警察(参见郭高中:"公安部为派出所招兵买马充实七万警力到基层",载 http://news.sina.com.cn/e/2005 - 06 - 22/15547017217.shtml),而 2005 年国家统计局公布统计人口已达 13 亿,故我国 2005 年警察人数与人口总数比约为 1.37‰。

② 胡建奇:"论公共选择理论在公安机关行政改革中的适用",载《中国人民公安大学学报》2005 年第 5 期,第 12 页。

③ 刘海陵、林洁:"广东流动人口达 2100 万——治安压力沉重警力不足",载《羊城晚报》2003 年 9 月 14 日。

④ 李艳岩:《治安经济学》,法律出版社 2004 年版,第 6 页。

治意义。但随着各种新问题、新矛盾的不断出现，尤其是经济利益关系引发的矛盾增多，基层领导工作难度加大，越来越多的党政部门不得不依赖公安干警的配合来开展工作，一些民警参与到催粮派款、强制采取计划生育措施、开展市容整顿等附带性事务。这些非警务活动占用了大量的警力，势必影响公安机关对自身法定职责和核心任务的履行。

美国律师协会提出的《关于城市警察职能的标准》将警察角色的实际意义列为 11 项，① 其中 2 项直接与打击犯罪有关：一是认定犯罪分子与犯罪活动，在适当场合逮捕罪犯并参与其后的法庭诉讼程序；二是鉴别哪些属于执法问题，哪些属于行政管理问题。这 2 项职能均带有司法的性质，具有较强的法律专业性和程序性，非一般人员可以胜任。其余 9 项工作则是：通过预防性巡逻或其他活动减少犯罪机会；帮助有被害危险的人；保护受宪法保护的人；疏通人员与车辆；帮助生活不能自理的人；解决纠纷；创造并维护社区安全感；促进和维护国内秩序；提供其他紧急情况下的服务。这些均是提供安全服务的保护性质，属于可替代的边缘性服务职能。

因此，对于一些服务性职能等边缘职能，公安机关没必要垄断提供，可以将这些琐碎的边缘职能推向市场，通过市场化改革转移给私营部门、非政府组织等来提供，使公安机关将大量的人力、物力和财力用于侦查破案、追捕逃犯、专项打击等打击犯罪的活动，做到"非常之事非常办"，而不是将一些诸如调节夫妻纠纷等事情进行"日常工作非常办"。治安承包有助于扭转公安机关的核心职能与服务职能本末倒置的窘况，不但使公安机关有更多的精力维护国家的权威，还能从社会层面挖掘更多的维护社会治安的资源，给予公民更多的参与机会。

(3) 可替代方案的现实选择

诚然，我国当前治安领域里确实存在供给不足的问题，而治安承包也有利于缓解这一问题，但有人可能认为治安承包虽有一定的

---

① 社会公共安全研究所译：《美国警察》，群众出版社 1987 年版。

优势,但并不排除存在其他的更能缓解问题的可替代方案。事实上,能改善治安领域供给不足状况的可替代方案确实存在,可与治安承包形成竞争的,主要有以下三种方案:

第一,直接增加警力以促进治安工作。这种方法十分有效,但其代价也很明显,会增加财政负担。特别是在经济不发达地区,财政方面的负担会更突出。① 在经济发达地区,虽然经费的问题稍微容易解决,但行政编制方面的限制却成了警力增加的障碍,从行政法治的要求来看,这种限制又是必不可少的。

第二,在警力安排方面倾向基层治安工作。② 即合理调配现有警力,向基层倾斜。如减少内务人员,增加一线力量等。这个方案可在不增加投入的情况下缓解治安服务供给不足的问题,但这种方法的实质是拆东墙补西墙,只有在非基层警力确有富余的情况下才现实可行,如果在非基层警力没有富余的情况下实行,那么不但会造成公安机关执法职能的本末倒置,把严重威胁人民生命财产安全的大案要案撒手不管,还会造成公安机关执法疲软,这就成了在解决问题的同时制造新的问题。同时,这种方案并不可能解决警力总量不足的问题。

第三,加强协警队伍的力量。新中国最早的协警是联防队,队员是兼职和纯义务性的。市场经济搞活以后,义务联防难以为继。有些地方开始以合同方式聘用文职警员。③ 随着这一做法的推广,

---

① 例如,湖北省赤壁市一年的财政收入有 1.7 亿元,而公务员有 2 万多人,人均年工资按 1 万元算,一年就有 3000 万元的缺口,根本不可能考虑增加警力。参见南方网新闻中心:"'警察素质'与财政困境",载 http://sz.oeeee.com/Channel/content/2005/200510/20051028/392241_1.html。

② "警力下沉"是我国当前警务改革的重要内容之一,各地相关报道很多。参见胡永平:"公安部将下沉警力 基层要达到总警力的 85% 以上",载 http://news.xinhuanet.com/legal/2006-02/07/content_4146797.htm。

③ 上海市从 2003 年年底即开始此种尝试。有关报道,可参见单芸、南晶晶:"上海公安招 778 名文职",载 http://www.cnxuexi.com/jiuye/qiuuzhizhinan/xinzihangqing/21207.html。

协警人员的种类越来越多，招录标准和程序却不严格，协警行为缺乏规范，出现了一些情节恶劣的权力滥用的案件。① 乍一看，治安承包和招聘协警的性质很类似，但实质上却不同。治安承包的承包方以合同的方式为一定区域提供治安服务，其与公安机关或基层组织是谈判合同的双方，双方之间并没有隶属关系，即承包方并不属于公安机关的一员，并不具有公安机关执法的权力，仅仅拥有公民的基本权利。而协警是公安机关以招聘的方式进入正式警察的队伍，由公安机关提供全部工资，其在治安工作中的法律地位并不明确。既然在有的地方被定性为文职警员，那么他是否为警察的一员，拥有警察的执法权力？如果协警人员算做警察的一种，但其虽有了警察之名，却并没有警察之实，没有规范的行为，没有警察应具有的素质和技能，这已经成为我国治安领域中的一个突出问题。

相对来说，治安承包采用的激励机制能充分调动承包人的积极性，鼓励了社会参与，并与传统的治安模式形成竞争。上述三种替代方案虽各有优势，但与治安承包相比，似乎治安承包更有尝试的必要性。

2. 治安多样性需求与单一性提供的矛盾

（1）治安需求旺盛与公共治安服务供给不足的矛盾

虽然近几年公众的安全感有所提升，但随着市场经济的发展，人们的财富不断增加，各种新兴事物也不断出现，致使社会各界对治安服务的需求也不断增长。而政府投入治安服务的资源是有限的，其增长速度远远跟不上社会对治安服务需求的增长速度。人们对安全需要的不断提高与政府治安资源的有限性之间的矛盾，使得政府的安全供给满足不了人们对治安服务日益增加的需求。

（2）治安供给的单一性与治安服务需求多样性的矛盾

公共治安的提供具有统一性，其生产和消费是统一的，其供给只能按社会平均需求来确定其供给水平，所有人都被一视同仁、无

---

① 公安部已经明令清理整顿公安机关招聘的治安员。参见何春中："公安部要求对治安员队伍进行专项清理"，载《中国青年报》2005年9月3日。

差别地提供相同的服务。这种供求关系上的特征导致对个人而言，要么是供给过剩，要么是供给不足。因此，对公共治安需求旺盛的群体或者区域，仅靠政府单一提供模式已无法满足其安全需要，还需要其他形式的安全服务作为补充，治安承包便成了解决这一矛盾的良药。

3. 社会治安综合治理体制的要求

社会治安综合治理方针酝酿于 20 世纪 70 年代末，提出于 80 年代初，形成于 90 年代初。社会治安综合治理是指在各级党委和政府的领导下，把各方面的力量组织起来，同心协力，互相配合，各负其责，充分运用政治的、经济的、思想的、教育的、文化的、道德的、行政的、法律的手段，打击犯罪，积极消除产生犯罪的原因，从根本上预防犯罪和减少犯罪，巩固安定团结的局面，保障社会主义现代化建设的顺利进行。党中央和国务院曾经专门制定并下发了《关于社会治安综合治理的决定》，全国人大常委会也通过并发布了具有法律效力的《关于加强社会治安综合治理的决定》。这些文件明确指出，社会治安问题是社会各种矛盾的综合反映，仅靠公安、检察、法院等司法机关是不够的，必须动员和组织全社会的力量，运用多种手段进行综合治理，打击各种危害社会的违法犯罪活动，从根本上预防和减少违法犯罪。犯罪的根源在于整个社会，治理犯罪的主体也在于整个社会，根据多中心治理理论，要打破政府作为唯一管理主体和单一权力中心的现状，实现管理主体和权力中心的多元化。因此，社会治安综合治理将治理的主体范围从司法机关扩大到公安司法部门、各级综合治理领导机构以及各机关、团体、企事业等单位和广大人民群众。

在社会转型时期，社会治安综合治理也要求树立新的理念，建立新的要求。随着计划经济的逐步瓦解、社会主义民主政治建设的逐渐发展，现代型的社会治安综合治理也不应再通过计划经济手段来实现，而应当考虑市场化的道路，挖掘社会治安工作的市场吸引力。对于服务性治安职能和额外的治安服务，政府可通过市场化运作的方式，鼓励企业、社团等组织甚至个人参与其供给。治安承包将市场机制引入治安服务的供给制度中,私人或组织只要通过公平竞争,均可能成为治安服务的供给主体,这符合社会治安综合治理的"把各方面的力量组织起来"的要求,进一步消除了治安管理只是公安司法机关的责任、社会治安只是公安司法机关的事情的错误观念;治安承包的主要内容为治安防范工作,承包方采取各种措施,堵塞违法犯罪活动的漏洞,鼓励群众自觉维护社会秩序,积极调解、疏导民间纠纷,具体落实社会治安综合治理的主要任务。

4. 国外警务改革的借鉴

过去的四次警务革命——警察职业化、警察专业化、警察现代化和社区警务几乎都是围绕警察工作的主要目标进行的调适性改革,且让公众满意的成效并不大。20世纪80年代,各国行政部门纷纷兴起行政改革浪潮,警察部门也不例外。警学界普遍认为,孕育世界第五次警务革命的条件已经成熟。公共选择理论认为"没有任何逻辑理由证明公共服务必须由政府官僚机构来提供",[①] 要解决频频出现的政府危机,最好的出路便是打破政府的垄断地位,建立公私组织之间的竞争,从而使公民得到自由选择的机会,这也对传统的警察业务必须由国家警察包办的认识提出了挑战。

第五次警务革命主张利用市场和社会力量推行警务的社会化,允许社会其他组织包括私营组织提供部分警察服务,通过外部的竞争压力迫使警察机构改变服务态度和科学规划勤务,使公众有选择更好治安服务的机会。当然,属于国家警察权范畴的强制措施和执法活动不属于市场化之列,警察的服务等职能都可以由其他社会组织来履行。事实上,西方一些国家在这方面已经作出了有益的尝试。英国就提出了"警察私有化"的理念,并进行了大量的实践。私人警察的诞生为政府减少了警察财政投入,其更胜一筹的服务态度和质量也给国家警察带来了生存压力,还满足了不同层次公众的安全需求。

---

① 周志忍:"当代西方行政改革与管理模式转换",载《北京大学学报》(哲学社会科学版)1995年第4期,第81—87页。

我国的公安机关也存在着财政危机，有些地区还向基层派出所下达了罚款指标；警力不足、警察的执法疲软、日益增大的社会控制难度以及公众多层次的安全需求都要求对治安服务的供给制度进行改革，国外警务改革便为治安承包的产生提供了可借鉴之处。利用竞争打破垄断，利用政府、市场和社会的多元格局打破政府的单中心供给模式都成了治安承包的改革理念。

二、治安承包制的实践

从我国各地所进行的治安承包的情况来看，其发包方主要有公安机关（包括派出所）、村民委员会、居民委员会等，而承包方则主要有机构和个人；而承包的内容、项目、形式、经费来源等也表现出一定的特点。目前我国各地进行治安承包主要形成了以下三种模式：以浙江嘉兴市嘉善魏塘镇为代表的"内部人"承包模式、以山东临清为代表的个体承包模式和以浙江杭州市下城区为代表的组织承包模式。

第一篇关于治安承包的描述性文章——《推行社会治安承包责任制》出现在1984年的《渝水年鉴》中，迄今，治安承包在我国已经推行了近26年。在这二十几年的发展过程中，治安承包在有些地区蓬勃发展，但在有些地区却阻滞不前。从总体趋势来看，治安承包兴起于农村地区，在1996年，山东泰安市农村的退伍军人周某以每年10800元的价格承包该市下官庄村的治安①，成了我国治安承包的又一新起点。随后，治安承包之风又如星星之火之势陆续蔓延到河南、吉林、内蒙、浙江等地。虽然治安承包实行了近26年，但其并没有形成统一的模式，实施状况仍处于混乱状态，公众与专家对其的评价仍然是褒贬不一。

---

① 孙春英："把'平安'刻在泰山脚下"，载《法制日报》2004年3月9日。

（一）治安承包的现状

1. 从发包方来看，公安机关（包括派出所）、村民委员会、居民委员会、乡综治办、街道综合治理委员会、街道办事处和物业管理公司等机构可成为发包方。甚至有些地区推行层层承包制，由上述一些机构承包给民警或治保主任等之后，再由民警或治保主任等担任发包方，承包给其他人员或组织。

2. 从承包方来看，承包方也分为两类：机构和个人。在农村，村民私人承包治安防范的情况比较多，除此之外，物业管理公司、保安公司、基层民警、退伍士兵、居民、小区业主等担任承包方的情形也数不胜数。

3. 从承包内容来看，总的来说分为两类：治安防范和治安管理。具体为巡逻守候、安全防范、调解民间纠纷、治安情况信息收集与群众的财产安全、法制宣传教育、协助公安机关查处治安案件、流动人口暂住管理、出租房的登记与管理、防控路面违法犯罪，有的甚至还牵涉到对可疑人员进行盘问以及抓获现行等。承包内容赋予了承包方不同程度的权力，其中有些权力已延伸至警察的执法领域，超出了其应当承包的范围。

4. 从承包项目来看，农村一般是承包甘蔗、香蕉、西瓜、塘鱼、耕牛、农机具、电视机、自行车、缝纫机、农用动力线、农田水电设施、大棚、学校、村委会等；而城镇一般是居民家的高档日用品，企业的物资、商品等，商业街、经济开发区、商厦、居民小区、饭店等的治安以及路段维护等。

5. 从承包形式来看，由于各地实行情况和治安特点不同，承包形式也呈现出因地制宜的特点。一是根据职业化程度不同，分为专职承包和兼职承包。专职承包主要由保安公司、物业管理公司等承包；兼职承包则主要适用于区域比较大、安全防范任务松散的农村等地区，如有些村民白天务农，晚上巡逻。二是根据承包时间不同，分为长期承包和短期承包。长期承包主要在经济条件较好的地方；短期承包主要是根据不同时期治安规律特点或短期任务需要而进行机动灵活的承包，如有些地区将大型集贸或娱乐等活动期间的治安有偿承包给个人或某一组织。三是根据承包内容不同,分为整体承包和专项承包。整体承包主要是对防范目标多、任务重、较大区域内的治安进行承包,如对整个自然村(街)、居民小区、企事业单位的治安进行承包;专项承包则是对村内、企事业单位内部的重点项目、要害部门等的承包,如农用电力线、种养基地等。四是根据承包人身份不同,分为对内承包和对外承包。对内承包主要适用于保卫机构比较健全的单位,对外承包则适用于本单位或本村以外的组织或个人来进行承包。

6. 从经费来源来看,各地的做法不一,分为以下几种情形:由村委会和村民各出一部分;由村委会提供;由物业公司、村委会提供;由受益村民自己出资;由政府、受益单位及个人各出一部分;由政府拨款;由群众出资为主,企业捐助为辅;由企业集资;由镇财政列支一点、派出所联防费解决一点、村集体支付一点、辖区内企事业单位筹措一点、农户自愿出资一点;由警察机构向商户收取保安费等。但大多数地区都是由村民集资来承担这笔费用。

从承包经费的表现形式来看,直接兑现货币是最主要、最常见的经费出资形式;二是实行实物折价,把承包费换算成树木、粮食等;三是用集体机动地、荒山、荒滩承包权抵承包费;四是以工代费。①

7. 从公安机关的角色定位来看,可以作为发包方和考核方;可以审核承包人的资格;可以协助综治委组织竞标、进行培训和指导、督促和检查并进行考核;可以进行监督、业务指导、调查处理犯罪信息和发案统计等。有些地区的公安机关甚至同时担任以上多种角色,造成其角色十分混乱,责权不明晰。

8. 从承包方的角色定位来看,各地的态度基本一致,认为治安承包的承包方是派出所治安防范力量的延伸,主要负责驱赶、扭送不法分子,重在防,属于公安机关的辅助力量。但根据实际承包的

---

① 刘海霞、马兢:"对我国治安承包的解读:特征、模式及思考",载《江西公安专科学校学报》2004年第3期,第31页。

内容来看，有些地区承包方的权力明显已超过辅助力量所应当承担的范围。然而，从现实情况来看，如果承包方仅拥有普通公民的权利，并不能有效地完成治安承包既定的考核目标以及防范和管理的任务。

（二）治安承包的类型

各地由于自身的治安特点、经济状况的不同，其治安承包的具体模式也相应地带有本地区的特色，但通看全国的实践情况，最具典型性的治安承包模式有以下三种：

1. "内部人"承包

"内部人"承包模式以浙江嘉兴市嘉善魏塘镇为代表。发包方是公安机关；承包方是民警个人；承包内容是街区治安防范；承包形式是民警先承包，然后再自行挑选保安人员；经费来源是警方向商户收取保安费；公安机关的作用是直接组织、发包和考核，兼具发包方与考核方的双重身份。[①]

2. 个体承包

个体承包模式以山东临清为代表。发包方是村委会；承包方是村民；承包内容是全村的情况信息搜集和群众的财产安全；承包形式是以村为单位，直接推选出政治素质好、工作能力强、群众威信高的人员担任治安承包人；经费来源为农民自愿集一点、村委会集中筹一点的方式；公安机关负责对治安承包人员的审核把关和治安巡逻防范工作的监督指导。[②] 此模式由村民或居民个人承包治安，在全国使用的范围最广，浙江宁波市鄞州区、天津保坻区、浙江温岭市、陕西西安市未央区、河南新野县等。但同一模式在各地仍有差异，最大差异在于经费来源的渠道和承包内容，大多数地区采用的是村民自筹的方式；承包内容则有涉及治安防范的内容，也有涉

[①] 孔令泉、汤吉平："浙江嘉善：'治安承包'初见成效"，载《中国青年报》2003年1月17日。

[②] 唐楠："临清治安承包之路"，载《人民公安报》2006年6月20日第4版。

及治安管理的内容。

3. 组织承包

组织承包模式以浙江杭州市下城区为代表。发包方是街道综合治理委员会；承包方是物业管理公司；承包内容是街区巡逻防控路面违法犯罪；承包形式是物业管理公司自行招聘巡逻人员；经费来源是街道与沿街商家；公安机关是协助综治委组织竞标，培训巡逻人员，指导、督促和检查巡逻工作，考核刑事发案情况。[1] 以组织形式承包治安的模式多出现在城镇或经济发达地区，承包方除了物业管理公司，还包括保安公司。此种模式的承包人员的素质相比私人承包方而言，可能相对较高，因其上岗的前提是经过系统的培训，且有相对规范的组织对其行为进行约束和奖惩，受到公安机关与所属公司的双重制衡。

尽管治安承包作为一种新型的治安防范模式在各地出现以后，各类可防案件大幅下降，当地的治安形势也明显好转，但因其不规范的模式，治安承包也遭受到许多学者的质疑，对其产生背景、绩效与问题进行系统分析，扬长避短，探寻一条可行之路便成了重中之重。

---

[1] 陈蕾、柏建斌："一月八千承包治安——杭州下城区首推治安管理新方式"，载《钱江晚报》2003年4月12日。

第七章　产出绩效与多维均衡

　　传统公共行政强调公共机构必须按照一系列正式规则和一整套固定程序工作，只重视过程和投入，而非结果，这容易导致公共机构僵化、浪费、反应慢、效率低，滋生形式主义和官僚主义。"官僚主义的政府由于不衡量效果，因此很少取得效果。"① 随着新公共管理理论中交易成本理论的运用，催生了政府工作仅对"效率"的追求开始转变为对"经济、效率和效益"三者共同的诉求，即运用"3E"原则②。强调公共部门应该更加重视公共管理活动的产出和结果，即重视提供公共服务的效率、效果和质量，能主动、灵活地对外界情况的变化以及不同的利益需求作出富有成效的反应。警务社会化实践之一的治安承包，其产出绩效也可以用经济、效率和效益标准来检验。治安承包后，垄断性的直接生产模式所带来的高成本、低效率、差质量和缺乏回应性的情况比以前减少了，公众对政府的信任加强了，公共资源的耗费减少了，财政拮据的状况也有所改善。

---

　　① 效果指公共服务符合政策目标的程度，通常以产出与投入之间的关系加以衡量，它关心的问题在于"情况是否得到改善"和"目标或结果"，因而是衡量公共服务的一个重要指标。

　　② 3E 原则是近代绩效评价理论的重要部分，是现代绩效评价的基本原则，指组织或项目的绩效可以通过经济性（economy）、效率性（efficiency）及效益性（effectiveness）三种维度进行描述。这一原则能检验工作中的哪些方法具有较好的成本一效益化。经济性是从节约的角度来进行说明的，指获取一定资源的成本耗费程度。效率性描述了输入与输出间的关系，指获得一定输出的输入程度，或一定输入获得的输出程度。效益性是指输出实现组织或项目预期结果的程度，主要描述了输出和成果之间的关系。

治安承包还涉及公共权力使用的边界和公私领域的范围，关涉诸如公共利益与私人利益、政府责任与政府利益、公权与私利、规则公平与结果公平等的关系界限与态势平衡等若干重大价值平衡。

一、治安承包的产出绩效

1988年英国内政部率先提出了如何运用"3E"原则对社会的治安状况的目标管理体系进行评估和改善，就是如何利用社会和市场力量改善警务服务的质量和效率。核心理念就是产出与效果的关联。政府也在对"3E"的追求中认识到市场、社会以及优良的企业管理方法和技术评估政府的管理体制和管理方式的作用。目前，治安承包的产出绩效就是实施治安承包制最后的直接后果和间接效果，主要包括经济绩效、效率绩效和效益绩效这三个方面。首先，治安承包的经济绩效主要表现为降低了行政成本、减少了经济损失。其次，治安承包的效率绩效体现出提高了投入效率、提高了配置效率。最后，治安承包的效益绩效则表现在：形成了分散化治理、促进了民主政治建设、维护了社会稳定、提高了公民满意度、促进了社会就业、弥补了警力不足等方面。由此看出治安承包的产出绩效非常可观。

（一）治安承包的经济绩效

"3E"中的经济（economy）标准即指成本标准，成本衡量能很好地体现出预算和实际成本之间的差距，是指相互竞争的用途之间配置稀缺资源的一种机制。经济优势主要反映在两个方面：一是创造；二是节约。治安承包虽然不能直接创造经济效益，但仅就其所达到的增加资金渠道、降低预期和预防犯罪的目标来看，其为国家节约损耗方面的经济优势极为明显。

1. 节约行政成本

行政成本是政府在组织与管理社会而行使其职能的过程中所耗费的各种资源（包括人力、财力、物力和时间耗费等），以及由其所引发出的现今和未来一段时间的间接性负担。运用成本—收益的分析方法，是进行行政成本研究的基本思路。按照美国经济学家加里·贝克尔的理解，人类一切行为其实都蕴涵着效用最大化的经济性动机，都拥有以尽量小的成本换取尽量大的收益要求。[①] 从行政成本的效能看，行政成本可分为有效行政成本和无效行政成本。有效行政成本是政府从事行政活动过程中必要的，并能获得相应效益的成本；无效行政成本是政府实施行政行为时支付的超量成本。

"经济"观念在治安承包中的出现，正是反映了政府对资源有限的投入下，提供公共安全的部门的效率和效能，更加关注这些部门"提供哪些公共服务和产品，提供多少，用什么方式提供"。政府职能定位决定行政成本，换句话说，政府"干什么"、"怎样干"以及"由谁干"，在很大程度上决定了政府行政成本的高低和构成。在公共事务中引入内部市场机制，将政府管辖事务中明显不能被私有化或民营化而只能由政府独家提供服务的职能引入市场竞争机制，在政府管理内部构建"准市场"模式，如采取竞争投标的方式，让更多的私营部门参与公共服务的供给，取消公共服务的垄断性。政府让渡这部分管理职能后，可以精简从事这些产品生产经营和管理服务的机构，缩小管理规模；或者弥补这类机构人员的人数和能力不足，以避免投入更大的成本来填补人数和能力缺口，从而相对缩小管理规模，减少管理成本的投入。

当前公共安全服务供求失衡的矛盾，其实有三种途径可供选择：一是调整既定的公共品供给结构比例，即调整政府部门经费预算，以减少其他公共品供给量为代价，以此解决公共安全投入需求增长的问题；二是通过增加税收来增加政府财政收入；三是引入市场机制，通过适量的消费收费，减轻财政负担。前两种途径显然行不通，一方面现有政府财政支出预算一般带有很强的刚性，公共安全服务的运行成本增长规模往往很大，所需补偿总成本往往需要砍掉多个部门的预算，显然不切实际。另一方面，如果依赖增加税收的方式

[①] 卓越："行政成本的制度分析"，载《中国行政管理》2001年第3期，第50页。

提高政府的财政实力，不但会引起征税成本、财政再分配管理成本的增加，更会因税赋增加干扰纳税人在生产、消费等方面的选择。因此，以契约的形式，按照"谁受益，谁负担"的原则，将部分公共安全服务转交公安部门以外的市场力量，通过适当收费弥补提供服务的成本，在一定程度上减少了政府的财政压力，使其可以拿出更多的资金用于其他方面的建设，促进经济增长。

成本理念是以最小化成本的投入，获取最大化效益的现代管理思维观念。它要求将有限的警务资源进行合理有效的配置，以追求最小化的警务资源投入来实现最大化的警务目标。一个有效率的现代警务运作机制，既节省了警务投入，又实现了警务目标。因此，成本理念在现代警务工作中的作用极其重要。倡导警务成本和效益有助于启发创新警务工作思路，又是每一项警务新举措首先和必须考虑的问题之一。这些问题解决得不好，会制约警务工作的开展。以前，公安机关以"全能者"的身份出现，包揽了所有治安服务，既包括核心职能，如专项打击、侦查破案、追捕逃犯等，也包括边缘职能，如治安巡逻防范等，有的甚至还将范围扩大到一些非警务活动，如调解夫妻纠纷、派发粮食等。公安机关职能定位的不明确直接影响责、权、利的不明确，容易造成治安服务供给的越位、缺位等；公安机关的垄断供给地位也造成公安治安服务质量不高、效率低下，由于缺乏竞争性，与私营部门相比，同样数量的保安却达不到同样成效的安全防范效果，于是政府就增加招募人员和设备，从而造成行政成本增加。①

在西方国家，衡量警察效益有一个重要理论，即"钱财衡量价值论"。该理论认为：警察工作的投入成本与产出效益应成正比关系。这就意味着"投入产出"理论要求警务工作必须要有最佳的消费比，也就是当警力与相关资源有限时，是用来进行防范和打击犯罪，还是用来满足各种公众服务的需要，或者说是用有限的警力和

---

① 邹东升、胡术鄂："公共服务市场化的理路与悖论——治安承包的绩效优势与边界限度省察"，载《理论探索》2006年第11期，第125页。

资源提供多大范围的公众服务。

在国外,正式在编警察的社会地位及待遇都很高,政府部门招募一名警察需要耗费较大的行政成本。在英国,伦敦大都市警察局每年向国家开价100万镑,作为皇家公园警卫的报偿,向英国航空公司索取160万镑作为警卫西斯罗机场的费用,肯特郡向新建的海峡通道派遣150名警察要价500万镑。① 而通过行政合同或私法合同的形式雇佣一名辅助警察,则成本相对低廉。英国的特别公安员甚至没有工资,警察部门为他们提供的只是象征性的"服务补偿"。按我国现行体制,公安经费受制于地方财政。近年来,各地为创造良好的投资环境,确保一方平安,几乎是不惜血本地加大对公安工作的投入,但经费缺口仍较大,有些地方不只是办案经费无法保证,甚至连警察的工资都难以支付。在这种情况下,警力不足问题难以通过增加正式编制解决。在计划经济时期,政府对公安机关的投入或许可以不计成本,但在市场经济条件下,社会资源作为一种稀缺的资源,需要在各个部门间进行合理分配,比如基础设施的投入,教育经费的支出,都需要耗费大量的资源。

所以,解决警力不足不能只靠大规模地增加在编警力,此种做法使纳税人不堪重负,非但不能有效地遏制犯罪,反而可能导致警力与犯罪同步增长。相反,选择低成本高产出的辅助警力制度,倒是更为实际、更为经济的做法。

公共选择理论主张将竞争机制引入政府公共服务领域,实现提供主体多元化,以市场机制来打破政府的垄断,建立公私之间的竞争。萨瓦斯的研究也表明,公营部门(也称公共部门)提供服务的成本费用平均比承包商提供服务的成本费用要高出35%—95%。② 因此,公安机关将竞争机制引入到了治安服务领域,通过治安承包,将一些治安服务交由市场或社会来承担,由以前的政府一家出资变

---

① 李艳岩:《治安经济学》,法律出版社2004年版,第60页。
② [美]戴维·奥斯本:《改革政府——企业精神如何改革着公营部门》,周敦仁、汤国维、寿进文、徐荻州译,上海译文出版社1996年版,第5页。

成现在的由安全服务消费者——社区居民承担一部分，节省了大量的人力、物力、财力。如山东泰安市各级公安机关警力严重不足，过去不得不利用巨资招聘大量联防队员，实行治安承包责任制以后，这种状况得到了改善。

此外，由于治安承包人有"人、财、物"支配自主权，他们也采用了"减员增效"的办法，克服了人员庞杂、责任不明、职责不清、效率不高的弊端，大大降低了行政成本。如岱岳区山口镇金山口棉纺厂以每年10万元的价格承包以后，承包人根据实际需要将保卫人员由原来的19人减至13人；山钢集团则由42人减至30人。①美国的监狱私有化②也正体现了这一点。在对美国13家私营和公立改造所进行实证研究和比较之后，Kenneth Culp Davis 发现，"总体来说私营监狱比公立监狱确实显得运营更为经济"。据分析，监狱私有化可以使年运营成本节约4%至10%。③

因此，公共安全服务市场化改革不但能使警察机关从一些不属于职责范围外的非警务工作中脱离出来，如一些大型文体活动和展览展销等商业性活动的安全保卫工作等，促进警务服务的有效供给。而且还能在竞争机制的影响下，使警察机关和民警个体重塑成本效益观念，提高工作效率，从而降低行政成本。

2. 降低经济损失

其一，减少了国家的经济损失。治安承包作为社会治安综合治理的一种具体手段，也以预防和减少犯罪为目标。以浙江省宁波市北仑区新碶街道为例，2005年3月初，该街道全面推广将物业小区

---

① 杜海林、傅崇才："泰安市基层治安防范承包责任制的调查"，载《法制日报》2001年1月2日第6版。

② 监狱私有化是通过引入私人部门参与提供监狱管教服务所出现的争胜竞争过程，节约成本、降低开支和提高效率。私人监狱的引入有助于制约政府垄断权势，借助竞争过程来提高效率。美国的佛罗里达州是美国管教服务私有化的发源地。

③ [德] 魏伯乐、[美] 奥兰·扬、[瑞士] 马塞厄斯·芬格主编：《私有化的局限》，王小卫、周缨译，上海人民出版社2006年版，第258页。

的治安防范工作承包出去。据统计，2005年1月至9月，实行治安承包的小区的刑事案件同比下降了36.3%，且无一起抢劫、杀人案件发生。① 同样，河南省方城县在2001年1月用治安有偿承包代替义务巡逻打更后，经过两年的运行，全县盗窃、抢劫等可防性案件与往年相比大幅度下降，人民群众参与维护治安的积极性空前高涨，尤其是城乡刑事发案与承包前同期相比下降了38%，全县盗窃耕牛案件下降了85%，被盗耕牛也都全部被追回。特别是在该县农村毁林现象十分严重，一些地方曾出现过年年栽树不见树的问题，而当该地乡政府将新栽的4500株杨树承包给治安积极分子后，树木的成活完好率在95%以上。②

虽然无法从这些数字估计可能给国家和社会减少的具体经济损失，但可以看出如果没有治安承包，国民生产总值的一部分会被各种犯罪吞噬掉。而治安承包能使某些犯罪得到预防，国家和社会将减少损失，从中获得巨大的经济效益。假设刑事案件、治安案件的发案为零，国民生产总值保持在一个正常值内，随着刑事案件、治安案件发案的增加，国民生产总值趋于减少，相反则减少损失。换句话说，犯罪使国民生产总值低于没有犯罪情况下的国民生产总值，因此，治安承包预防和减少了刑事案件、治安案件的发生，从而相对减少了经济损失。

其二，减少了公民的经济损失。在治安承包前，由于农村点多面广，警力又有限，村里纠纷、打斗、失窃的事情时有发生，有一些村曾经一晚上丢过四五辆马车。对此，这些村子曾组建过义务巡防队，但通常没几个月就解散了，最重要的原因是没有报酬激励。但实行治安承包后，承包人共同担负着全村巡逻，调解纠纷，对发生的刑事、治安案件及时报警并保护现场、救治群众，为群众代办

---

① 慕容梦漪："小区安全承包治安　井井有条"，载《浙江法制报》2005年11月3日。

② 梁悦林、刘灿："治安有偿承包：让农民花小钱买平安"，载《人民公安报》2002年12月18日。

户口、身份证等手续，向群众宣传政策法规和安全防范知识等义务。南豆公村的治安承包人在案件的高发时段，分成几个巡逻组，从11点开始，第一组巡逻，凌晨1点左右，第二组接班巡逻，并以此交替进行。该村党支部书记张海明很自豪地介绍，实行治安承包后，全村的治安状况得到很大改善，不仅保护了林果业的正常经营，提高了经济收入，而且也使每年劳务输出的800多人安心长年在外，一年至少为本村挣回四五十万元总收益。①

治安保险机制使传统整治观念和治安状况发生了明显好转。据山东省保监局有关负责人介绍，2005年聊城市治安案件、群体性事件分别比上年下降了28.5%和73%，2006年1月至6月，全市刑事发案比去年同期下降8%，参加治安保险的社区88%成为"零案社区"，实施联防保险的村庄有98%未发生刑事案件。②此外，山东省各地还根据实际情况，因地制宜，涌现出治安保险产品创新热潮。除"城市城区治安保险"和"农村契约治安联防保险"外，聊城推出了针对不同市场的"专业市场治安保险"和"沿街门店治安保险"；烟台则设了"家庭财产防盗抢保险协议"。人保产险山东省分公司甚至还专门开发了"平安家园"治安保险，分城市版和农村版，采用模块方式供各地按需自由组合。

（二）治安承包的效率绩效

作为内驱力的竞争机制，促使各提供主体为争夺市场或公共服务而展开激烈竞争，其结果是能够获得比在垄断服务下更高的生产率和更少的成本费用。尽管不能一概而论，但有大量的证据表明，公共服务市场化往往能取得比在政府垄断服务下更高的生产率。美国通过合同出租取得了较好的效果，最明显的效果是扩大了政府供给公共服务的财源及技术力量、降低成本、提高效率。

---

① 宋法绪：" '一分钱'换来一方平安——对磁县探索农村治安防控新路径的调查"，载 http：//www.yzlegal.com/。

② 宁夏商务编辑部："各地不同程度展开活动　治安保险开始低价推广策略"，载 http：//wuzhongshi.mofcom.gov.cn/。

的治安防范工作承包出去。据统计，2005年1月至9月，实行治安承包的小区的刑事案件同比下降了36.3%，且无一起抢劫、杀人案件发生。① 同样，河南省方城县在2001年1月用治安有偿承包代替义务巡逻打更后，经过两年的运行，全县盗窃、抢劫等可防性案件与往年相比大幅度下降，人民群众参与维护治安的积极性空前高涨，尤其是城乡刑事发案与承包前同期相比下降了38%，全县盗窃耕牛案件下降了85%，被盗耕牛也都全部被追回。特别是在该县农村毁林现象十分严重，一些地方曾出现过年年栽树不见树的问题，而当该地乡政府将新栽的4500株杨树承包给治安积极分子后，树木的成活完好率在95%以上。②

虽然无法从这些数字估计可能给国家和社会减少的具体经济损失，但可以看出如果没有治安承包，国民生产总值的一部分会被各种犯罪吞噬掉。而治安承包能使某些犯罪得到预防，国家和社会将减少损失，从中获得巨大的经济效益。假设刑事案件、治安案件的发案为零，国民生产总值保持在一个正常值内，随着刑事案件、治安案件发案的增加，国民生产总值趋于减少，相反则减少损失。换句话说，犯罪使国民生产总值低于没有犯罪情况下的国民生产总值，因此，治安承包预防和减少了刑事案件、治安案件的发生，从而相对减少了经济损失。

其二，减少了公民的经济损失。在治安承包前，由于农村点多面广，警力又有限，村里纠纷、打斗、失窃的事情时有发生，有一些村曾经一晚上丢过四五辆马车。对此，这些村子曾组建过义务巡防队，但通常没几个月就解散了，最重要的原因是没有报酬激励。但实行治安承包后，承包人共同担负着全村巡逻，调解纠纷，对发生的刑事、治安案件及时报警并保护现场、救治群众，为群众代办

---

① 慕容梦漪：“小区安全承包治安 井井有条”，载《浙江法制报》2005年11月3日。

② 梁悦林、刘灿：“治安有偿承包：让农民花小钱买平安”，载《人民公安报》2002年12月18日。

户口、身份证等手续,向群众宣传政策法规和安全防范知识等义务。南豆公村的治安承包人在案件的高发时段,分成几个巡逻组,从11点开始,第一组巡逻,凌晨1点左右,第二组接班巡逻,并以此交替进行。该村党支部书记张海明很自豪地介绍,实行治安承包后,全村的治安状况得到很大改善,不仅保护了林果业的正常经营,提高了经济收入,而且也使每年劳务输出的800多人安心长年在外,一年至少为本村挣回四五十万元总收益。[①]

治安保险机制使传统整治观念和治安状况发生了明显好转。据山东省保监局有关负责人介绍,2005年聊城市治安案件、群体性事件分别比上年下降了28.5%和73%,2006年1月至6月,全市刑事发案比去年同期下降8%,参加治安保险的社区88%成为"零案社区",实施联防保险的村庄有98%未发生刑事案件。[②] 此外,山东省各地还根据实际情况,因地制宜,涌现出治安保险产品创新热潮。除"城市城区治安保险"和"农村契约治安联防保险"外,聊城推出了针对不同市场的"专业市场治安保险"和"沿街门店治安保险";烟台则设了"家庭财产防盗抢保险协议"。人保产险山东省分公司甚至还专门开发了"平安家园"治安保险,分城市版和农村版,采用模块方式供各地按需自由组合。

(二)治安承包的效率绩效

作为内驱力的竞争机制,促使各提供主体为争夺市场或公共服务而展开激烈竞争,其结果是能够获得比在垄断服务下更高的生产率和更少的成本费用。尽管不能一概而论,但有大量的证据表明,公共服务市场化往往能取得比在政府垄断服务下更高的生产率。美国通过合同出租取得了较好的效果,最明显的效果是扩大了政府供给公共服务的财源及技术力量、降低成本、提高效率。

[①] 宋法绪:"'一分钱'换来一方平安——对磁县探索农村治安防控新路径的调查",载 http://www.yzlegal.com/。

[②] 宁夏商务编辑部:"各地不同程度展开活动 治安保险开始低价推广策略",载 http://wuzhongshi.mofcom.gov.cn/。

效率指为产生特定水平的效益所付出努力的数量。效率与经济理性同义，它关心的是手段问题，而且这种手段是以货币方式加以表达与比较的。效率的计量方法有单位产品成本和服务成本，或者单位成本能提供的产品和服务的数量。最低成本实现最大效益就是有效率的。按照公共经济学的公共产品理论，公共产品在消费上具有非排他性和非竞争性。

公共治安就是一种比较典型的公共产品。正是由于公共治安的非排他性和非竞争性，公安机关才没有竞争对手，成了其独家经营者，只要符合法定程序，警察就不会努力地追求高效率，导致其对社会治安的控制与管理滞后，其最终趋势则可能造成"X低效率"①。同时，公安机关的活动成本和收入是分离的，维持其活动的收入具有非价格来源，因其缺乏追求利润的动机，加上公共治安的成本与收益难以测定，公安机关和民警的工作目标便不是利润的最大化。按照公共选择理论，政府和官员并不是代表公共利益的，它们也是按"经济人"模式来行事的，即追求自身利益的最大化，利用手中的权力谋取利益也就成为他们的自然倾向，谋求连任或者晋升便成为他们关注的焦点。当进行一项活动的成本与维持它的收入并不联系在一起时，就难以合理确定社会对某一类公共物品的需求数量、提供公共物品的政府机构的规模以及如何对这些机构进行评估，因而低效率往往受到鼓励。② 将治安服务承包出去后，引入了竞争机制，把部分治安服务的生产以契约的方式委托给其他组织或个人，从而提高了其供给效率，以更小的成本提供了更好的治安服务。

---

① X低效率概念是哈佛大学教授哈维·莱宾斯坦于1966年首先提出的，它实质指一种组织或动机的低效率。即由于组织成员行为中的缺陷或不足而导致的实际产出与最大产出之间之差。其中X，代表造成非配置（低）效率的一切因素。当今，X理论已成为研究组织中非配置低效率的重要方法和依据。

② [美]查尔斯·沃尔夫：《市场或政府——权衡两种不完善的选择》，中国发展出版社1994年版，第56页。

1. 提高投入效率

投入效率是指投入要素的利用程度，其主要受组织的内部管理机制的影响。在影响投入效率的要素中，资源因素尤其重要。资源因素由人力、物力、财力和信息资源四个方面构成。人力资源的利用程度受到组织成员的敬业精神、业务能力、团队精神等多个因素影响。物力资源主要是指组织的硬件设施的配备情况和组织内部信息化普及程度。与投入效率最直接相关的财力资源主要包括资产总额和组织可支配资金额两个方面。同时，随着科技的进步和市场竞争的加剧，组织所拥有的信息资源也成为决定其投入效率高低的关键因素。公安机关将治安服务承包出去后，由于有充足的资金来源和有效的奖惩措施，承包方的精神动力、敬业精神和团队精神得到了极大程度的发挥；同时，因为很多地区的承包方属于本区域的居民或村民，其对当地的治安情况十分了解，相关治安信息可被承包方及时、准确地向公安机关提供，再加上对承包方系统的岗前培训和对其提供的足够物力配备，治安承包有效地提高了投入效率。

2. 改善配置效率

配置效率是指利用有限的资源生产出尽可能多的满足人们消费需求的消费品。如果在目标产量一定或产量最大化的情况下，通过生产要素最优配置实现成本的最小化，那么就实现了配置效率的最优，因此，配置高效率的规范模式即是帕累托最优模式，如果社会资源的配置已经达到这样一种状态，任何重新调整都不能在不使其他任何人的境况变坏的情况下，而使任何一个人的境况变得更好，那么消费或生产中的帕累托最优就发生了，此刻的资源配置最有效率。

传统的公安治安服务由政府单方生产和提供，但其作为公共治安的唯一提供者并不是最有效率的。在社会治理的众多领域，市场或第三部门通常比政府管理更有效。重新划分政府与社会之间、政府与市场之间、政府与第三部门之间、公共部门与私人部门之间的有效作用范围，在公安机关与私人或组织之间进行竞争性配置所带来的总体效率便是公共治安服务领域的配置效率。

公共选择理论认为政府的垄断经营易追求规模效益，而忽视效率，要使政府缺陷尽可能降到最低限度，政府的干预应该最小化；同时，该理论还认为，担任政府公职的是有理性的、自私的人，政府机构本身也具有追求自身利益最大化的动机，寻租行为、过多供给公共产品等均会造成资源的浪费，导致配置无效率。当治安服务被承包后，政府与市场、公安机关与私人或组织进行协商合作，集权变成了分权，命令式的管理变成了契约型的管理，指导变成了合作，有限的资源得到了合理的配置，在市场有效率的情况下，公安机关在自己效力所及的范围内的活动也达到了真正的效率。

（三）治安承包的效益绩效

效益主要是指一定的主体在社会生活中所获得的收益减去成本支出而得到的效果。其主要是看"情况是否得到改善"，即用来衡量提供服务的影响和质量，看服务是否达到预期目的。效益可分为两类：一是改变现状的程度；二是行为改变的幅度。治安承包的效益可以认为是治安承包在社会生活中通过自身成本的投入而对治安状态产生的实际作用效果。它实质上关心的是治安承包的运行结果与其预期目的之间的差距。治安承包作为社会治安综合治理的一种具体方式，其追求的目标便是最大限度地预防违法犯罪，维护社会稳定。效益概念使政府部门树立了成本意识，提高了治安工作的效率和效能。治安承包将治安防范等工作由单一行政手段变为行政、经济、法制等多种手段相结合，绝大部分地区的治安发案率降低了，刑事案件减少了，群众的支持率和信任程度大幅度上升，效益优势得以充分体现。

1. 维护社会稳定

群体性事件发生的一个重要原因就是"社会人"在政府引导下的组织化程度低，利益诉求表达的无序性和非理性化，往往为非法组织利用和操控提供了机会。近年来，"社会人"的自主地位虽然有了极大的提高，但他们作为"社会人"应具备的主体意识、对社会的责任意识并未真正形成，特别是其中的无业待业人员、"两劳"释放人员以及问题青少年等，由于社会心理的负面影响、社会道德的弱化、法制意识的淡薄以及现实的利益矛盾的冲突等，极易成为违法犯罪的主体。以广东省东莞市为例，在东莞，"社会人"主要包括585万的流动人口以及本地165万户籍人口中的下岗职工、退役军人、离退休人员、闲散青年和自由职业者等，他们约占东莞市人口的90%以上。据统计，2005年，东莞市公安机关抓获的全部犯罪嫌疑人中"社会人"占绝大多数。其中最重要的原因就是"社会人"管理问题没有得到有效解决。"管住了'社会人'，就是抓住了治安问题的牛鼻子"已成为社会各界的共识。而"社会人"管理的社会化就是通过社区、社会组织特别是民间自治组织等，积极培养群众的自主管理意识，提高自主管理的组织化、制度化水平，既能实现利益表达的有组织化和理性化，减少不必要的社会争端，减少群众与政府的直接冲突，有效地将矛盾化解在社会中、化解在基层，避免社会矛盾的激化，又能使政府借助社会力量，为"社会人"提供多样化的服务，增强社会的凝聚力，增进社会和谐，为减少和消除导致违法犯罪的社会因素提供基础性条件，而且能有效增强群防群治的主体意识，最大限度地调动社会各方力量参与治安管理的积极性。[①] 治安承包后，责任区民警和承包人联系更直接、更广泛，对流动人口掌握情况的时效性得到增强，准确率也提高。一些案件线索能及时搜集上来，为公安机关及时打击犯罪、预防和减少一些治安问题和矛盾纠纷的发生提供了助力。如南京市溧水县实行治安承包后1年，全县刑事案件下降了近10%，永阳镇刑事案件下降81%，治安案件下降52%，溧水县由过去的南京市重点治安整治单位一跃成为全市社会治安综合治理先进单位。[②] 总的来说，实行治安承包地区的社会治安形势都趋于好转，刑事案件发案率明显降低，社会秩序和社会稳定均得以维护和保证。

---

① 崔建："对东莞市'社会人'治安管理的几点思考"，载《公安研究》2006年第10期，第21页。

② 黎津平："'治安承包'是社会治安综合治理的一种新形式"，载《新疆警官高等专科学校学报》2004年第3期，第23页。

2. 满足治安需求

尽管维护社会公共安全，是警察部门义不容辞的责任，但由于其部分内容具有协作性生产的性质，要想产生理想的结果，需要供给服务者和消费服务者共同作出贡献。可以说部分警察服务的有效性在很大程度上取决于公众积极协作。在公共安全服务领域实行治安承包，引入市场力量，引入新的管理手段和管理队伍，不但有助于弥补警力不足，方便警察机关通过群众耳目及时的了解一些案件线索，从而加强对社会治安的控制力，提高破案率，遏制犯罪和减少发案率。而且由于其运作机制较为灵活，可以依据不同的安全需求，与服务建立起一种契约式的预防、控制的关系，并更加及时准确，所提供的安全服务也更为符合居民的实际需要。它能以市场这只"看不见的手"调动承包人的积极性，能够最大限度地避免人浮于事。由于承包人多为所服务社区的本土居民，使熟人社会便于相互监督的特点得以承继，承包时采取的公开招标的方式有利于鼓励社会参与，使服务提供者和服务对象之间有可能建立平等和谐的关系，满足公众多元化的公共安全服务需求。

3. 增加就业机会

我国劳动力资源丰富，劳动力供大于求的格局长期存在，促进就业成了构建和谐社会的重要目标之一。治安承包需要承包人，在招收具体治安保卫人员时，一些退役军人、武警战士成为重点招收对象，当然，在农村，很多身强力壮的村民，或者懂一些擒拿技术的村民通常都能成为承包人。如天津市宝坻区有 977 名村民通过了当地派出所和村委会的考核，成为了专职村庄巡防员。再如南京市溧水县共有巡防员 166 名。这就为国家减轻一部分就业压力。[1]

4. 有效借用民力

目前我国的治安状况与十多年前相比，无论是刑事、治安案件发案数和特种行业、公共场所新增数，还是出入境人员、外来流动

---

[1] 黎津平："'治安承包'是社会治安综合治理的一种新形式"，载《新疆警官高等专科学校学报》2004 年第 3 期，第 23 页。

人口的总量，都出现了较大幅度的增长，而相比之下公安机关警力的增加速度远远滞后。"警力有限，民力无穷。"不管是流动人口还是户籍人口，对本社区的治安问题都具有强烈的诉求。因此在安全服务的提供中应合理支持与回应这一诉求。比如社区居民对社区治安工作的缺陷最了解，对社区治安工作的要求最强烈。在此情况下，社区居民民主参与社区治安管理是最佳的选择，可以大大增强社区资源的整合力度，增加政府与社会沟通的渠道，有效地解决公安机关警力不足与"社会人"管理工作量大而复杂的矛盾，从根本上改变以往公安民警在社区治安防控中"孤军作战"的局面。因此，公安机关应打破固定思维模式，积极大胆吸收并借助市场和社会公众力量，让其参与、分担警务工作的压力。在治安承包后，那些提供有偿社会治安服务的社会组织或个人，都对警力提供了巨大补充。公安机关逐渐将自己承担的非警务活动或边缘性警务活动分给社会承担，私人或组织承担预防、控制犯罪等防范和管理活动，努力推进警务活动的前移，这些都对缓解警力不足的问题起着重要作用。

5. 优化社会分工

治安防范和部分治安管理职业化，加速了社会分工。虽然它只是一种现象，但它内部却正在形成一系列的制度，如在招聘中形成了对治安保卫人员的年龄、文化程度、治安保卫能力的考察和考核制度。为确保协议的履行，承包单位大都建立了学习业务、总结工作的例会制度；向公安机关、企业党政组织、村党政组织汇报工作、征求意见的汇报监督制度；值班巡逻制度；考核兑现制度等，这从总体上改变了过去队伍人散质次、能力不及的状况，促使了治安防范队伍的职业化和管理的规范化，加速和优化了社会的分工。

6. 实现分散治理

分散化治理是相对于过去以政府为中心的集中模式而言的，其包括治理机构的分散化、权力的分散化、利益的多样化等内容。

首先，治安服务被承包后，单一的供给主体多元化，形成了公安机关、私人或组织共同提供公共治安服务的格局，形成了治理机构的分散化。这种治理格局鼓励了社会参与，作为治安服务的受益者,社会成员了解并参与治安承包活动的全过程,在一些情形下甚至参与了治安承包合同的起草、监督和履行,这不仅有可能使民众认识到社会治安问题的复杂性从而对警察工作有更多的理解、支持与合作,更有可能使民众不再把自己当做被动的被管理者而形成作为社会成员的角色和责任意识,使公众参与网络得以建立和扩展,公民对政府的信任度提高。

其次,原本属于公安机关的一些服务性行政权力被委托给承包方行使,形成了权力的分散化。但这种分散化仅限于将一定范围的权力委托给承包方行使,并非将权力私有化,公安机关仍是公共治安服务的掌舵者。

最后,治安承包产生了发包方、承包方、考核方、监督方等多元利益主体,政治利益与经济利益的并存、公共利益与私人利益的共生形成了利益的多样化,使多种利益在治安服务的生产和提供过程中得到有效的契合和实现。因此,公共治安承包形成了分散化的治理。

7. 促进基层民主

"治理本质上是地方性的,地方治理被人们认为是实施民主治理的理想场所,是公民实行自主自治管理的实验和训练场。"[①] 伴随着公民社会不断发展强大,公民越来越成为地方治理发展的参与主体之一,人们参与所要求的不是简单地将部分权力下放给基层民间力量,而是积极地将社区事务纳入到其社区的治理之中,由社区居民组成的团体自主管理自己的事务。公共治安有偿承包就是其中一种公民参与方式。治安承包发挥了"群防群治"的优势,并且为农村民主政治的建设提供了契机。由于承包人一般都是身边熟悉的人,他们熟悉周边的治安环境,可以做到有的放矢,还可以更好地协助公安机关侦查破案,通过提高破案率来达到更有效的预防作用;并

[①] 孙柏瑛:《当代地方治理——面向21世纪的挑战》,中国人民大学出版社2004年版,第1页。

且治安防范人员是经过审核层层选拔出来的,① 一般来说,对他们,村民们会给予更多的理解和支持,在无形中会将治安防范的主体通过承包人这个"点"扩大到广大群众这个"面",调动村民的参与,促进农村的团结和谐。钱怎么花、事儿怎么办、人怎么用,历来是农村百姓关注的焦点和热点,由于这种选拔涉及每个村民的切身利益,因此他们会因为关心自己的利益来关心由村委会组织领导成员的选拔,村级财务的监督、决策事项和程序的公开等。他们以利益相关者的立场积极参与农村社区公共事务,依法行使公民的知情权、参与权、表达权、监督权,这对于推进农村基层民主政治建设,保障农民群众当家做主的权利无疑具有积极意义。

二、多维的理性均衡

治安承包作为公共治安服务社会化和市场化的方式之一,改变了公共治安服务的公安机关垄断传统,引入了民间力量和社会资本参与国家长期独占的社会安全服务领域,也就是说政府在提供公共治安服务的过程中,可以把各种不同的资源组合在一起,可以用不同种的资源组合方式来生产数量与质量相同的公共服务和产品。这不仅仅是政府机制与市场机制的平衡和选择,还涉及公共权力使用的边界和公私领域的范围,其本质上是一个关乎宪政的问题。概而言之,该问题关涉若干重大的社会范畴,诸如公共利益与私人利益、政府责任与政府利益、公权与私利、规则公平与结果公平等的关系界限与态势平衡。故此,当我们审视和言说治安承包现象时,就理当要注意避免单一视角和偏执立场,极有必要将其置于多维的对比情形与分析框架下,这才有可能对治安承包现象及其本质有一个较为全面、客观、冷静的认识。

---

① 邹东升、胡术鄂:"公共服务市场化的理路与悖论——治安承包的绩效优势与边界限度省察",载《理论探索》2006年第11期,第126页。

(一) 政府与市场的抉择

政府机制与市场机制的抗衡和选择，涉及公共权力使用的边界和公私领域的范围，因此，其本质上是一个关乎宪政的问题。意思是说，到了这个边界政府就不要再往前走了，再往前走就违宪了。①市场机制是自由决策机制，是以私利为导向的利益机制，其具有优化资源配置、提高生产效率和促进技术革新的功能。但由于市场竞争的不充分、规模经济②的存在、外部经济效应的存在、信息的不充分等，市场机制并非总会带来资源的最优配置。政府机制是公共决策机制，是以政府利益为导向的利益机制。由于政府知识和能力的有限、政府制度的缺陷，或者政府缺位、越位、错位，政府失灵也不可避免。因此，经济学中众多的讨论中存在"二元论"，认为当一方出现所谓失灵、失败现象时，另一方即是弥补该缺陷的合理选择，把政府和市场作为完全平行的、对立对等的、非此即彼的两个极端，在回答国家和市场在经济体系中承担何种职能，发挥怎样作用的问题时，"要么是在相对完善的政府和不完善或不充分的市场间进行选择，要么是在相对完善的市场和不完善的或不充分的政府之间进行选择"③；忽视政府、市场的历史演进，对政府与市场的关系进行纯逻辑的分析和故事性的经验总结；将特定类型的政府或市场在特定的经济发展阶段之上和特定经济情境之中的具体职能或特定政策，理解为它们的本质规定性，这些都是危险的，把握好政府和市场各自应该承担的范围和界限是关键。

公共选择理论旗帜鲜明地指出，基于理性经济人的假设，寻租、

---

① 盛洪："政府和市场的边界须清晰"，载《中国企业家》2005年第24期，第54页。

② 当生产规模扩大（即产量增加）时，长期平均成本呈递减时，我们称其生产具有规模经济特性。若生产规模扩大使长期平均成本递增，则称其为规模不经济。若长期平均成本为固定，不受生产规模变动而影响，则称其具有固定经济规模。

③ [美]查尔斯·沃尔夫：《市场或政府——权衡两种不完善的选择》，谢旭译，中国发展出版社1994年版，第5页。

低效率、高成本等是政府缺陷不可避免的，在公共机构中引入市场竞争机制，是对市场价值的重新发现与利用，可以缩小政府缺陷的发生范围。虽然市场机制与政府机制具有不同取向的价值定位，即市场机制的价值取向是效率至上，政府机制的价值取向是公平第一，但二者具有互补性，可以保持一种共生关系，力求两者之间的平衡，实现"凸性组合"。市场不是万能的，市场失灵要求政府参与；同样，政府也不是万能的，同样存在着失灵，要求引入市场的力量。"当安排者和生产者合一时，官僚制成本①就产生了，即是维护和管理层级系统的成本。当安排者和生产者不同时，又产生了交易成本②，即聘用和管理独立生产者的成本。两种成本的相对值决定了安排和生产功能分开是否值得。"③

治安服务由公安机关垄断提供和引入竞争机制进行治安承包，两种提供模式均会产生成本问题。在公安机关垄断治安服务的情况下，由于现实原因，引入市场机制是合理的选择，但同时亦应注意到运用市场竞争机制也需付出交易成本，不能想当然认为治安承包必然优于公安机关垄断提供模式。问题的关键在于如何确定政府与市场两者的合理边界，使总交易成本达到最小。进行成本衡量是一方面，更重要的，是在公共治安市场化的过程中，政府不能使效率等浓墨重彩，而使公共精神、公共利益和公共责任苍白无力，公共利益应是目标而非副产品。

(二) 公益与私益的权衡

公共利益由"公共"和"利益"构成，按照《牛津高阶英汉双

---

① 随着政府组织规模的扩大、人员的增加，管理层次也相应增加，需要处理的信息量也会增大，安排者与生产者合一使政府成为全能政府，使得战略决策迟缓，行政协调成本和决策成本增加，政府内部的交易成本上升，甚至产生许多严重的管理问题，这就是通常所说的官僚成本。

② 交易成本概念产生于对企业性质的分析，指事前签订契约、事后监督和实施它的各类费用之和。

③ [美] E.S. 萨瓦斯：《民营化与公私部门的伙伴关系》，周志忍等译，中国人民大学出版社2002年版。

解词典》的解释，public 意味着"与公众有关的"，或者是"为公众的、公用的、公共的（尤指由中央或地方政府提供的）"。利益就是基于一定生产基础上获得了社会内容和特性的需要，它反映出特定历史阶段人与人之间的社会关系，因此，公共利益是社会中客观存在的与公众有关的，为满足社会成员的需要而对个体利益的综合和整体抽象。其为整个社会公众所享用，具有公共性、社会分享性、强制性、优越性和客观多样性等特征。

公共利益来源于社会，是个人利益让渡的结果。罗尔斯认为，公共利益与私人利益最主要的区别在于"一种公共利益具有两个特点，即不可分性和公共性。……公共利益所具有的数量不能像私人利益那样被划分，不能由个人按照他们的偏爱多要一点或少要一点"。① 但从一定意义上来说，共同体中的每个人都有权利要求自身利益的实现，这是让渡权利的最原始动因。然而公共利益虽然来源于社会，却又必须超越社会，且公共利益不等于公众利益，如果每个人自身利益都要求实现，那么最终实现的只能是私人利益，而不是超越私人利益之上的公共利益。当私人利益与公共利益发生冲突时，私人利益并不一定必须让位于公共利益，而是可以达到某种平衡。在现实生活中，为了个人私利而牺牲公共利益的现象却比比皆是。政府作为公共权力的拥有者和使用者，理应竭力维护公共利益。但政府及其官员也存在着对自身利益最大化的追求，"那些处于掌握决策权的政治和管理地位上的人和我们一般人并没有多大的区别，他们总想成为个人效用最大化者"。②

当"经济人"的角色压倒了"公共人"的角色时，公共权力成为政府实现不当利益的工具，即公共权力不适当地维护了私人或集团的利益，通常表现为以权谋私、权钱交易等腐败行为。该行为就

---

① ［美］约翰·罗尔斯：《正义论》，何怀宏、何包钢、廖申白译，中国社会科学出版社 1988 年版，第 266 页。

② ［美］詹姆斯·M. 布坎南等：《赤字中的民主》，北京经济学院出版社 1988 年版，第 116 页。

并不服务于公共利益,而是为了私利而背离公共利益。从社会公众的角度来看,公共利益非常抽象,指导维护公共利益的行为准则便是只能利他,不能利己。每个人都认为别人会以公共利益为重,而自己可以不付出任何代价享受到一定程度的公共利益。"个人理性并非是实现集体理性的充分条件",① 奥斯特罗姆认为,"任何时候,一个人只要不被排斥在分享由他人努力所带来的利益之外,就没有动力为共同的利益做贡献,而只会选择做一个搭便车者"。②

治安承包作为对治安服务供给的一种契约式治理,决定了承包方并非无偿提供治安服务,事实也证明,义务巡逻防范的成效并不大,通常流于形式。因此,公安机关进行发包或牵头,原则上要求达到的目的是更好地为公众提供治安服务,更好地实现和维护公共利益,而承包方要么不是公共组织的人员,要么作为民警,但民警的收入和政绩却与治安承包的绩效相挂钩,其作为"公共人"的角色可能性显然没有作为"经济人"的角色可能性大。他们的目标是大部分为了营利,而不对纳税人负责,他们关注公共利益就无法生存,这是与同他们签订合同的公共机构根本不同的。既然治安承包是公共服务市场化的产物,承包者主要追求的便是承包后的奖金和报酬,私人利益固然被其排在了首位。

根据代议制民主理论,政府的权力来自于人民的委托,而人民将公共权力委托给政府的目的在于凭借政府权威实现公民个体力量所无法实现的公共利益,因此,政府不是企业,它是一种有机的社会生命体。但当公安机关作为合同一方参与合同签订时,承包商、公安机关和公众的利益问题就开始出现。公安机关作为政府的代表,也是一定范围的集团,也有其集团自身的利益,当其直接参与合同过程中时,它并不一直会以参与合同之前的方式把公共利益看做自

---

① [美] 曼瑟尔·奥尔森:《集体行动的逻辑》,上海人民出版社1995年版,第64页。

② [美] 埃莉诺·奥斯特罗姆:《公共事物的治理之道——集体行动制度的演进》,三联书店2000年版,第18—19页。

己关注的事。当然，这并不是说公安机关和承包方一旦参与合同就会彻底抛弃公共利益，转而完全追求自己的私利。

"经济人"与"公共人"把人性的本质推到了两个极端，在绝对自利和绝对他利之间非此即彼，忽视了复杂社会条件下利益诉求的多元性。我们更倾向于将公安机关和承包方看成对多种利益进行权衡的"比较利益人"，它"并不是只追求自我利益，或者完全追求公共利益，而在两者之间达成一种平衡"。① 因此，如何让公安机关和承包方权衡公共利益和私人利益之间的关系地位便成了关键，而承认合理的自利性、控制扩张的自利性是调节二者之间平衡关系的有效手段。

（三）责任与利益的博弈

"在公共行政和私人部门行政的所有词汇中，责任一词是最为重要的。"② 按照委托代理理论的观点，人民和政府之间实际上是一种委托与代理关系。政府责任便源于公民与政府之间的权力委托代理关系。在这种关系中，公民授权，政府提供令之满意的服务，二者之间是一种资源交换关系和互利行为关系，作为代理人的政府在行使权力的过程中，必须对作为委托人的人民负责，政府承担责任成为必然的逻辑延伸。

公共选择理论认为：传统上对政治的看法是，政府及其官员是公共利益的代表者，从理论上讲应该坚守责任之道，按照公共利益的要求来实施政治行为或行政行为。然而，因为代理人的行为都具有经济理性和自利性，所以委托人与代理人之间的目标函数通常不完全相同，存在着利益上的冲突；委托人和代理人之间所掌握的信息不对称，代理人在最大程度上增加自身效用的同时，往往会作出损害委托人利益的行为。作为代理人的政府虽然是责任主体，但同

---

① 陈庆云等："比较利益人：公共管理研究的一种人性假设——兼评'经济人'假设的适用性"，载《中国行政管理》2005年第6期，第43页。

② ［美］特里·库伯：《行政伦理学：实现行政责任的途径》，中国人民大学出版社2000年版，第128页。

样也是权力主体,又因政府权力具有极大的强制性,这便使得它能够诱发人性深处的贪欲,使掌握公共权力的人轻易地跨越理性自私的界限,运用手中的公共权力,在公共利益的掩饰下,最大限度地追求团体利益、个人利益,被异化的权力自然导致了腐败的盛行,严重时还会使政府丧失合法性,使整个社会陷入零乱的博弈,压挤市场经济的空间,化脆弱的市场文明为野蛮、落后的帝国文明。①

因此,权力无法脱离责任而单独存在,否则这种权力就是非法的、不合理的。诚如卢梭所说的:"正如个别意志不能代表公意一样,公意当其具有个别的目标时,也就轮到它自己变了质,也就不能再作为公意来对某个人或某个事件作出判决了。"② 因此,"个人只能在他或她所面临的约束条件下通过合乎理性的行为,使效用或剩余极大化"。③ 强调政府责任的重要性,并不等于要抹杀政府追求的所有利益。

所谓政府利益,主要是指"政府机构中存在的一些非全社会的或非全国整体的利益。政府利益可分为三个层次:政府工作人员的个人利益;地方利益、部门利益等小集团利益;整体政府的机构利益"。④ 当政府追求自身利益最大化时,该属性便为政府的自利性。政府的自利性是指政府从服务于公共福利的目标或者是从扩大自身(包括政府中的个体)利益的目的出发,对财富、权力和机会等利益追求的属性。⑤ 政府作为社会组织同样追求自身的良性发展,当其

---

① 毛寿龙、李梅:《有限政府的经济分析》,三联书店2000年版,第49页。

② [法]卢梭:《社会契约论》,何兆武译,商务印书馆1980年版,第269页。

③ [美]詹姆斯·M.布坎南:《自由、市场和国家》,北京经济学院出版社1988年版,第344页。

④ 赵锡斌、费显政:"政府利益及其对经济政策的影响",载《中州学刊》1999年第3期,第216页。

⑤ 裴峰、楚德江:"政府自利性及其纠偏机制建设",载《长白学刊》2004年第2期,第32页。

在追求公共利益的过程中对社会资源进行必要占有和使用时，便形成了政府的合理的自利性；但政府中广泛存在着自由裁量权、运行机制并非完全透明且政府对公共事业的垄断在一定程度上还存在着，当政府以或不以公共利益的名义，以追求自身利益为目的而占用和使用社会资源时，则形成了不合理的政府自利性，通常表现为权力扩张、机构膨胀、设租和寻租等。

政府在追求自身合理的利益时，不应忽视义务和责任，如果为了获取合理利益而逃避责任，那么合理的政府利益也演化成了不合理的利益，因为其利益的得到是以牺牲作为委托人的公民的公共利益为代价。而不合理的政府利益自产生那一刻起，就已经抛弃了政府责任，一旦政府追求不合理的政府利益，政府责任自然被背弃。

治安承包产生的背景之一便是公安机关执法疲软，大量民警长期处于第一线，不但要全心负责公安机关的核心警务职能，还要把更多的时间和精力放在边缘性的警务活动和非警务活动上，执法效率极度低下。如何有效地将一些边缘性警务活动和非警务活动交与市场和社会，如何有效地提高执法效率，如何有效地让公安机关卸下过多的负担，把更多的时间和精力放在维护国家权威的核心警务活动上便成了公安机关的责任和合理利益。

在治安承包的过程中，承包标准与承包程序、发包方和考核方、考核标准与考核程序、承包内容和考核内容等均没有统一的、系统的规定，因此，治安承包赋予了公安机关更多的自由裁量权。此外，袪除治安巡防的治安防范承包合同属于民事合同，民事合同的运作是在横向模式上进行的，这一横向模式不是基于权威，而是基于谈判。当公安机关作为这一民事合同的发包方时，公安机关既属于国家机关，又是合同的参与者，其便在纵向模式①和横向模式②的交叉点运作。

在两个模式的交叉点上采取行动使得本来属于民事合同的这类

---

① 纵向模式是一种垂直的以等级权威作为基础的政府行动模式。
② 横向模式是平行的以商业交易中的谈判为基础的模式。

合同有别于私人领域的合同。公安机关也必然发现自己要处理一些由两种模式引发的不可避免的冲突并承担两种模式产生的义务。作为公共利益的维护者，公安机关具有公共性、强制性和非营利性的特征；作为民事法律关系主体，公安机关又具有民事性、平等性和营利性的特征，性质完全相反的两重角色容易使公安机关处于官民错位的情景。

事实上，在此类合同的运作过程中，公安机关常常既作为市场的参与者，又作为市场的管制者采取行动。一旦公安机关的"理性经济人"的自利性占支配地位，其责任便成了其不合理利益的借口和牺牲品，公安机关及其人员极易受金钱驱使，利用职权在治安承包过程中设租和寻租，也容易出于自身利益的考虑，以权谋私、宽严不一，人为地将一些不该下放的权力下放，将一些不该承担的角色承担，将一些不合格的人员或组织招标成承包者，将一些损害公共利益、不够资格继续担当承包者的人员或组织考核过关。

公安机关的责任与合理利益相背离，不合理利益恶性膨胀，而作为委托人的公民却没有相对有效的监督和纠错程序对其进行监督和纠错，因此委托人（公众）必须选择有效的机制来对代理人（政府及其官员）实施监督和约束，来克服代理人可能的权力滥用和选择偏差，使政府责任在公共服务市场化过程中，有效地在微观领域逐渐弱化，在宏观领域逐步强化，不但要熨平市场自身难以克服的波动，还要使政府责任和政府合理利益达到正和博弈。

（四）公权与私权的均衡

近些年来，随着我国市场化改革和民主化、法治化进程的加快，公民权利与政府权力的关系问题逐渐凸显。《布莱克法律词典》给出了三种权力的法学定义：（1）权力是做某事的权利、职权、能力或权能，权利是授权人自己合法做某行为的职权。（2）权力是在法律关系中一方以一定作为或不作为改变这种关系的能力。（3）狭义的权力指为了自己的利益或他人利益处理动产、不动产或赋予某人处理他人利益的自由或职权。① 此处要探讨的政府权力是广义的政府权力，即国家权力，是指由国家宪法和法律保障、以国家强制力作后盾、为实现国家职能而建立的一种起支配作用的力量。政府权力作为一种代表公共意志的强制性力量，既是保障公民权利的最有效的工具之一又会因其自我扩张和超范围行使而成为公民权利的最大的和最危险的侵害者。这就是人们通常所说的"诺思悖论"。与政府权力相对应的是公民权利。所谓公民权利，是指一个国家的宪法和法律所保障的、公民自主支配自己行为或要求国家或他人作为或不作为某种行为，以实现自身某种利益或愿望的自由。

政府权力与公民权利的关系，是宪法关系最主要、最基本的内容。二者的平衡和良性协调，是宪法原则得以真正实现的标志，也是宪政民主追求的价值目标。然而，在国家和社会一体化的背景下，政府权力与公民权利是被扭曲的，二者之间是单向的命令服从关系；随着市民社会的日渐出现，政治国家与市民社会呈现二元分立的状态，政府权力与公民权利之间的关系也变成相互对峙、相互渗透、相互促动。在政府权力与公民权利的二元结构中，单向度地强调其中任何一方都有所偏颇。过分强调政府权力，可能导致政府权力过分集中甚至被滥用，会损害公民权利并扼杀公民社会的活力，进而会排斥民主和法治，形成专制社会；而过分强调公民的自由权利，公民权利会过分张扬，政府权力畸轻，又可能抑制政府活力并弱化政府的社会调控能力，自由主义、无政府主义的泛滥将会导致社会崩溃。

在现实中，政府权力是由人行使的，公共选择理论所主张的人的道德和理性的有限性决定了政府权力的行使存在失范或失当的风险，从而会危及作为委托人的公民的基本权利。同时，公民权利的行使并不是绝对自由的和不受限制的，必须受到政府权力的合法约束，即以法律规定的义务和责任作为其限制性条件。治安承包的承

---

① 周永坤：《法理学——全球视野》，法律出版社2000年版，第240—241页。

包方虽然作为承包契约的一方当事人成了治安服务的供给者,也因此被授予了部分服务性行政权力,但其权力的行使是以授予的范围为限,任何超越范围的权力行使都是违法的。

治安承包中,承包内容的边缘性警务活动属于公安机关授权承包者行使的行政权力,行政权力的范围授予得越大,承包者所拥有的权力就越多。但公共治安类行政权力的行使直接关系到相关公民的生命权和健康权,如果公安机关授予的权力范围界限模糊,或者被授予者——承包方不够行使该权力的资格和条件或滥用该项权力,那么,公民权利必然会遭到损害。在公安机关与承包者的地位来看,虽然治安承包合同分为民事合同和行政合同,但不管哪一种合同性质,只要公安机关成为发包方,其行政色彩难免过重,公安机关作为行政机关在一定程度上可能拥有更多权力决定契约内容的多少和拟订结果,作为公民角色的承包者并没有与公安机关对等的谈判力。

因此,必须通过公民权利的合理配置及其法律保障,来防止并遏制政府权力被滥用或被不当使用。只有承认公民权利与国家权力之间的价值冲突,对二者进行理性引导,使其相互依存、彼此需要,才能形成一种相互妥协、和谐发展的均衡结构,从而避免零和博弈的陷阱,实现真正的正和博弈。

(五) 规则与结果的公平

公平有两种基本含义,即"规则面前人人平等"的规则公平,和"人们实际社会处境的平等"的结果公平。规则公平也称形式公平、市场公平,是指每个人的所为与所得应当相关并且这种相关作为规则对所有人是一样的,即"不同情况应当不同地对待",如多劳多得,少劳少得。规则公平观认为,不管哪个领域,如果把每个社会成员所为与收益的对比关系作为规则,那么规则对大家一视同仁,就是公平的;规则因人而异,则是不公平。结果公平也称实质公平、社会公平,是指人人都应当在结果方面得到同样的对待,即都应当得到同样的结果,意即人们实际社会处境的平等化,即"同样的情况应当同样地对待",如同工同酬。为了实现实质意义的平等,人们不得不区别对待不同地位的人们,例如,赋予那些受冷落的群体某些特权。①

规则公平拒绝接受结果公平观,认为结果公平观不应被视为社会公平的目标,其目的论特征是以建构理性主义为基础的,如果单纯强调结果公平,社会必然走向平均主义的陷阱;但规则公平由于过于重视规则而轻视结果,又必然走向两极分化的失衡状态。尽管在规则公平者看来,规则公平的结果是符合正义的,但一个严重两极分化的社会必然由于内部冲突增加,而破坏社会系统稳定、存续和维持的基本条件,这与人类社会追求发展和进步的目标是相悖的。

因此,二者均有其优点与缺陷,应重新认识二者之间的关系,树立一种统合公平观。统合公平观,是指基于非歧视的规则约束下来保障过程公平,并在可行的范围内去追求结果公平的公平观。②综合公平观认为,规则公平先于结果公平,对结果公平的追求不应以牺牲规则公平为代价;结果公平又以主体差异为原则,实现各个阶层对社会资源的占有比例的相等。规则具有强制性,规则公平强调的多劳多得、少劳少得的思想有助于对人们的积极性和创造性产生有效的激励作用,而结果公平不是按照人们的能力和贡献来分配社会财富,人们所分配到的社会财富只与平等理念相关,与人们的能力和努力无关,且结果公平的追求仅在社会正义的道德范畴内存在,只能对社会的某种暂时的稳定起作用,因此,对结果公平的追求不能破坏规则公平。结果公平可在不破坏规则公平的前提下,在不侵害公民自由、平等、人身财产安全等权利的前提下追求不存在严重分化的分配结果,规则公平和结果公平的有效协调才能得以实现。

---

① [美]昂格尔:《现代社会中的法律》,中国政法大学出版社1994年版,第73页。
② 顾自安、王伟宜:"制度主义的公平观:一种'统合公平'",载《广东工业大学学报》(社会科学版)2006年第6期,第59页。

第八章　治安承包的法律争议

法律是治安承包存在基础、发展的依据。然而，治安承包在其存在和发展的26年轨迹中，触及法律的许多空白之处。正当与否、合法与否、合理与否的争论既是治安承包发展的桎梏，也是其发展的契机。现有法律法规对治安承包方面的规定并不存在固定的、可借鉴的模式。因此，只有首先厘清治安承包的法律属性，才能进一步明确治安承包在实务中的应用。比如怎样证明治安承包存在和发展的正当性，如何看待治安防范承包与治安管理承包的定性问题，治安承包的范围和内容如何界定，治安承包中民警的身份如何认定，承包组织的非法性趋向如何，治安承包合同的定性依据是什么，治安承包合同中的发包人和承包人如何确立，承包经费是法律规范还是市场运作，以及传统治安模式与现行治安承包会产生哪些冲突等诸多问题。唯有明确了治安承包的法律属性，才能推动治安承包在实际生活中的运作，才能保证治安承包的有效性，也才能健全治安承包的法制化。

一、承包的正当性

作为一种新事物，治安承包从产生之初就饱受争议。在新公共管理和市场化的发展之中，传统上被认为是专属于公共警察的治安也经历了程度不同的私有化和市场化，出现了治安承包这一私人性质的警务形式。有人认为"治安管理的承包是政府对其公共职责的放弃，容易引发大量的非法行为，甚至还会加剧社会的混乱"。所以，我们须先认定治安承包在法律上的正当性、合理性，防止出现治安承包不当所造成的潜在性公共安全威胁。

(一)合法抑或非法

治安承包于法无据还是符合法律精神？这首先要解决的就是合法性问题。有人从治安承包产生的积极意义对其大加赞赏，有人对其合法性、正当性和导致的消极后果产生了质疑和批评。

治安承包的反对者认为，从政治性角度来看，公权是服务于私权社会，调整私权社会的关系和矛盾的。公权的拥有者是具有政治权利的公民和这些公民们选举、组织的国家。由此可见，社会治安权应该是作为一种公权而出现，相对于公民、法人和其他组织在社会中自主平等享有的人身财产等私权。公权应该服务于私权，为公民维持一种良好的社会秩序，其拥有和行使要严格按照法律规定进行。然而，治安承包是在没有相应的法律规定的情况下进行的，这种将具有执法性质的公权委托给私人的方法涉嫌违法。治安承包混淆了公权和私权的界限，警察的治安权在一定程度上通过治安承包转移给私人，会导致警察权力边界的模糊，对政府权威和合法性形成挑战。

另外，治安承包后，很难有效落实公安机关的监管机制。而公安机关追求社会效益与治安承包者追求经济效益这一矛盾显然会导致承包者为追求经济利益不惜牺牲社会利益而采用非法方式侵害公民的合法权益。此外，由于承包者法律素质、工作能力、占有资源和承包标的不合适的问题，治安承包存在着失败的可能性，"面对可能存在的治安管理承包的失败，如果公安机关监管不到位，在治安管理承包失败时不能及时补位，可能导致公民最基本的安全需要得不到有效保证，从而带来公民社会福利的损失"。[1]

治安承包的支持者们则从另外的方面对治安承包的正当性、合理性进行了论证。他们认为，治安承包是用市场的方法改造政府，将部分公共警察服务的生产以契约的方式委托给个人和组织来进行，

---

[1] 邱煜："治安管理承包的合法性分析及其完善"，载《山东警察学院学报》2006年第6期。

发挥了社会力量在公共服务供给中的作用，有利于提高治安服务效率、缓解治安供给不足、降低治安管理成本、提高服务质量。治安管理承包引入了市场机制，使得社会其他组织、个人来参与提供治安管理，可以在治安管理领域形成良性竞争状态，有助于维护正常的社会秩序，治安承包是一种改善公共治安生产的新尝试。"就目前的治安承包而言，既不是单纯的政府行为，也不是纯粹的民间活动，而是警察职务行为与居民自治的有机结合，是政府主导下的各种社区治安资源和社区治安力量的有效结合。"[1] 通过警民合作、社会参与的方式，共同解决社会治安问题。治安承包并不是公安部门放弃职责，而是公安部门在权衡评估之后，将一部分警察的辅助性服务通过契约形式交给社会主体行使，并且相应地进行监管和指导，并明确了承包者的责任，不会导致权力滥用，故治安承包有其存在的合理性和正当性。

治安承包符合依法行政的精神。治安承包的正当与否，主要取决于行政机关与公民之间签订治安承包协议是否违背了依法行政原则。依法行政原则要求行政主体的行为必须遵守法律保留原则、法律优先原则和司法审查原则。尤其是法律保留原则，它要求一切行政活动都必须有国会制定的法律根据。目前，治安承包还找不到明确的法律依据，所以可能被界定为不符合依法行政原则。但是，进入20世纪以来，行政权力的目的逐渐向服务行政、给付行政转变，依法行政已经不能理解为原来的恪守现行法律、法规，而应该以民主、公平、正义等法的精神为立足点，以推动社会进步、为社会提供更好服务为目标；应该不能过分强调行为法根据，而应该还包括宪法依据、组织法依据以及这些法律所体现的法治精神。作为给付行政的一种，治安承包与依法行政并不冲突，且有组织法上的授权。我国现行的相关法律赋予公安局、派出所维护和管理社会安全和秩序的权力，治安承包只是行政权力在行使治安管理权力过程中对行

---

[1] 于丽娜："农村治安承包评析"，载《农村·农业·农民》（A版）2009年第2期。

政方式的能动调整。同时，治安承包人只是维护社会治安的辅助力量，公安机关并未丧失自己的职责。治安承包人没有执法权，仅仅是驱赶、扭送不法分子，且他们重在防，处理权仍在派出所。因此，治安管理承包这种新型行政方式并没有造成"公法向私法的逃遁"，而是更充分地发挥了行政权的能动性、灵活性，更好地发挥了社会参与的热情。①

（二）自发性公民权利诉求

改革开放以来，全国各地在治安工作社会化和市场化方面都进行了有益的探索，已经构建了多层次的治安防范网络。除公安机关、武警部队加强治安巡逻外，还推行地方公共治安领域由下至上的社会治安管理机制和方式的诱致性制度变迁，大力提倡和支持通过群众统筹、单位赞助的办法组建群众性治安组织参与维护社会稳定和公共安全，其中治安承包制度的推行就是社会治安综合治理的一种创新形式。

根据法治原则，任何一项行政权力的取得与让渡都必须有法律的授权，这就使治安管理承包内容的合法性受到了极大的质疑。但是，"只要我们不是机械的法条主义者，就必须承认：现行立法可以经由合法的立法程序而改变"。②假如改变后的立法确认公安机关可以授权或委托他人行使其部分或全部职权，涉及行政职权的治安管理承包也就合法化了。因此，如果基于规范主义的立场对治安承包作出评价，仅仅讨论现行法下的合法性是不够的。决定治安承包合法性的关键在于，是否存在足够的理由令立法机关同意将治安权力交由私人或其他非行政性的组织行使。根据社会契约论的"自然权利"的表述：在订立社会契约时，个人向国家转让的只是一部分权利和自由，"无疑每个人都希望交给公共保存的那份自由尽量少些，

---

① 章志远、郭洁："治安承包协议的法律性质分析——行政法角度的审视"，载《贵州警官职业学院学报》2005年第6期，第9页。

② 金自宁："解读'治安承包'现象——探讨公法与私法融合的一种可能性"，载《法商研究》2007年第5期。

只要足以让别人保护自己就行了"。① 至于交出的这一部分自由和权利的范围的大小,未必是一成不变的。既然这一部分公权力本来就是私人的权利与自由,只是出于自我保护的必要才转让给国家,那么当情况变化,公民可以自我保护,不必赋予国家那么大的权力也可以达到自我保护的目的时,人民当然也可以将部分公权力恢复为私人的权利和自由。治安承包从一开始就拥有各方当事人的自愿,是公民自下而上推行的结果,虽然其受到种种批判指责,但仍然断断续续实行了20多年,充分显示了这种自下而上的改革愿望和强大的说服力。因此,我们所应该做的并不是简单地去否定治安承包,毕竟这还是一种新兴事物,应该给予实践检验的机会。鉴于其在实践中已经证明出来的优势,我们应该发展已有的理论,对它的存在给予合法性论证,并且通过相关的制度完善治安承包在现实当中所遇到的各种技术性问题。

二、承包内容的范围

我国的治安承包推行了20多年,从实践来看,在承包内容上,治安承包可以分为两种不同的类型:一是治安防范承包;二是治安管理承包。实行治安防范承包的省市比较多,如自1999年以来,泰安市委、市政府以"治安防范职业化承包责任制"形式解决了城乡不少治安问题。② 有些地方将治安承包的内容逐步扩大到一部分治安管理权。宁波余姚市牟山镇从2005年就开始推行治安承包责任制,将治安巡逻以及村内的私房出租管理、暂住人口登记等管理权

---

① [意]贝卡利亚:《论犯罪与刑罚》,黄风译,中国大百科全书出版社1993年版,第9页。
② 罗俊卿:"泰安治安防范承包大军遍布城乡",载《法制日报》2002年10月30日。

一并承包。① 从这些承包内容来看，既涉及公共治安服务的一部分，也涉及混合性治安服务和私人治安服务。各地的治安承包行为对于承包的范围没有一个规范的统一规定，造成了治安承包中治安防范和管理的行为类型与实施程度不统一。

(一) 治安防范承包

治安防范是社会治安群防群治的方式之一，也是全体公民的一项责任和义务。治安防范具有社会性和个体性双重属性：在宏观上，它是社会治安防范机制的建立、组织和管理行为，是一种典型的公共物品，因此，这种宏观意义上的治安防范须由政府负责。但单位和个体的治安防范需求却是具体、微观的，是该单位和个体根据社会治安的客观需求及自身实际情况为达到既定的防范目标而进行的活动，其出发点和落脚点都是维护某一个单位、个人的利益，具有消费的竞争性和排他性，因此这种治安防范是私人物品，可由市场来供应。

治安承包中的治安防范承包内容就属于后一类治安防范。虽然国家试图垄断涉及人身强制的权力（如治安拘留），但是村民或居民一直有权在自己生活区域内询问行踪可疑人员、告诫或批评行为不当者、劝解争吵打斗者、制止正在进行中的违法行为直至将违法行为人"扭送"至公安机关等。从这个意义上来说，治安防范承包具有合法性。但治安防范承包中的承包内容除了属于私权范畴的事项（如纠纷调节、对违法犯罪人员的举报权和制止权、对违法犯罪分子的正当防卫权、检举权和扭送权等）之外，还包括治安巡逻。治安巡逻是指公安机关及其人民警察为了维护社会治安，依法组织实施的一种巡查警戒活动。在我国进行治安巡逻工作的既有专门巡警队伍，又有由各种民警、武警和派出所抽调的警力等组成的相对固定

---

① 朱和风："余姚牟山治安承包责任制显效"，载《宁波日报》2006年8月29日。

的警察队伍，还包括由民警组织和带领的群众性治安联防组织。①由此看来，治安巡逻属于公权力。但实践中治安巡逻承包的事项仅限于群众性治安联防组织所实施的事项（又称为治安巡防），作为边缘性的警务活动，其属于一般管理权范畴。那些属于警察权范畴的强制措施和执法活动，并没有被纳入承包范围。因此，对于治安防范承包内容的范围界定，应从两个方面出发：一是治安巡逻；二是治安巡逻之外的治安防范内容。对后者进行承包是没有任何争议的；对于前者中的治安巡防（即群众性治安巡逻）进行承包并没有牵扯到警察权的市场化，也不违法。在此基础上的治安防范承包就能作为社会治安防范群防群治的一项新举措，其存在也才具有真正的合法性。

（二）治安管理承包

治安管理是公安机关的行政职能，是指公安机关依照国家法律和法规，依靠群众，运用行政手段，维护社会治安秩序，保障社会生活正常进行的行政管理活动。② 具体的治安管理职权有治安管理命令权、治安处理决定权、治安强制权、治安处罚权、治安调解权、治安奖励权等。③ 治安管理是国家警察机关的权限，涉及公权力。根据《人民警察法》第 6 条的规定，维护社会治安秩序，制止危害社会治安秩序的行为是公安机关和人民警察的职责；《治安管理处罚法》第 7 条规定，国务院公安部门负责全国的治安管理工作，县级以上地方各级人民政府公安机关负责本行政区域内的治安管理工作。也就是说，治安管理是一项维护人民生命财产安全的执法活动，是具有执法性质的公权。

---

① 惠生武：《治安管理学总论》，中国政法大学出版社 2002 年版，第 67 页。

② 王彩元：《治安学基础理论专论》，中国人民公安大学出版社 2005 年版，第 216 页。

③ 惠生武：《治安管理学总论》，中国政法大学出版社 2002 年版，第 75 页。

我国现行法律不仅明确禁止行政机关任意放弃和转让自己的职责，还或明或暗地排斥通过授权将行政权力交由私人行使。《行政许可法》第24条只允许行政主体将行政许可权委托给其他行政机关行使，即禁止将行政许可权委托给行政机关以外的个人或团体来行使。《行政处罚法》除在第16条规定"限制人身自由的行政处罚权只能由公安机关行使"之外，还在第18条明确规定行政处罚权的实施不得委托给"个人"行使。该法第19条规定，"受委托组织必须符合以下条件：（一）依法成立的管理公共事务的事业组织；（二）具有熟悉有关法律、法规、规章和业务的工作人员；（三）对违法行为需要进行技术检查或者技术鉴定的，应当有条件组织进行相应的技术检查或者技术鉴定"。从上述条文可以看出，首先对行政处罚权的委托只限于符合第19条规定要求的特定的组织，并且需要有法律、法规、规章的依据。如果治安承包的承包内容包含行政处罚权的话，那么将其承包给私人就缺乏现行法上的合法性。其次，公共产品只能由政府提供，不等于政府不能以私法方式实施行政任务——在公共产品的供给过程中引入市场机制。就比如以给予相应回报的形式鼓励群众以见义勇为、无私奉献的精神参与治安承包，无疑具有正当性，也是必要的，虽然这只能倡导而不能强制。

诚然，承包的内容只能涉及一些不带有国家强制力的事务，如治安管理权中的一些具体权利：户籍管理、暂住人口的登记和发证、房屋出租管理、治安调解权以及宣传法律法规等。它们仅属于具有业务性的管理权，将其承包并没有改变公权力的性质，只是对该权力进行必要的社会授权调整，并没有造成"公法向私法的逃遁"。在这里，执法权依然掌握在公安机关手中，治安承包人只是通过行使这一部分非强制性的管理权作为维护社会治安的辅助力量和补充，以便更充分地发挥行政权的灵活性优势以及广泛的社会资源的参与热情，实现公共管理的多元共治。

1993年，英国内政部成立了一个调查小组——"波森调查"，对英国的警务工作进行了广泛的调查。在"波森调查"中，英国的警察局长协会和皇家警队督察处概括出了19项可以转移的"边缘任务",其中包括寻找失踪的人、看护猝死者、为大型活动担任警卫、签发持枪证、经销酒类许可证以及提供预防犯罪的咨询等,这些"边缘任务"被认为应由警察负责但是可以文职化或者承包出去。① 警察部门把边缘性的警务工作推向社会和市场,突破了公共警察部门对公共治安服务的垄断,这带来了以下影响:一方面,市场机制中的警察部门在竞争的压力下努力提升服务质量;另一方面,社会化的警察服务也充分调动了社会组织参与警务治理的积极性,让公众可以广泛选择警察服务。正因为如此,警察服务的私有化才日趋成为一个全球现象,越来越多的领域从政府垄断警察服务转向了由私营公司提供保安服务。接受这种服务的有个人、当地街道、私营企业甚至公共机构,比如市政当局。

但是,具有国家强制力的管理权力和执法权力却不能承包。国外有些企业提供各种各样的军事服务,包括直接军事行动、军事顾问、后勤支持和战后重建等。将这些强制性权力承包后,这些企业已经不受政府的控制,他们甚至可以训练一支真正的军队或者自己直接征募士兵。政府逐渐失去控制并依赖于提供全面服务的私营雇佣军,导致的一个重要社会后果就是人民的安全失去了保证。因此,我国公安机关应当按照《人民警察法》第6条的规定,对人民警察应当依法履行的预防、制止和侦查违法犯罪活动等14项职责,进行认真的调查研究和分析,对现行的公安机关承担的各种职能进行区分,确定公安机关的核心职能和一般职能。笔者认为,在公安社会管理中,公安机关的核心管理职能应包括:涉及国家秘密的公共安全管理事项、与行使警察权有关的刑事行政执法活动、与行使警察强制管理权有关的行政强制措施及各种紧急状况的处置,如对违法犯罪行为的处置、治安监督检查、治安管理中相关证照的扣押吊销等。对这些核心管理职能,必须坚持由公安机关管理的原则,集中公安机关的主要资源,予以重点的保障,以维护国家的安全与安定,

---

① 徐伟:"英国警务的私有化改革",载《江西公安专科学校学报》2006年第2期,第75页。

保护公民的人身、财产安全。

三、承包对象的选择

治安承包人的选择范围、标准和素质无疑会对治安承包后实施的效果产生重大影响，但现实中存在的问题却不容乐观。如将民警作为承包人，其与警署签署合同承包书与作为公务员身份发生冲突时应如何解决；怎样将对承包对象的激励手段引入承包机制中；如何克服承包组织非法化的问题，等等。

（一）民警作为承包人

个别地域治安承包人遴选范围仅为民警，民警可否作为第一承包人的模式呢？浙江省嘉兴市嘉善县推出了"警察承包治安"的治安承包模式，由两名担任承包人的民警与嘉善县公安局魏塘警署署长签订承包责任状，将街区的治安防范责任落实到作为承包人的民警身上，由民警自行挑选保安人员，同时民警自身的收入和政绩都与承包效果挂钩，治安承包的经费由警署出并向商户收取保安费来提供。① 虽然魏塘警署在公共治安服务的供给上改变了以前的垄断思想，引入了竞争机制，民警的收入和政绩与承包效果挂钩的奖惩措施也对其产生了一定的激励，但该种模式却属于公共治安服务市场化与内部竞争的嫁接，存在明显不妥。作为承包人的民警是否有编制，是否属于国家正式的公务员？如果该民警属于公安机关的正式编制人员，那么此种方式的治安承包将引发一系列合法性问题。

首先，作为承包人的民警与其所属的警署签订的治安承包责任状是否属于合同？如果属于合同，那么该合同是什么性质？如果不属于合同，那么说明该责任状是警署给民警安排的职责任务，属于该民警的分内之事。但民警的分内之事却与其收入挂钩，此收入是否包括民警每月应该获得的工资、津贴和福利，抑或是除此之外的

---

① 孔令泉、汤吉平："浙江嘉善：'治安承包'初见成效"，载《中国青年报》2003年1月17日。

额外收入?《公务员法》第 74 条规定公务员工资包括基本工资、津贴、补贴和奖金。第 73 条规定,公务员实行国家统一的职务与级别相结合的工资制度。第 78 条规定,任何机关不得违反国家规定自行更改公务员工资、福利、保险政策,擅自提高或者降低公务员的工资、福利、保险待遇。第 79 条规定,公务员工资、福利、保险、退休金以及录用、培训、奖励、辞退等所需经费,应当列入财政预算,予以保障。由此看出,我国《公务员法》对于公务员的工资、福利和津贴的数额与来源均有明确的规定,任何机关不得擅自改变,那么该民警的收入与其承包业绩挂钩合法吗?

其次,如果说公安机关内部和民警签订治安责任书,旨在引入激励竞争机制以更好地完成工作;但民警个人再挑选保安人员进行防范是否属于行政委托实在难定,并且经费由商户自筹也很值得商榷,因为公安行政机关行使的是公权力,从行政行为相对人的角度来讲应是无偿的,这就不免让人产生疑惑:该区域的治安防范承包是否是商户与民警之间的治安承包?民警收取商户的费用,为该区域的商户提供有奖惩的治安服务,是否可以理解为民警在为特定的商户提供有偿的专项治安服务?如果该民警属于正式编制人员,此行为是否构成兼职?《公务员法》第 53 条第 14 项明文规定,不允许公务员从事或者参与营利性活动,在企业或者其他营利性组织中兼任职务。如果已经构成兼职行为,那么该行为是否应该与其政绩挂钩呢?因此,此种承包模式已使竞争机制异化,模糊了政府与市场的边界,并不属于真正的治安承包。

最后,将承包方限定为民警的治安承包模式忽视了外部竞争对民警的激励和产生的压力。竞争可以分为政府内部竞争和政府外部竞争。可以在生产和提供"异质性"公共服务的政府内部引入竞争,也可以引入地方政府各部门间的竞争。因为地方政府同样拥有其自身的利益,如果政府部门能够把事情办好,那么地方政府无疑能够把更多的收入用于支付公共服务,提高公共服务的质量和效率。政府公共部门还可以以独立竞争者的身份与其他任何部门平等参与公共服务的竞争,这是政府外部竞争的一种。在政府把超过一定数额的项目面向社会公开招标时，就引入了社会力量之间的竞争，竞争机制就会增强服务者的压力和责任感。治安承包中，当承包人的遴选范围仅为民警时，如果该民警未完成承包指标、达到承包目标，对于其本人来说，可能会对其作为承包人的生存产生影响，但对于整个公安机关来讲，并没有产生任何竞争压力。因为承包人选只在其内部产生，如果没有完成承包任务，实现承包目标，下一个承包人仍然是该警署的民警。然而，对于社会公众来讲，该种承包模式虽然将市场机制引入到了公安机关内部，但对公安机关并没有形成充分的外部竞争，承包人选仅在其内部替换，这种承包实际上就是原来的公安机关独家垄断的变身，实际的生产者仍然是公安机关，垄断实质并没有改变。但如果将竞争机制引入治安防范和一部分边缘性的治安服务，让社会公众参与竞标，那么治安承包便是以民众主动参与为基础，如能将其进一步规范化和制度化，并与此种传统的治安模式并存，建立平等的竞争关系，就能够促进传统的警察治安工作，从根本上提高治安服务的效率并降低其成本。

社会资本理论倡导建立公众参与网络，打破垂直柱状网络中的上下级权威模式；多中心治理理论也强调打破政府的单一权力中心状态，引入竞争机制，建立复合的多中心制度安排。西方诸国的改革实践反复证明了公共服务的效率低下，"缺乏竞争是最根本的原因，当政府机构直接从事这些工作时，它通常是以垄断方式运行的；当政府机构被迫同承包商竞争时，其生产率就会有所提高，甚至与承包商的业绩水平相当"。[①] 超产权论[②]便主张利用外部管理市场的竞争来淘汰不好的管理者，使管理者在面对充分的市场竞争时，为继续获得控制权收益、建立良好的信誉、得到基于心理契约的报酬而不断努力，从而使其行为得到有效约束。

---

① [美] E. S. 萨瓦斯：《民营化与公私部门的伙伴关系》，中国人民大学出版社2002年版。
② 超产权论是相对于产权论而言的，它把竞争作为激励的一个基本因素，其具体内容包括竞争激励论、竞争发展论、竞争激发论及竞争信息完善论。

（二）承包组织性质可能非法

治安承包组织可能存在性质非法的情况。在治安承包的承包方类别中，有一些为私营组织，如保安公司等。相比个人而言，发包方更愿意将治安服务承包给有一定组织性的私营组织，因其人员素质、硬件配备、激励措施、惩罚条件等相对更加系统和完善，承担责任的能力也更强。在美国，私营保安人员已经超过政府警力，其保安数约为 150 万人。① 在深圳，外来工数量庞大，给深圳的社会治安带来很大的压力，按户籍人口配备的警力已难以从容应对，因此不少地区的公安机关将当地民警的服务性警务活动和非警务活动承包给保安公司，10 倍于公安民警数量的保安队伍在维护深圳社会治安工作中发挥了不可或缺的作用。但并非每一家保安公司在招募保安人员时都能严格把关，有一些公司把当地一些无业人员，甚至曾有劣迹的人员招进治安队伍，加上管理不严，有的在承包治安服务后演变成一股恶势力。2003 年在深圳 8190 个内部保安组织中，非法保安组织一度达到 2816 个，非法保安员达 19115 名。② 可见，政府机制与市场机制的凸性结合并不仅仅是把市场机制引入政府就结束了，政府不能成为"甩手掌柜"。政府对市场机制的引入，其最终目的是为了解决政府失灵现象，使政府机制更有效、公正地运行。公安机关作为公共治安服务和混合治安服务的安排规划者，其扮演的可能是发包方或者考核方或者监督方的角色，仍起着"掌舵"的作用，严格把握好承包过程的每一关才能有效防止非法组织的存在和发展。

四、承包协议的性质

对于治安承包的协议性质，理论界并没有很明确的界定。大部

---

① ［德］魏伯乐等主编：《私有化的局限》，王小卫、周缨译，上海人民出版社 2006 年版，第 252 页。

② 李南玲："护村队打死外来工 农村治安敲警钟"，载新浪网，http://www.sina.com.cn，2003 年 8 月 7 日。

分学者将治安承包协议笼统定义为行政合同,殊不知根据承包内容的不同,其协议的性质也应作不同的诠释。就治安巡防而言,依其性质当属行政合同范畴,而其他的治安管理几乎都可作为民事合同而承包给非政府组织来进行。那么,如何选择恰当的承包模式便成了治安承包成功与否的关键因素。

(一)民事合同

从上文可知,治安防范承包的承包内容除了治安巡防具有双重属性外,其他的都属于私法领域。对于治安巡防以外的治安防范内容的承包合同应看做民事合同。所谓的民事合同是平等主体的自然人、法人、其他组织之间设立、变更、终止民事权利义务关系的协议。① 不含治安巡防内容的治安防范承包协议是双方当事人基于平等、自愿、等价、有偿的民法基本原则达成的一种合同;内容属于私法领域,不涉及公权力,主要包括双方的民事权利义务和奖惩;发包方与承包方都属于平等主体;合同也是基于双方合意而签订的。因此,此类合同当属民事合同。②

(二)行政合同

行政合同,又称为行政契约,有别于民事合同,它是指行政机关与相对人双方的意思一致,所缔结发生行政法上法律关系的合同。③ 行政合同是为了满足行政主体利用合同机制实现行政职能的需要而产生的一种法律制度,合同中存在行政权的参与和干预,因此行政合同具有不同于民事合同的特征。我国学者余凌云教授认为,行政合同具有以下共同特征:行政合同的双方当事人中,必有一方是行政主体,其合同的内容是行政法上的权利与义务;签订行政合同的目的是为了执行公务、实现特定的国家行政管理目标;行政合

---

① 李开国、张玉敏主编:《中国民法学》,法律出版社2002年版。

② 邹东升、胡术鄂:"公共治安承包的合法性困境解析",载《学术论坛》2007年第7期,第162页。

③ 陈新民:《中国行政法学原理》,中国政法大学出版社2002年版,第175页。

同以双方意思表示一致为前提；在行政合同履行、变更或解除中，行政主体享有行政优益权。① 从当前的治安管理承包实践看，治安管理承包合同完全符合行政合同的基本特征，属于行政合同范畴。

1. 治安管理承包合同的当事人一方是行政主体

在行政法上，行政主体是指享有实施行政活动的权力，能够以自己的名义作出行政行为，并能独立承担实施行政活动所产生的法律后果的行政法律关系主体。综观全国的治安承包实施情况，治安管理承包合同和治安防范中治安巡防承包合同的一方当事人要么是公安机关或公安派出所，要么是基层村委会或居委会等。公安派出所是市、县公安机关的派出机构，是市、县公安局或相当于县一级公安机关的派出机构，是集防范、管理、打击、服务等多种职能于一身的综合性的公安机关基层组织。公安派出所的职责和任务是依照国家治安管理法律法规和上级公安机关规定的权限，管理辖区内社会治安，维护公共秩序，预防和制止违法犯罪和治安灾害事故，保卫公共财产，保护公民的合法权益。公安派出所作为政府职能部门的派出机构获得了法定授权，便可获得行政主体资格。公安派出所作为公安局的派出机构，按照在治安管理承包中所享有的暂住人口管理、出租房屋管理等方面的管理权限，根据相关法律、法规的规定，应属于法律、法规设定的公安派出所的行政职权。所以，公安派出所可以作为行政主体。对于基层村委会和居委会等基层自治组织，按照当前的有关法律精神，基层自治组织行使公共管理职能视为国家权力的延伸，因此其也具备了行政主体的要素。从这一方面来说，治安承包合同符合行政合同的主体特征。

2. 合同内容确立了双方的权利义务关系

第一，合同内容以双方意思表示一致为前提。第二，承包人和发包方的权利、义务都围绕着"公权力"（如登记出租房、外来人口登记、治安巡防等）而存在，这些权利和义务具有行政属性，要

---

① 杨海坤：《中国行政法基础理论》，中国人事出版社2000年版，第259—260页。

受法律的限制和行政法原则的约束，不能随意免除和放弃。第三，经当事人协商一致后，治安管理承包的当事人不但可以获得相应的经济补偿，还可以享有为维护公共利益和公共安全所必需的行政公益权。第四，治安管理承包合同中行政主体还享有行政优益权，从有关的法律规定来看，行政机关没有签订行政合同的义务，但享有选择自由，即可以选择恰当的方式为行政行为。行政机关享有的这种选择权证明了行政机关较之于相对人的优益地位，即签订合同的选择权。如宁波泗门镇治安承包的承包人三分之一是党员，一半是退伍军人。[①] 这就是派出所运用签订合同选择权，通过招标的形式，选择特定签约对象的结果。第五，治安管理承包中的行政主体对治安承包协议的履行过程有监督权、指挥权。如果承包人违反合同中规定，不履行或不适当履行应当承担的那部分治安管理的义务，派出所可以对其进行惩罚和制裁，这在治安承包协议中都有明确的规定。

3. 承包合同签订的目的明确

该种合同的目的是为了执行公务、实现特定的国家行政管理目标。所以，行政合同是执行公务的一种手段，其最终目的是为了实现国家利益。行政机关签订承包、租赁等行政合同不是为了满足自身的某种需要，而是为了公共利益。治安承包协议的目的是因地制宜，更好地维护社会秩序和公共安全，保护公民合法权益。它实现的是特定的国家治安行政管理目标，与行政合同的最终目标相吻合。

4. 承包合同的当事人承担公法责任

治安管理承包合同涉及国家公共利益和公共安全，合同当事人不仅享有行政合同带来的利益，而且更要承担专门的行政合同责任。这些责任不仅仅是普通的违约责任，而且可能会包括必要的行政处罚责任。从这一点来说，治安承包合同的行政特征也十分明显。

---

① 罗涟浩、谢建成："16位农民党员承包村级治安"，载《宁波日报》2003年8月3日。

五、承包合同的签约主体

在治安承包的实践操作中,公安机关、公安派出所、村民委员会、物业公司等均可在不同的条件下作为对外签约主体。至于在何种条件下和何种合同中,谁能作为发包方,成为对外签订主体却没有统一的标准和要求。如浙江嘉兴嘉善出现了由警署将治安防范承包给民警个人,再由民警挑选保安人员进行防范的模式。[①] 另外,当治安防范承包分为治安巡防承包以及其他的治安防范承包时,二者由于其内容和性质不同,导致对外签订主体必有差异。因此,随意地确定发包方可能会引发合法性质疑。

(一)祛除治安巡防的治安防范承包合同

这类合同的内容属于私法领域的内容(如纠纷调节,对违法犯罪人员的举报权和制止权,对违法犯罪分子的正当防卫权、检举权和扭送权等),合同性质属于民事合同,其发包方既可以是村民委员会、物业公司、社区等民间组织,也可以是公安行政机关及其派出所机构。因此,此类合同的签订主体一般不存在多少争议。但我们认为,此类合同的签订可以不让公安机关直接参与,而由公安机关以外的民间组织或个人与承包方自行签订,公安机关可以在受邀请的情况下,以承包合同的居间者的面目出现,这样有助于减少众人对该合同性质的误解,避免公安机关陷入在纵向模式和横向模式的交叉点上运作产生的角色困境,以体现该类承包合同的民事性及主体地位的平等性。

(二)治安管理承包合同与治安巡防承包合同

行政委托是指基于管理上的需要,某一行政主体委托另一行政主体或其他组织及个人,以委托人的名义代行其职权或者其他事务,

[①] "防范抓重心　创新求突破",载《浙江省公安厅办公室简报》2002年9月11日。

其行为效果归属于委托人的法律制度。① 但《行政处罚法》第18条第1款明确规定，行政机关不得委托其他组织或者个人实施行政处罚。因此，当承包方为个人的时候，这类承包是否属于行政委托关系呢？《国家赔偿法》第7条第4款明确提出，受行政机关委托的组织或者个人在行使受委托的行政权力时侵犯公民、法人和其他组织的合法权益造成损害的，委托的行政机关为赔偿义务机关。此款已将个人行使公权力纳入可能情形之一，承认个人也能作为行政主体，但这个"个人"应该是机关内部人员，还是机关人员以外的公民？根据社会资本理论，契约的自我执行要辅之以法律和政府的管制，行政性规范作为契约性规范和道德性规范的必要的强制性后盾，其不明确可能会使人与人、人与组织、组织与组织之间的行为和关系陷入混乱之中，也会导致治安承包的合法性问题。笔者赞同陈新民教授的观点：行政任务的委托，可以依法律或其他法规，甚至经由行政合同来委托及授予执行权限。②

由此看来，治安管理承包与治安巡防承包实质上属于一种行政委托关系。又由于此类合同属于行政合同，签订主体的一方必须为行政主体，因此，公安局作为发包方的身份出现，直接参与此类承包合同的签订没有任何异议。问题在于公安派出所是否也能以自己的名义成为发包方？在行政委托关系中，委托方必须为行政主体，非行政主体不能成为行政委托法律关系中的委托方当事人。根据行政法学的行政主体理论，公安派出所作为公安局的派出机构，只要有法律法规的授权，或者权力机关对其作了某种专门行政授权，且当其行使这种职权时，公安派出所就可以成为行政主体。根据《户口登记条例》、《公安部关于城镇暂住人口管理的暂行规定》以及《租赁房屋治安管理规定》等，公安派出所享有法律、法规设定的关于暂住人口管理、出租房屋管理等方面的行政职权，因此，公安派

---

① 胡建淼：《行政法学》，法律出版社2003年版，第177页。
② 陈新民：《中国行政法学原理》，中国政法大学出版社2002年版，第175页。

出所可以以行政主体身份对外签订治安管理承包合同和治安巡防承包合同。

那么，公安机关和公安派出所以外的行政主体是否可以作为发包方对外签订治安管理承包合同和治安巡防承包合同呢？治安管理和治安巡防既然是公安机关的法定职责，那么也就不可能成为其他行政主体与私人或组织之间交易的对象。治安管理承包合同和治安巡防承包合同的一方，只能是公安机关或派出所。引入市场机制只是行政管理方式上的一种创新，而绝对不是行政管理职责和权力的市场化。从某种角度上来看，治安管理和治安巡防也可以认为是一种给付公共产品的服务行政。当然，公安机关及派出所不得以合同的存在为由拒绝履行治安管理和巡防的职责或为治安管理和巡防的失职进行辩解，因为承包人与社会公众之间并无合同上的权利义务关系。

综上所述，不含治安巡防内容的治安防范合同的签订可以不让公安机关直接参与，而由公安机关以外的民间组织或个人与承包方自行签订，公安机关只是在受邀请的情况下，以承包合同的居间者的面目出现，负责业务指导和监督合同的履行。这样有助于减少众人对该合同性质的误解，避免公安机关的角色困境，以体现该类承包合同的民事性及主体地位的平等性；有利于真正实现公共治安的多中心治理，使公安机关彻底成为监督者，把主要精力集中在制定规则、调整利益、监管裁判等方面，保证公共利益最大化，有效约束与合理满足供给者的经济利益。而治安巡防承包和治安管理承包的合同签订则必须由公安机关直接以发包方的身份，直接参与合同的签订，以保证行政合同订立的合法性与合同履行的公正性，也能确保公安机关在承包商出现失误或者无法提供高质量服务的情况下接手的能力。因为治安管理和治安巡防本来就是公安机关的职责，公安机关不能因为这一纸合同而将自己的责任抛弃，成为"甩手掌柜"。

六、承包双方的角色定位

治安承包是应公共治安需求多样性与提供单一性的矛盾应运而

生的，是一种治安服务的多元主体提供方式。虽然这一新尝试以契约的方式提高了公共物品供给的效率，但也引发了公安机关的角色定位问题。公安机关怎样做好监督管理工作，如何做到"裁判员"与"运动员"角色分开，如何做到治安承包的同时社会责任的落实到位，这一切不仅关乎治安承包的顺利落实，也关乎社会治安状况。

（一）公安机关的角色定位

1. 监督方

当公安机关作为监督方时，由于治安承包没有一个系统、成熟的监督制度，如何定位监督角色以及如何进行监督成了一个不容忽视的问题。美国学者E.S.萨瓦斯指出，把本来由政府承担的公共服务通过合同外包给民营企业，使政府成为公共服务的购买者，民营企业成为公共服务的供应者，这种承包合同的有效实施需要相关的条件：（1）工作任务能清楚地界定；（2）存在若干个潜在的竞争者；（3）政府能够监测承包商的工作绩效；（4）承包的条件和具体要求在合同中有明确规定并能够保证落实。① 对于政府来说，必须做到：一是公共服务和公共产品的确认者；二是精明的购买者；三是对所购产品和服务的检查者和评估者；四是公平税赋的有效征收者；五是谨慎的支出者。② 这对于政府部门的管理技能、管理水平和市场化水平提出了很高的要求，特别是政府部门在公共服务市场化中的监督制约保障机制。从英美等国的实践看，政府把公共服务职能通过私有化、承包、出租、委托等形式交给私营组织来履行是西方国家行政改革的共同做法，这方面虽然评价多趋于一致，但问题是各国对打破政府官僚主义体制之后对公共服务市场化的监督保障机制似乎缺少必要的关注，没有严密科学的政策设计，有可能会产生腐败风险。

---

① ［美］E.S.萨瓦斯：《民营化与公私部门的伙伴关系》，中国人民大学出版社2002年版，第78页。

② ［美］E.S.萨瓦斯：《民营化与公私部门的伙伴关系》，中国人民大学出版社2002年版，第73页。

第一，从监督角色来看，当公安机关作为发包方时，监督者与签约者的角色很容易发生冲突。合同规则必须在签订具体的合同之前就制订出来，当公安机关作为合同签订者时，它应该不能构建与自己合同关系有关的任何合同规则；当公安机关作为合同监督者时，其应该以与合同缔约者完全不同的角色来对其进行解释。但当公安机关的签约者角色与监督者角色合为一体时，其作为"理性经济人"，更可能根据自己利益的需要来构建规则，或者是以偏袒的方式对合同进行解释，就使得公安机关更有机会规避自己的责任，无限扩张自己的不合理利益。

第二，从监督内容来看，公安机关如何有效保证其作为发包方时不为了自己的不合理利益而背弃自己的责任，从而制定损害承包方的规则和实施有损承包方利益的行为，如何有效保证承包人不会滥用职权侵犯公民权利而背离"依法行政"的目标，如何有效监督承包人不因追求经济利益而隐瞒治安问题，如何将只关注打击和阻止坏事的警察式监督转化为关注"成本＋质量"（以合理的成本提供高质量服务）的积极式监督，都成为了棘手的问题。[1]

第三，从监督程度来看，当承包者出现了一些严重的行为问题、承包组织并未发现其中出现了一个问题承包人或承包者实施的行为并不为监督方所理解和倡导时，那么监督方有没有直接的干涉权力？即监督方应该在合同更新前对此不闻不问，还是立即出手干涉？因为有些承包组织对直接干涉非常敏感，其内部有一套自己的规章制度来约束其成员的行为，承包组织不愿意让监督方介入其内部成员的管理，尽管当时承包组织并未发现该成员有问题。同时，对承包者的考核是以发案率或抓获犯罪嫌疑人的人数等硬性量化指标为标准的，并没有将其行为的尺度和方式纳入考核范围，承包者可以以考核标准为托辞拒绝改变自己的行为，因此，就算此行为被监督方认为不妥或对公民安全无益，监督方有权力直接干涉吗？如果有权

---

[1] 邹东升、胡术鄂："公共治安承包的合法性困境解析"，载《学术论坛》2007年第7期，第159页。

力直接干涉,那么其干涉的依据、干涉的程度、干涉的方式该如何确定,才能在不挫伤承包者的积极性的同时,又提高行为的规范性和有效性?公安机关将治安服务承包的一个目的就是为了避免微观管理,想通过承包者来避免自己直接提供服务,以提高服务的提供效率和降低成本。但是公安机关作为监督方如果对日常的合同运作不加干涉,就可能导致承包者过度追求硬性考核指标的达标,而背离维护公共利益的最终目的,产生丧失治安承包优势的危险。因此,有必要建立规章制度以明确具体的监督事项,并培养影响承包方的内部管理过程、介入合同实施过程的能力,提高监督方的监督行为的艺术性,以便实现过度监督与不监督之间的平衡,形成合理监督。

第四,从监督主体来看,各地治安承包的监督主体不具有一致性。有的地方采用公安机关与综治办共同承担监督工作的方式,有的地方则直接让公安机关单独承担监督责任。不同的监督主体,其监督标准和监督者的专业素质是不一样的,多重监督主体甚至会出现监督权力交叉,各执一套监督标准,直接影响承包者的承包行为的实施和承包目标的实现,在根本上影响受益者区域的治安安全。

"合理的民营化需要优良的管理、有效的腐败防范机制和对特许经营者的监督。"[①] 公安机关的有效监管是治安管理承包顺利开展并取得成功的关键。这种监管除了对公安机关、派出所及其工作人员进行监管以防腐败外,还要对承包方进行监管,因为在部分安全服务市场化进程中,公安机关把具体的服务事项以合同外包的形式移交给民间机构或私人,但公安机关移交的只是具体安全服务事项的经营权和管理权,改变的只是提供安全服务的方式,相应的责任并没有转移。这种委托授权使双方的关系变成委托代理关系,公安机关作为委托人必须对其代理人也就是经营者进行监管。但是治安承包中的公安机关的监管仍然存在着缺位现象,这其中既有客观的原因,如部分安全服务市场化逐渐改变了公安机关的垄断地位,同时

---

① [美] E.S. 萨瓦斯:《民营化与公私部门的伙伴关系》,中国人民大学出版社2002年版,第327页。

也使公安机关出让了相应的权力，不可能全程跟踪治安管理承包项目，所以极易造成监督的疏漏；又有主观原因，如部分地方公安机关及其工作人员碍于监督成本或者自身能力的不足，疏于监督，玩忽职守；还有的存在观念上的谬误，认为安全服务既然市场化了，就应该由经营主体来负责任，于是在行为上也就表现为对已发包的安全服务不管不问，对市场主体缺少监管，甚至放任自流。

2. "守夜人"

有人认为在治安承包中，公安机关在向社会转嫁和转移自己的法定义务，与市场经济要求政府当好"守夜人"，管理好公共事务的趋势是相悖的。① 犯罪是一种复杂的社会现象，它的产生绝不是某单一原因导致，而是多种因素相互作用的产物，是一种社会综合征，这就是犯罪的多因素特征。既然犯罪是一种社会综合征，治理犯罪就不能光靠社会一个部门或几个部门，也不能只靠一种方法或几种方法，而要靠全社会的力量，靠社会有机体中的各个组成部分齐抓共管，进行综合治理，否则犯罪问题的解决就是一句空话。因此，犯罪的多因论是社会治安管理社会化的客观依据。

治安承包便是社会治安管理社会化的一种具体表现形式，它是满足那些拥有平均水平安全需求之外的安全需要的组织或个人而展开的，是公安机关提供必要的、基本的安全服务以外的一种补充形式。当前行政权力正逐渐向服务行政、给付行政转变，从某种角度上来看，治安防范和治安管理也可以认为是一种给付公共产品的服务行政。法律并不禁止公安机关根据民法的规定，通过与特定公民、法人签订治安承包合同的方式来履行职责。② 但不管是治安防范承包，还是治安管理承包，公安机关不得以治安承包合同的存在为由拒绝履行治安管理职责或为治安管理失职进行辩解，这是公安机关的法定责任。如果实行承包后，公安机关不再向这些地区提供安全

---

① 陈有西："离谱的承包"，载《浙江法制报》2003年1月8日。
② 邹东升、胡术鄂："公共治安承包的合法性困境解析"，载《宪法与行政法（人大复印资料）》2008年第1期。

防范和管理服务，有可能在公共治安承包者的承包失败以后，使那些本想获得较平均安全需要更高的安全需求的组织或个人的合法权益会面临更大损害的风险。《人民警察法》第6条规定，维护社会治安秩序，制止危害社会治安秩序的行为是公安机关和人民警察的职责。因此，公安机关不应该在该区域的治安防范任务被承包以后而成为"甩手掌柜"。受"理性经济人"的理性和自私影响，当公安机关不是直接的治安服务供给者时，最大限度地摆脱治安服务的供给可能成为其不合理的利益追求，但其应当负有的责任依然存在，因此，公安机关应当给这块承包区域加上双保险，确保发包人享受到高于一般区域的治安服务。但绝大部分的"治安承包"模式中都存在行政机关的行政指导行为，但现行法律对行政指导这一行政行为的界定存在盲区，它主要是采取非法律的强制手段来谋求行政相对人为或不为一定的行政活动，具有单方性、合作性和非强制性，旨在用来弥补市场机制和政府干预的缺陷，但是对于治安防范和管理的指导是否只能是非强制的，行政指导行为的救济如何解决等诸多问题却存在空白。

3. 处理复杂现实问题时的角色定位

当承包人履行合同时侵犯了其他公民或组织的权利，而使社会治安上出现了问题，公安机关是否仍须按公法承担相应责任也成为了角色定位的困境问题。治安承包的合同分两种：一种是祛除治安巡防的治安防范承包合同，另一种是治安管理承包合同和治安巡防承包合同。后者属于行政委托关系，根据《国家赔偿法》第7条的规定，受行政机关委托的组织或者个人在行使受委托的行政权力时，因侵犯公民、法人和其他组织的合法权益并造成损害的，被授权的组织为赔偿义务机关。这就说明在后一种承包合同中，公安机关仍须按公法承担责任，因为《国家赔偿法》等法律对公安机关的约束不可能因为公安机关自身与特定公民、法人之间签订的一纸合同而被解除。但前一种合同（即祛除治安巡防的治安防范承包合同）属于民事合同，这类合同中的公安机关无需按公法承担责任。当其作为此类合同的发包方时，负有履行合同的附随义务，因其附随义务的缺失而导致承包人侵犯了其他公民的权利时，公安机关应承担民事责任；当其只作为此类承包合同的居间者出现时，公安机关只承担监督者的责任。

（二）行政权和自治权的关系

"治安承包"中也常常面临处理政府行政权和自治权之间关系的情形。"治安承包"中，如村民委员会这一自治组织发挥了很大的自主性，因此，如何处理政府行政权和自治权之间的关系就极为关键。《村民委员会组织法》第25条中规定：村民委员会根据需要设人民调解、治安保卫、公共卫生等委员会。这里的"治安保卫"实质是治安防范而非治安管理，若要进行治安管理必须要有相关法律法规的授权，也就是说村民自治权只包括民间纠纷的调解权，村民有举报权和制止权，对犯罪分子的正当防卫权、检举权和扭送权。而实际上光凭这些权力的力度无法保证发案率的降低，所以自治权的扩张极有可能发生，这和政府权力的过分介入自治组织一样，是我国民主法治建设中的一个不容忽视的问题，并且"保证发案率"这一说法也不符合社会规律。

（三）治安承包方的角色定位

1. 合同履行中的损失赔偿责任分担者

在祛除治安巡防的治安防范承包合同中，一般无法明确规定承包人的损失赔偿责任的合理承担和合理权力范围。不管公安机关是否作为合同的对外签订主体，承包方作为民事主体不存在代表谁工作，仅仅是对合同另一方即"发包方"负责。在这种承包合同中，承包者仅拥有公民的基本权利，不具有任何行政性的管理权；独立承担对于责任区内的居民或村民的损失赔偿责任。在治安管理和治安巡防承包合同中，公安机关与承包方之间是一种行政委托关系，此时承包方是代表公安机关来工作，并对其负责。换句话说，承包人的身份是政府行为人，那么他们是代表公安机关在实施治安管理和治安巡防，是应该拥有与警察同等的权力，还是与在祛除治安巡防的治安防范承包合同中一样只能拥有公民的基本权利？当其责任区内出现居民或村民失窃等现象时，由此造成的损失赔偿是由承包人独立承担，还是由作为委托人的公安机关来承担？现实中的治安承包合同大多规定由承包人独立承担损失赔偿责任，且并未对承包人拥有的权力范围进行明确规定，即使规定了权力范围的合同也存在合理性和合法性问题。

第一，大多数承包合同仅规定了承包方的一些限制性权力，如浙江省温岭市将外来人口、出租私房管理工作等一部分行政权力作为承包内容进行承包；① 又如陕西西安市未央区草滩村的治安承包合同明确规定承包方无权扣留、无权讯问，只是协助抓捕。② 可以看出，公安机关授予承包方的权力并不多，但合同要求达到的任务却很重，如浙江省温岭市的治安承包合同明确规定了各项承包硬性考核指标，如果承包人没履行好职责，导致重大以上刑事案件发生，将扣罚200元至1000元，责任落实不到位的，扣罚200元至1000元。③ 同时，为了使契约报酬具有可操作性，出现了将承包内容量化成一些"经济指标"进行考核的现象，温州市瓯海区在合同中规定："每月承包保底金为8000元，每月承包区域内刑事发案保底数3起；巡区内月刑事发案累计发生3起，不奖不罚；发案2起，奖1000元；发案1起，奖2000元；没有发案，奖5000元；如果发案4起，罚1000元；发案5起，罚2000元；发案6起以上，罚5000元；如发现故意瞒报或漏报，罚5000元。"④ 如此，就很容易使承包者陷入一种两难境地：如果承包人仅行使公安机关授予的权力无法达到承包任务，那么当其未完成任务时自己需要独立承担罚款；如果为了完成承包目标而加大管理力度和实施合同规定范围之外的权力

---

① 陈秋高："五个村的治安 六个村民包了"，载《人民公安报》2003年4月3日。

② 杜深华："草滩村民首创治安承包"，载《西部时报》2005年1月14日。

③ 陈秋高："五个村的治安 六个村民包了"，载《人民公安报》2003年4月3日。

④ "温州：治安防范有偿承包"，载http：//www.zjol.com.cn，2009年4月28日。

的话，承包人又越权乃至违法了。这一纸合同是否显失公平，是否是政府权力对公民权利的一种变相侵犯呢？

现实中，一些地区的治安承包关于损失赔偿责任的规定已超出以前的固定思维，走出了一条新路，值得我们借鉴。如江苏镇江市从2002年开始推广"契约式保险联防"模式，即以村为单位，按照村民自治和"一事一议"的方式确定收取群防群治经费的原则和标准，并按程序经村民代表大会表决通过，然后向村民收取，在自愿的基础上签订联防协议，同时明确村民家中发生入室盗抢案件后村委会对村民的补偿程序和标准。补偿经费的来源为综治部门与保险公司联手推出的"区域内防盗抢特约保险"，由村委会根据情况，按契约规定对投保户进行补偿。山东聊城也自2005年开始实行"契约式联防保险"模式，即在原来治安承包的基础上，每户每年向保险公司缴纳12元的保险费，保险公司则承担着最高1000元的赔付责任，这样既提高了农户被盗以后的赔偿比例，又保证了治安承包人的工作积极性。[1]

第二，承包方在巡防时要完成承包任务难免会对有嫌疑的人进行盘查或检查。因为承包人的主要任务就是巡逻防范，在巡逻中，如果遇见可疑人员不盘问，那么承包人如何进行防范？如果承包人不进行防范，这份承包合同也就没有任何意义。但《人民警察法》规定，公安机关的人民警察对有违法犯罪嫌疑的人员，经出示相应证件，可以当场盘问、检查。也就是说盘查属于警察刑事权的一部分，承包方无权行使。《宪法》第37条规定，中华人民共和国公民的人身自由不受侵犯。禁止非法拘禁和以其他方法非法剥夺或者限制公民的人身自由，禁止非法搜查公民的身体。《立法法》第8条第5项规定，对公民政治权利的剥夺、限制人身自由的强制措施和处罚只能制定法律。如果随意盘查过往车辆及人员，显然侵害了被管理

---

[1] "山东、江苏等地走出农村治安承包责任制新路"，载中国政务信息网，http：//www.fsa.gov.cn/web_db/sdzg2007/HARDSOLU/SPECIAL/encgd/xncgd26-01.htm，2009年4月8日。

者的合法权益,有悖于《宪法》在内的诸多法律的规定。同时,在治安承包中,公安机关与承包方在追求的工作目标上存在巨大偏差,承包方追求的是经济效益,公安机关追求的却是社会效益,而治安承包采用的也都是经济激励机制。根据公共选择理论,人都是追求自身效用的最大化者,在利益驱动下,作为代理人的承包者可能为了追求自身的经济利益,利用信息不对称和委托人的不知情,滥用职权、枉抓无辜,甚至还可能利用公安机关授予的权力寻租,大搞权钱交易,变相造成政府权力对公民权利的侵害。但如果不授予承包方一定范围的管理权,承包方的安全服务提供工作又无法顺利进行,公民的公共利益也可能因为承包方对于这些管理权的缺失而受到了损害。比如一个小区的小偷偷了居民的自行车,并骑着或推着自行车准备若无其事地、大胆地离开小区,该区域的治安承包人发现该小偷很面生,心里已经确定该人为可疑人员,想上前盘查其身份。由于盘查权属于警察的特有权力,一旦承包人行使了盘查权,该承包人便有滥用权力的嫌疑;但如果承包人不上前盘问小偷,即使马上寻找自行车丢失的证据可能也来不及,那么该小偷可能就因此顺利地离开了小区,自行车主人的利益也受到了损害,并且承包方还得对自行车主人承担赔偿责任。这对承包人无疑是不公平的。在美国,普通法中明确规定,公民为了保护公共安全可以对任何实施严重犯罪行为的人逮捕;对实施侵害公共秩序的一般违法行为需要立即逮捕的人,也可以实施逮捕。当具有明显的危险存在时,赋予公民搜查权以找到或扣押危险物是伴随逮捕权利而必然产生的一项权利。但公民的逮捕权与公共警察的逮捕权相比,法律为了坚持警务职业化模式,对一般公民在实施逮捕时规定了更多的限制。这种限制既有程序上的要求,也有实质条件上的规定。程序上的要求包括要求公民在可能的情况下遵守报送案件材料的制度;实施逮捕的公民还必须填写有关法律文书,包括事件报告表和逮捕报告。实质条件规定是指法律对公民逮捕权从逮捕时间、是否当场实施犯罪等方面做了严格限制。虽然这种限制并不影响公民行使逮捕权,但要求公民应谨慎地实施逮捕。① 而在德国，2002年之前对私营保安的法律地位并没有明确的定义，与任何其他公民一样，保安公司的员工只有在自卫或者在其他紧急情况下，或者在阻挡逃犯的时候，才有权使用武力。任何与警察有关的进一步权利都由宪法严格规定，由政府公务员所拥有。2002年7月的法律修正案对私营保安服务的权利进行了界定，但这并没有使这一局面得到真正改变。② 因此，如何确定承包人的权力范围、如何定性承包人权力的合理性与合法性以及如何界定承包人的法律地位，直接决定了治安承包是否合法，也直接决定了公安机关授予承包方的一部分行政权力能否很好地为公民权利服务。

2. 合同履行中的伤亡责任分担者

如果治安承包中的这些承包人在履行合同时出现了伤亡现象，到底由谁来承担责任以及是否算公伤。实践中，有些治安承包合同明确规定承包方无权扣留、无权讯问，只是协助抓捕③。如果一些偷盗者变成恶性反抗，造成承包人负伤或牺牲，是否只能承包者自认倒霉？笔者认为，在治安管理承包合同和治安巡防合同中出现的伤亡可以算工伤，而不能算公伤。公伤是指在国家法律范围内，国家机关事业单位工作人员因执行公务造成的伤害。④ 根据《工伤保险条例》第14条第3款的规定，在工作时间和工作场所内，因履行工作职责受到暴力等意外伤害的应当认定为工伤。此时责任应由公安机关来承担。而在民事合同性质的治安承包合同中，承包人出现的伤亡不能算做工伤，责任应由自己承担，由此看出，承包人的生

---

① 郭太生："美国私人警备人员逮捕、搜查扣押权力研究"，载《中国保安》2003年第7期，第27页。

② ［德］魏伯乐、［美］奥兰·扬、［瑞士］马塞厄斯·芬格主编：《私有化的局限》，王小卫、周缳译，上海人民出版社2006年版，第253页。

③ 杜深华："草滩村民首创治安承包"，载《西部时报》2005年1月14日。

④ 吼震：" '公伤'与'工伤'的区别"，载《山东劳动保障》2002年第4期。

命权和健康权并不能在承包行为中得到完全保障。目前,一些地区的公安机关、政府、政法委等组织提倡为治安承包人办理人身意外伤害保险,以彻底解决政府权力对公民权利保障上的缺乏,但由于所需资金数额较大,这一对策还在考虑之中。

3. 巡防承包的场所有待明确约定

若将巡防的场所扩大至公路时,则牵涉到上路执法权的执法主体资格问题。《道路交通安全法》第5条规定,国务院公安部门负责全国道路交通安全管理工作,县级以上地方各级人民政府公安机关交通管理部门负责本行政区域内的道路安全管理工作。由此看出,上路执法权只有极少数的特定行政执法机关可以行使,民间组织或个人都不享有该权力。然而,深圳市福田区首批160名民防队员已于2003年3月25日开始上路巡逻,[①]温州市强盾安防服务公司于2006年10月与温州工业园区管委会签订了园区道路巡逻合同。[②]这种巡逻主体和巡逻行为是否合法,不禁引人深思。

七、承包经费的来源与使用

承包经费的来源是承包合同履行的经济基础,承包费用应当由谁缴纳、缴纳的标准和数额都会涉及社会公平的重大问题。治安承包的过程中,是政府购买公共服务,还是经费自筹,确定的比例依据主要看治安承包的性质所属,同时还要衡量经费自筹的过程中,如何做到物有所值。

(一) 政府购买抑或经费自筹

对治安服务进行承包,其初衷之一就是为了解决政府财政拮据

[①] 2003年3月25日《深圳晚报》:首批民防队员今日上路。这些民防队员专打"两抢",按巡警模式管理,且24小时巡逻执勤。深圳市将其作为公安机关的重要辅助力量。

[②] 剑鸣:"全国首家民营保安公司'治安承包'花开全市",载http://www.ouhai.gov.cn,2007年10月11日。

的问题。根据笔者对治安承包具体实践事例的总结和概括，其经费来源主要有以下几种形式：由村委会和村民各出一部分；由村委会提供；由物业公司、村委会提供；由受益村民自己出资；由政府、受益单位及个人各出一部分；由政府拨款；由群众出资为主，企业捐助为辅；由企业集资；由镇财政列支、派出所联防费解决、村集体支付、辖区内企事业单位筹措、农户自愿出资相结合；由警察机构向商户收取保安费等。

我们认为，对于治安管理承包合同和治安巡防承包合同，其经费只能由财政拨款，不能凭借"谁受益，谁出资"的规则向公众收取，这是公民应该享有的社会平均水平的治安服务；对于不含治安巡防的治安防范承包合同，其经费来源应依发包方不同而定：若公安机关为对外签订主体，则由公安机关承担主要经费，村民或居民承担小部分经费；若发包方为公安机关以外的组织或个人，则可按其区域性进行划分，由受益者自筹经费，政府根据需要和可能只适当的提供补贴。纯商业区域的治安承包，可完全由店铺自筹经费；在一般的居民小区（非富人小区），则由居民自筹经费，政府只针对特殊情况的困难群体（如贫困户、残疾人等）进行补贴。但应注意的是，对于混合治安服务的承包，政府始终作为定价主体，却没有统一的定价标准。有些自然村的村民需每人每年缴纳10块钱，有些村的村民只需每人每年缴纳5块钱，至于村民或居民应该缴多少费用、费用的构成成分、不同治安服务所应缴纳的不同级别的费用以及经济发达地区与落后地区之间的费用差别等都没有明确、统一的规定。

（二）付费使用是否公平

以前的治安服务由公安机关独家无偿提供，但现在公安机关改变提供规则，采用了承包制，谁想获得不同于均等治安服务的治安服务时，谁就得付费，且付费的标准不一。从字面意思理解，这一提供规则与国家所倡导的公共服务均等化是相违背的，但若理解了公共服务均等化的内涵，我们会发现公共服务均等化并不强迫公众接受服务均等的结果，公众有自由选择权，可选择接受公安机关生产的治安服务，也可以选择不接受。同时，政府可以自己生产治安服务也可让私人或其他组织来生产。当公众不接受政府生产的公共服务时，则可以引入市场机制，让政府以外的组织或个人来生产公共服务，但收费问题需在不同情况下予以不同对待。对于混合治安服务，由于此类治安服务本来就不属于公安机关向全社会提供的平均水平的公共治安服务，属于"超值服务"，一定区域的公民自愿选择付费来获得基本服务之上的超值服务，我们必须尊重他们的自由选择权。对于公共治安服务，由于此类服务是公安机关向全体公民提供的平均水平的治安服务，所以政府只能是提供者，不能将权力下放或私有化。然而，公民仍然有权利因为对政府提供的此类服务不满意，而选择不接受政府生产的公共治安服务，此时政府可将其中的一些非行政权力交由社会和市场生产，公共产品的提供不等于公共产品的生产，政府仍然是公共治安服务的提供者，只不过将生产者的身份与提供者的身份进行了分离。但需注意的是，政府不能因为公民的自由选择权而抛弃其本来的职责。公民对于公共治安服务的享受前提是纳了税，因此当政府将一定区域的一部分非行政权力的公共治安服务交由私人或组织生产时，该区域的享受这部分公共治安服务的公民是不应该自筹经费的。政府需对承包经费负责，要么政府统一出钱，亲自选择承包商；要么政府将费用交由公民，由该区域公民自主选择承包商，政府监督整个承包过程。

同时，在规则公平观看来，不同的人应当不同对待，每个人可能有不同的治安需求。在公安机关满足社会平均水平的治安服务后，公民有权依照"多劳多得、少劳少得"的标准，另外付费获得不同的治安需求，因此，使用者付费的形式提供治安服务的规则是公平的。但从结果公平的角度来看，不管公民享有多么不同的治安需求，公安机关均应无偿提供，并保证公共治安服务享受的无差别；且结果公平观还认为，公民已经交纳了税收，有权要求公安机关无偿为其提供治安服务，再付费的提供规则会造成公民双重交费的结果不公平。

我们认为，再付费的提供规则不一定会造成结果的不公平。根据公共财政学原理，政府在进行社会管理和公共服务时所需的财力，其筹措的方式有两种：一是税收，二是收费。税收属于一种再分配性的财力，而收费是一种初次分配性的财力。一般而言，税收形式筹措的财力，主要解决层级较高、需求广泛的社会"大公共"支出，而收费则主要解决层级较低、层次较多，且带有明显的区域性差异的社会"小公共"支出。① 随着社会公共治安需求越来越明显带有广泛性、多层次、区域差别大的特点，这种社会需求在经济负担上已超过了许多地方政府的投资责任能力，许多地方最基层的治安巡防力量不得不因经费保障困难而大幅度减弱，这在很大程度上致使现阶段的违法犯罪活动得不到有力的控制。要解决这种投资能力的问题，要么增加对公民的税赋，要么让不同治安需求的公民使用者付费。如果让政府通过对社会民众加重税赋的形式而增筹财力，对于本来就具有多层次治安需求的公民来讲，是合理的，但对于本来已满足公安机关提供的现有的社会平均水平的公共治安服务的公民来说，却是不公平的。因此，用者付费的提供规则在一定程度上实现了公民享受结果的公平性。

---

① 叶永光："花钱买平安 由谁来'埋单'"，载《人民公安报》2003年12月11日。

第九章　治安承包合同的困局与消解

以前，由于公共治安的公共物品特性，政府垄断公共安全服务的供给，从而使公安机关承受了很大的工作压力，导致公共治安服务的有效供给不足和低效率。因此，实行治安承包，在公共治安服务和混合治安服务上引入竞争机制，以竞标的形式形成多个市场主体公平竞争的局面，甚至在公安机关内部模拟出市场竞争环境，提高了治安服务的供给效率，以更低的成本，向社会提供了更好的安全服务。然而，治安承包的出现也引起了各方面的争议和质疑。虽然实行治安承包后，各地普遍反映各类可防性案件大幅下降，当地治安形势明显好转，但仍有不少学者对这一模式提出了诘问。治安承包的合法性，合同双方的责、权、利，合同的主体资格、合同签订的程序、合同发包方和承包方的风险，承包标的的合理设定，合同终止的要件，承包内容的范围，承包人的权利与权力，公安机关的角色定位，承包经费的来源与数额，承包绩效考核的标准与程序，监督主体的确定与实施等均没有统一明确的规定，从而引发了一系列相应的需要消解的治安承包困局。

一、合同谈判

合同成立的过程就是双方博弈的过程，谈判是双方达成一致的重要环节。但是基于治安承包合同的特殊性，包括谈判价值取向的差异和谈判力的不对称，使得合同双方的权利与义务失衡，这些导致了合同谈判过程中产生的种种合法性困境。所以对于谈判困境产生原因的分析显得必不可少。

(一) 谈判困境产生的原因

1. 谈判价值取向的差异

治安承包合同谈判中的文化价值观差异是谈判困境产生的首要原因。个人或组织成为治安承包的承包方时，需签订《治安责任合同书》。在签订合同之前，合同双方需要就合同的具体内容进行谈判。好的交易合同常常被说成是"双赢"的或"非零和"的。合同双方不仅从协议中得利，而且也以互惠的方式在未来一起携手工作。但正如劳埃德·伯顿指出的，私人部门谈判者与公共行政人员在价值、先后重点和责任等方面存在着重要差别，谈判桌两边存在着不同的谈判文化，① 也因此形成政府权力与公民权利之间的对峙。

2. 谈判力的双方不对称

治安承包合同谈判力的不对称是谈判困境产生的重要原因。对于一些属于非行政权力的承包内容来说，合同的性质为民事合同，那么合同双方为平等的民事主体，也应拥有同等的谈判力。治安承包中民事合同的谈判过程本应是平行的，公安机关本想通过这个过程来获得治安服务提供的灵活性、有效性和高效性，其原本也想抛弃自上而下的常规方法，但由于公安机关处于国家机关与民事主体的双重角色，政府权力的惯性思维仍然主导着公安机关的行为，也使得垂直的、基于权力和责任驱动的模式仍然是治安承包合同的主要运作方式。

(二) 困境之合同权利与义务失衡

虽然行政组织作为发包方与承包方处于平等的地位，二者之间的合同关系为民事合同关系，但对于具体的合同条款，大多数承包方（特别是承包方为个人时）并没有同等的与发包方协商的条件，诸多条款由行政组织单方规定，所谓承包方的自愿性仅体现在是否

---

① Lloyd Burton, "*Ethnical Discontinuities in Public/Private Sector Negotiation*", 9 journal of Policy Analysis and Management 23 (1990). 转引自 [美] 菲利普·库珀：《合同制治理——公共管理者面临的挑战与机遇》，竺乾威等译，复旦大学出版社 2007 年版，第 69 页。

自愿竞标承包人以及是否自愿签订承包契约。这些条款中还包括了大量的人们称之为"锅炉钢板"的条款，这些标准条款要么可以满足政策需要，要么可以帮助政府规避和减少风险。因此，几乎每个区域的承包合同都规定了承包人应按照招标合同的规定履行巡逻防范等职责，因失职等造成群众损失的，应按照损失的一定比例予以赔偿。[①] 如陕西西安市未央区草滩村在实现治安承包的合同中规定，由于承包方失职失察造成集体和个人财产损失的，按公安部门认定，承包方向发包方交相应的赔偿金。其中价值1000元以上的赔偿15%，价值500元以上1000元以下的赔偿20%，200元以下的赔偿50%。[②] 草滩村治安承包的承包方是单个的村民，其1个月的承包费才200多元，1天也就7块钱，但赔偿的比例却不低。[③] 承包人个人的财力和偿付能力与此种赔偿比例并不匹配，每个区域的治安承包合同多少都涉及这样的违约条款，承包人在签订合同之前，只能考虑自己是否愿意承担这样的违约责任，而没有与发包方平等协商、讨价还价的条件。公安机关在将一部分边缘性警务职能和非警务职能卸下的同时，还应考虑到承包方的承包能力与偿付能力。此类条款对承包方的义务和责任的设置显然重于其权利的设置，而在合同并没有规定承包方违约、公民利益受损的情况下，发包方应承担何种责任，似乎将所有责任推卸给了承包方，政府权力与公民权利严重失衡。

二、承包方准入资格与上岗条件

公安机关及民警有私人利益，承包者也有私人利益，治安承包是将一部分边缘性的警务活动和非警务活动承包给私人或组织，其承包行为是民事行为或准行政行为。在民事行为中，更强调的是承

[①] 李俞、张立新："治安防范有偿承包责任制构建平安正阳"，载《驻马店日报》2005年4月23日。
[②] 杜深华："草滩村民首创治安承包"，载《西部时报》2005年1月14日。
[③] 杜深华："草滩村民首创治安承包"，载《西部时报》2005年1月14日。

包者和公安机关及民警的私人利益之间的平衡。而在准行政行为中，则更多强调的是将公共利益放在首位。但根据委托代理理论，在建立委托代理关系之前，代理人已经掌握某些委托人不了解的信息，代理人有可能利用这些对委托人不利的信息签订对自己有利的合同，而委托人由于信息劣势处于对己不利的选择位置上，产生逆向选择问题，一些承包者受"理性经济人"的自利思维支配，为了成功任职，有意攀亲拉友以获得公众的投票权，故意隐瞒自己以前的劣迹，甚至伪造完好的资历欺骗发包方和考核方；而一些公安机关为了避免麻烦或节省不应该节省的成本，不给承包方提供足够的培训和硬件配备，让其匆忙上岗，最终损害的却是社会公共利益。因此，明确承包方准入资格和上岗条件成为解决治安承包困境的良策之一。

（一）承包方的准入资格

1. 承包者的素质考察

承包者的素质是准入资格考察的重点。从准入资格来看，如何选好承包人是推行治安承包的关键环节。在英美国家，私人保安业通过加强内部管理和提供标准化服务而获得社会承认的专业地位。可见在警察承包制较为完善的国家，"承包方"即私人保安机构一般具有较大规模，专业化程度也较高。而我国治安承包方的选择没有具体的标准。大多数地方是通过"公开竞标"产生承包方。每个专业的警务人员都需要经过多年的专业培训和一段时间的实际工作后才能成长起来，而这些治安承包人只要经过"公开竞标"成功即可任职，这可能会导致"法盲执法"的现象产生。此外，大部分承包者追求的是个人经济效益，而不是公共利益，这样势必会造成承包者非法办案、刑讯逼供，且在利益的驱动下，增加了出现滥用职权、利用职权"寻租"大搞权钱交易的风险。因此，承包者的素质和对于承包者的选择来说至关重要。在当下各地的治安承包实践中，也呈现出一些共同的条件，如品行端正、身体健康、模范遵守法律、具有一定的治安保卫工作经历等。承包人的选定固然需要坚持一定的实体性标准，但通过正当程序进行筛选则更显重要。

2. 选聘程序的公正性

公正的选聘程序是产生合格承包者的保障。在选聘过程中，应注意走群众路线，公开竞争。江苏省泗阳县在治安承包时严把资格审查关，发布招标公告后，对报名参加竞标者进行严格的资格审查，按照"办事公道、作风正派、身体强健、群众公认、热爱治安"的标准确定竞标人选。且各村召开群众大会，竞标人公开演说，当众投标，中标者即为该村的主承包人。① 但各地的治安承包对承包者的要求并不一致，没有统一的、严格的选聘标准和程序，致使有个别村屯由于家族势力或亲属关系集中而出现选举不民主、帮亲向友的现象，导致了选上的人干不好，干得好的又不一定能选上。

因此，承包人的选定需要注意做好四个环节的工作：一是要采取公开招标的形式，通过优胜劣汰来选定承包人，促进选人、用人上的公平、公正；二是要发挥基层群众的作用，让社区群众广泛参与推选、评议候选人；三是要发挥公安机关的审查作用，对候选人的政治思想和业务素质进行必要的审查，确保承包人能够胜任工作；四是在承包人产生之后，必须先培训后上岗，以增强其治安防范的能力。

从长远来看，要想解决承包人能力普遍低下的缺陷，只有建立专业化、规范化的保安队伍，才能进而推动治安承包向更高层次的发展。今后可以借鉴国外私人保安业发展和运作的成功经验，将治安承包的运作与保安服务业的发展有机结合起来，建立职业化、专业化的治安承包组织。具体而言，职业化的标准有三：一是该行业已成为社会公认的专门职业之一，能够吸引各类人才特别是较高层次的具有治安管理各领域专门知识的专业人员；二是有相当数量的人员长期从事这一职业，保持队伍的稳定性；三是已经形成具有职业特点的管理制度、用人制度和职业保障制度。随着保安业的迅猛发展，民间力量参与治安管理的实力将会大大增强，从而能够使更

---

① 黄道云："泗阳县新招：有偿承包管治安"，载中国法院网 2003 年 10 月 13 日，http://www.chinacourt.org/public/detail.php?id=84651。

(二) 承包方的上岗条件

　　从上岗条件来看，承包人产生之后，应先培训后上岗，以避免因为承包人的失职或缺乏一定的法律知识等主观因素而导致治安承包失败。

　　山东聊城在承包人员的准入资格和上岗条件方面做得比较到位，该地由公安机关量化考核标准，进行审核和培训。一是严格审批把关。公安机关对选定的承包人进行严格的考察审批，认真履行职责，充分发挥当地派出所人熟、地熟、情况熟的优势，对承包人进行全面考察，严防有劣迹的人员混入承包人队伍。二是定期组织治安承包人进行业务培训。为提高治安承包人的业务素质，魏湾镇派出所健全了教育培训制度，每月定期召开会议，采取以会代训的形式对治安承包人进行培训。由于没有相关培训教材，魏湾镇派出所专门编写了一本操作性较强的《治安承包人手册》，在一定程度上弥补了治安承包人缺乏专业知识的缺陷。通过相关知识的教育培训，不断增强承包人的工作能力，提高承包人队伍的整体素质，使他们能够胜任工作，更好地为社会治安防范工作贡献力量。①

　　而西安市未央区草滩派出所不仅聘请了老师，集中进行承包人素质培训，还请来武警五支队的教官进行队列、礼仪、擒拿格斗等训练，并请司法干部进行民事纠纷的调解培训，② 以保证治安防范承包人"思想上过硬、政治上合格、行为上规范、业务上胜任"。

三、招标与考核

　　在整个治安承包的过程中，治安工程的招标不仅处于首要位置，

---

① 唐楠："临清治安承包之路"，载《人民公安报》2006年6月20日。
② 北坪："村民自搞治安，很实际？"，载《农村·农业·农民》（A版）2007年第3期，http://d.wanfangdata.com.cn/Periodical_ncnynm200703041.aspx。

而且决定了后续过程的成功与否。相对于其他项目的招标，治安工程的招标存在更多的不确定风险，包括利益风险、信用风险、信息不对称、违规操作以及道德风险。承认这些风险的存在并准确判断其发展趋势是降低风险的前提，而完善的考核制度则是规避这些风险的重要举措。

（一）招标中的风险

1. 利益风险

在招标过程中，当公安机关作为治安承包的发包方或牵头方选择承包方时，作为委托人的公安机关必须能够区分未来能实现承包任务、维护公共治安的人和不能的人。而由于承包方更关注的不是公共利益，而是维护公共利益能给自己带来的私人利益，因此，"理性经济人"思维占主导的代理人只是为了得到更多的奖金和报酬，才会具有强烈的动机前来投标。

2. 信用风险

在投标过程中，在签订承包契约之前，作为委托人的公安机关是否需要验证代理人的可信度，又能否通过有效的标准和程序来验证其可信度？有的竞标者曾因先前不正当行为受惩罚而被禁止参与新的合同竞标，但在下一次竞标时，公安机关并没有预先澄清这些竞标者的资格，以致增加了与这些评估相关的时间和成本。

3. 信息不对称

有的本来不够标准的承包方为了拿到承包标的，就容易伪造资历或给发包方好处，与其相互串通，以高于实际成本的价格将治安防范工作承包到手，从而损害公众或具体出资组织、个人的利益；而目前的治安承包没有形成系统、完备的招标制度，公安机关通常因地区而异，没有统一的标准去衡量承包人的准入资格和上岗条件，信息的不对称使公安机关无法及时了解承包方的过去经历，也无法评估他们的投标是否与其能力匹配。

4. 违规操作

在具有如此风险性的招标制度下，有的公安机关甚至不愿严格筛选代理人，更有甚者竟与不合格的代理人勾结，助长机会主义的嚣张气焰。此外，在招标过程中，并非每一个区域的治安承包招标程序都公开、透明和规范。有些地区采用自荐式，有的地区采用他人推荐式，有的则采取结合两者的方式，还有一些地区没有实行公开、严格的选举，而是由当地的上级机关自行决定，公民无权行使决定权。更有甚者，在基层组织作为发包方的情况下，由上级机关推荐的承包人竟然是本地区的基层组织干部，发包方是该组织，承包方依然是该组织，使公平竞争流于形式。

5. 道德风险

委托代理行为中不但容易产生逆向选择问题，还容易引发道德风险。委托人与代理人有不同的利益追求和价值标准，代理人总想以尽可能少的付出获得尽可能多的报酬，而委托人的偏好正好相反，总是希望以尽可能少的报酬得到代理人尽可能多的付出。在承包合同签订后，由于存在着合同的不完备性、利益的不一致性、责任的不对等性、信息的非对称性等可能性，代理人并不一定会为委托人恪尽职守，欺诈和违约行为也会时有发生。同时因为代理人的实际行为具有不可预测性，一旦代理人改变他的行为，损害了委托人的利益，就会出现道德风险。[①] 当道德风险出现后，代理人便会想尽办法在考核程序中蒙混过关。

(二) 承包考核制度

完善治安承包考核制度是规避招标风险的重要措施，可以从以下几个方面考虑：

第一，从考核双方来看，在考核过程中，一些被考核方为了能顺利地实现合同内容，就可能会拉拢考核方，在考核中弄虚作假，导致委托人的利益受损；也可能伪造一些发案率等，以此欺骗考核方和委托人。作为考核方的公安机关、村委会或街道综治办是代表公民利益的组织，其利益受损的直接结果便是公共利益受损，所以最终受损的就是公民的生命和财产安全。因此我们在考核承包方的

---

① [美] 史蒂文斯：《集体选择经济学》，杨晓维等译，上海人民出版社1999年版。

同时，也应该重视对发包方的评估和监督。

第二，从考核的互动性来看，大多数地区强调公安机关、村委会或街道综治办对承包方强制性的单方考核，忽视了承包方参与考核行为的主动性。各地区可规定承包人定期向责任区民警汇报工作情况，不但汇报其工作实施的情况，在这一时期内做了哪些加强公共安全的事情（类似于述职），还应汇报责任区的治安环境和状况，以及潜在的不安全因素。

第三，从考核的标准来看，大多数实行治安承包的地区都将考核标准与发案率、抓获违法犯罪嫌疑人的数量等硬性指标结合，过度注重内部考核。诚然，硬性指标和内部考核可以很直观地反映承包方是否达到了治安承包的数量目标，但公共服务市场化并不是都以效率为第一。从某种程度上说，治安服务的质量、效益和公平更加重要。有些承包人仅仅关注的是考核后的经济奖励，对于承包合同上不涉及的内容一概不管：对待村民或居民的态度恶劣，因为他关注的是发案率，认为考核指标跟村民或居民的态度没关系；对于安全意识不强、忘记关门关窗或忘记其他安全事项的村民或居民不加提醒，因为这也不在他的承包合同内容之内，且更可能增加他抓获小偷的机会。治安承包只是一种手段，其最终目的是为了让公民对治安服务和现状满意，即"公民满意"才是考核的最高标准。因此，既要选取明确、有刚性的指标，如发案数量、抓获违法犯罪嫌疑人的数量等数据，还应选取群众安全感、群众满意度和政府回应性等软性指标，建立民意测评机制，按照"客观、准确、公正"的原则进行民意调查，这样才可能更全面的对被考核方进行考核，防止其为了私人利益而损害公共利益。

第四，从考核的过程来看，一些地区的治安承包的考核过程不公开，考核程序不够透明、公正，有些与考核方交情好的或进行过贿赂的承包人顺利通过考核，使考核标准流于形式，导致出资方和公众极不满意。因此，考核的过程与结果应公开，并接受出资人和受益者的监督与审查，避免腐败行为和寻租行为的产生。

四、承包标底设定

在对标底的确定过程中，公安机关及相关组织不仅要考虑到所承包区域的历史情况，还要考虑到整个社会治安形势的发展趋势。

好的交易并不仅仅指的是获得最低报价，特别是对关系到公民安全的治安服务进行承包时，我们需要考虑到提供最低标价的承包人或组织是否有能力真正对合同承包的内容负责任，是否能提供让受益者满意的治安服务，是否能解决公安机关提供治安服务时的低效率问题，是否能对公众的治安服务要求进行有效回应，是否能很好的处理公共利益与私人利益之间的矛盾关系，等等。换句话说，我们必须考虑签约后以及在整个合同执行期间可能出现的困难及突发状况。当最低标价者所报的标价是一种合理的价格时，我们不仅要考虑到"投标回应性"①，还应考虑到"投标者责任"②。当一个负责的最低出价者的出价太高（这是由于没有统一的价格标准所导致），那么就应该加以拒绝，重新竞标。当然重新竞标会增加很多成本，最优方法便是制定出统一的价格标准。

五、承包合同终止

承包合同终止时，我们应该正确分析合同关系终止的原因，从而使合同双方合理地分担责任，促进治安承包这个新的公共治安服务提供方式的发展，使政府真正做到为公众提供一种有效的、高效的公共治安服务。

（一）合同关系终止的原因困境

1. 合同终止的主观原因

如果治安承包合同管理期间问题频发，或者有了新的更好的提

---

① "投标回应性"是指投标者的投标必须对政府所要求的服务作出回应。
② "投标者责任"是指投标者实际上有能力对提供的服务负责。

供服务的途径出现，或者有机会重新竞价以节省资金，就可能是结束原有合同关系的恰当时机。当然，最严重的情况是承包方并不真正履行承包合同。有很多原因可导致这种情况发生，包括纯粹的能力不足、投资不足、管理不力或者破产。在一些情况下，承包人确实会如实告知公安机关他们已无力履行合同。但在通常情况下，公安机关、基层组织和综治办等部门不得不监视承包方的承包行为。如果承包人没有在合同规定的时间内达到承包目标及提供公民所需的治安服务，或者没有履行合同中的其他任何条款，在有需要的情况下，公安机关等便会采取终止合同的行动。

2. 合同终止的客观原因

造成违约的原因除了承包人的主观原因之外，还包括一些不可预见或不可控制的客观原因（如治安承包合同本身的漏洞所造成的不可避免的违约），因此，在公安机关决定终止合同关系时，需提前正式通知承包方，并且给予其解释的机会，不可一味对承包方违约的结果进行纠缠，忽视其申辩的权利。将治安服务进行承包，本身就具有很大的争议。有些地方政府比较容易接受新思想，希望通过创新的方式来改变治安服务的提供现状，所以提倡治安承包；而有些地方政府将其视为高度的政治问题，认为将治安进行承包会危及公民的安全、国家的政权，因此反对治安承包。

同时，治安承包的适用性也因地而异、因时而异，还可能因为公安机关对承包人的授权不当而导致承包人侵犯公民权利，或者由于强制性条款过多、激励性措施不够导致承包人的积极性不高，从而增加治安承包失败的风险。一旦出现承包失败的情况，公安机关等部门容易将主要原因推在治安能否承包的层面上，或者将责任转嫁到承包方身上，认为是其不够尽责或滥用权力所致，而忽略了自身权力委托的正当性和奖惩措施的合理性，忽视了其作为合同发包方或监督方的尽责问题。此外，由于政治原因要求终止治安承包合同时，公安机关等部门应给予承包方合理的补偿，而不是认为有关治安的一部分内容涉及国家公权力，国家机关有权力随时中止契约，仅以一声告知就结束整个合同过程，从而加剧二者之间的对峙。

(二) 合同关系终止的过程困境

一般的合同通常包含一些保护性措施以防违约或表现不佳,也包含合同终止时会涉及的赔偿金条款以及终止程序和争议解决的方法,治安承包合同也不例外。

1. 应理性对待合同的终止

在终止合同关系的过程中,公安机关等部门与承包方都应避免抱着敌视的态度或承包失败的沮丧心情与对方交涉。双方应严格按照合同规定的终止程序、争议解决方法以及赔偿金条款,以积极的方式、乐观的态度进行终止关系的谈判,不但要明确地主张自己的权利、主动地承担自己的义务,还要弄清楚各自在合同的整个过程中产生的导致合同关系终止的原因,以便完善今后的治安承包模式,争取以更好的价格为公众提供更优的治安服务。

2. 应重视正确舆论导向

此外,当政府与承包方要结束治安承包合同关系时,除了公众较为关注终止原因外,媒体便是第二关注者。媒体报道的即时性、范围的广泛性以及公众对媒体报道的依赖性,使每一篇有关政府权力与公民权利博弈的报道都能在社会上引起诸多关注和争论。媒体报道的真实性直接影响着公众对政府的信任度,也影响着每一种新生制度或模式的存续性,特别是我们并不能排除个别不遵守职业道德的媒体不负责任的报道。因此,应重视正确舆论导向,不管治安承包合同终止的原因是什么,政府都应该积极地、正确地引导媒体,让其客观准确地报道有关治安承包的事实,而不能以国家机关自居,将责任全部推卸给承包方;承包方也应以正确的态度面对媒体,不能因为非自愿的原因导致合同关系终止而心存怨恨,对媒体作不真实的陈述,滥用公民的话语权,使社会对政府的信任度降低,此种不良后果可能构成民事侵权。

第十章　完善治安承包的路径选择

伴随着中国改革开放进程的不断加快，治安承包在行政改革与警务革命的背景下应运而生，并断断续续地推行了20多年。在此期间，治安承包获得了一定程度的发展并显现出积极的作用。然而，作为警务社会化探索的治安承包毕竟是时间不长，其发展也面临着重重的困难，不仅承包合同本身有待完善，合同实施过程也面临制度和运作困境，其经费来源也引发了社会公平的拷问。尽管存在着诸多缺陷，不少地方政府至今依然在积极推行。事实证明，警务社会化作为新生事物，具有存在的合理价值和必要性。其对社会公共治安的辅助作用，使社会获得了巨大的实际效益并处于良好的持续运转状态。因此，我们也需要正确引导治安承包实践的发展，推进社会治安综合治理和警务社会化的深化。具体而言，我们完善治安承包发展的制度空间、保障公安部门的权威、树立"顾客导向"的服务理念、健全相关市场化规制并最终实现社会治安状况的多元合作共治。

一、拓展治安承包的制度空间

治安服务的社会化管理纷繁复杂，如何使更多的公民和组织主动参与到治安服务的社会化管理工作中来，是治安管理社会化具体发展过程中面临的核心难题。全国社会治安综合治理正按照"政府引导、社会参与、市场运作、群众受益"的思路推进社会治安工作的社会化、法制化、科技化。在治安服务的社会化过程中，只有引入市场化的运作机制，才更加符合当前社会经济的发展趋势，才能使治安服务的社会化管理更加充满生命力。

在治安服务市场化过程中,作为服务提供者的公民或私人组织成为了行政主体与社会个体之间、行政主体与市场之间有效沟通的桥梁,从而使公安机关更加能集中精力来做好"掌舵"的工作。治安服务市场化并不是意味着完全私有化,公安机关与私人机构和私人之间建立的是一种良好的"合作伙伴"关系,并向一种"双向治理关系"发展。这种"双向治理关系"把具体的治安服务项目转移给执行机构,公安机关在这个过程中保持对治安服务执行机构的"远距离掌舵"遥控关系,同时也允许执行机构反过来引导公安机关的决策活动,承担部分决策咨询功能。这样公安机关从公共治安服务的"直接提供者"逐渐变为服务的"合作者"、"促进者"和"发包人",这是公安机关向社会、民间的"权力返还"。这不仅有助于减轻公安机关的沉重负担和"无限责任",而且有助于社会民主化进程的发展。虽然治安承包在实施过程中,出现了不尽如人意之处,但观其实际效果与受益者评价,支持者的呼声远大于抵制者的呐喊。

作为一种新生事物,治安承包发展需要在不断探索的过程中加以完善。因此,相关政府部门应该对治安承包给予政策上的支持。政策属于上层建筑的范畴,是上层建筑的重要组成部分,它来自于人们的社会实践和对客观规律的认识,对指导人们的社会实践和深化人们对客观规律的认识有重要作用。如果人们对客观事物的认识正确,制定出来的政策符合事物发展的运行规律和人们实践的需要,就会对事物发展有着积极的推动作用。要能够运用政策推动治安承包工作的开展,充分认识政策在治安承包的运作中发挥的聚合和调节作用。正因为其实际带来的良好效应远远大于其可能产生的负面效应,我们就有必要对其加以利用,作为公安机关工作的一个重要的辅助来对待。所以我们必须从政策上对其因势利导,借用政策的资源性效用和创新性效用将其纳入国家政策的范围内,全面分析治安承包的理论意义和现实意义。

此外,治安承包还必须纳入到法律制度上来以便对其进行法律上的约束和规范。法律对社会的有益影响,在相当大的程度上基于这样一个事实,即它在某些基本的生活条件方面,为个人创设并维持了一种安全范围。法律保护国家成员的生命、肢体完整、财产交易、家庭关系甚至生计与健康。① 作为一种新形势下的公共产品市场化运作模式,不可避免地要与实际生活中的当事双方产生冲突,如果没有明确的法律条文来明确当事双方的权利义务关系,对提供和接受的公共服务进行界定,以及发生冲突时应当如何调解和寻求司法机关的帮助,那势必只能造成更大的冲突,更重要的是影响到治安承包的继续推广实行,人为地为治安承包制造了障碍。法律即是政策的合法化表现形式,纳入政策制定的治安承包也就具备了合法化的基础,同时辅以法律的规范和约束,就进一步巩固了治安承包的制度基础,为治安承包的实行创造了更便利的条件,极大地扩展了治安承包的可适用的范围。

二、树立公安机关的"掌舵型"权威

公安机关作为国家权力的重要组成部分,其核心的治安管理职责是不可替代的。也就是说,公安机关在治安发包的过程中只将治安管理的使用权转让出去而保留治安管理的所有权和最终决定权,治安承包的私人供给者必须在制度范围内以及权力约束下,自由、公正地行使治安管理的使用权,为公民提供高质量的治安服务。因此,公安机关必须树立起"掌舵型"的权威,以便实现对市场化治安管理模式的有效监督。

(一)摆正公安机关的"掌舵"位置

推进公共服务的民营化改革已是当今的一种必然趋势。在这种背景下,公安机关在治安服务领域中的作用必将发生变化,这也是公安职能优化和社会安全治理结构的转向过程。在这个过程当中,民间力量将会更广泛地介入公共治安服务领域,并逐步使公共领域

---

① [美]E. 博登海默:《法理学——法哲学及其方法》,中国政法大学出版社 2005 年版,第 378 页。

形成治理的多中心格局。然而，部分公共治安服务由私人供给绝不意味着完全脱离公安机关。相反，公安机关作公共治安服务的"掌舵者"，在治安承包过程中还将发挥重要作用。首先，公安机关需要为治安承包的私人供给者提供制度激励，包括采取某些激励措施等，从而为私人提供部分公共治安服务创造良好的制度环境；其次，公安机关需要为治安承包提供良好、稳定的政策环境，如准入政策、招投标政策等，而且要确保各级公安机关政策的一致性；再次，公安机关需要在部分公共治安服务市场化之后规制公用事业职能，以维护公平和有效的市场竞争。

（二）树立"顾客导向"的服务意识

所谓顾客导向，意指组织及组织成员站在顾客的立场上，仔细评估组织的管理绩效，以追求顾客满意为基本目标。顾客导向实际上是公众导向的比拟说法，只是更具有市场化意味。树立"顾客导向"服务意识后的公安机关不再是凌驾于社会之上的封闭的政府机构，而应是以顾客需求为导向并具有较高服务效率的"企业家"，公民则是其"顾客"或"客户"。公安机关也只有这种"顾客驱动的公安机关"才能满足多样化的社会需求并促进公共安全服务质量的提高。公安机关要塑建"顾客导向"的行政文化模式（即"站在顾客立场思考"），就需要改变传统上公安机关的权威心态，改变传统公共行政模式下的公安机关与社会之间的关系；需要一切从顾客需要出发，一切以顾客的需求为转移，将顾客视为组织的主要资产，把顾客满意作为政府服务质量的核心并与顾客建立长期的互动关系。公安机关不再是高高在上、满足自身组织需要的官僚机构，而是把需要服务的公众视为自己的顾客，通过调查，倾听顾客的意见，建立明确的服务标准，向顾客作出承诺并赋予顾客选择"卖主"的权利，以实现改善公共服务质量的目的。实行顾客导向，可以增强服务提供者的责任感，创造出更多公平的机会，使公众需求受到重视。实现"用脚投票"（自由选择服务机构），公众开始变成"上帝"、"主人"，而原有的"主人"（工作人员）则渐渐回到"公仆"的位置，服务绩效将会得到明显提高，此外还能较大地融洽了社会关系，使社会公众的安全需求得以较好的满足，同时亦较大地促进了公安机关效能和公共安全服务质量的提高。

（三）保持公安机关的法定权威

治安管理作为国家行政管理工作的重要组成部分，其主要职能是维护社会秩序与稳定，为经济建设的顺利进行和人民群众安居乐业创造一个稳定和谐的治安环境。治安管理是行使国家行政权力的表现形式之一，是国家权威性在维护社会稳定工作中的体现，具有根本的权威性和强制性，同时也是支撑和保持治安管理工作效率的基础，是警察力量的根本来源。因此，在任何时候治安管理工作的国家性（行政性）不能改变，这是治安管理市场化的底线，也是现阶段治安形势对治安管理工作的必然要求。虽然在不同的时代、不同的社会环境下，治安管理工作会呈现不同的特点，治安管理的手段侧重点也会有所不同，但其维护社会秩序的根本属性是不会改变的。治安管理的许多权力和工作必须由警察代表国家行使和实施，比如行政处罚权、行政强制权、盘查权、处置突发事件权、使用警械武器权等。只有保持必要的"刚性"管理，才能使公安机关在部分公共安全服务市场化的潮流中不偏离正确的轨道和方向。公民社会的出现与发展，并不意味着政府放弃对社会治安的行政管理而全部交给社会自主管理。因此，公安机关应该适应当前治安管理职能泛化的要求，规范权力运作，改革管理方式，加大管理力度，加强重点领域和业务的必要控制，提高治安行政管理的效率和水平。

三、健全安全服务市场化的规制

公用服务的市场化是一个复杂的过程，其中一个重要的问题就是在民营化与规制之间如何选择改革顺序。20世纪60年代早期，许多经济学家向东欧和前苏联提出了迅速民营化方案，而且把这种快速民营化作为国企改革的唯一现实方法，几乎完全忽略了规制体制的建立。后来的实践证明这是一个错误，规制的确立应先于企业的民营化。斯科特·沃尔斯顿运用200个国家从1985—1999年的分组数据来检验规制改革和民营化之间的选择顺序是否有直接关联关系,其研究结论是必须先行确立规制,然后再推行市场化。[①] 市场化之前先行确立规制机构和相关规制,将大大提高投资者购买公用事业愿意支付的价格。如果缺少民营化必需的先行规制改革,投资者必然要求给予相应的风险补偿,以弥补因规制不确立而造成的额外损失。规制在先,市场化改革在后。这是推进公共服务市场化改革过程中一个值得重视的指导思想。我国现有的规制缺失使越来越多的学界和实践界人士纷纷呼吁尽快建立有效的安全服务市场化的规制。

(一) 赋予必要的政策和法律扶持

市场经济应该是法制经济,需要适当的法律制度作保障,特别是对中国这样处于经济转型期即从不发达的市场经济过渡到发达的市场经济的发展中国家来说,首要前提就是实现合理的制度变迁。在制度变迁的进程中,政府理应起到积极的作用,为市场机制建设提供适当的制度基础,尤其是适当的经济体制、市场秩序、产权制度等方面的法律制度。由于我国在社会治安管理社会化过程中引入市场化运作机制没有先例可循,所以公安机关需要靠自身的不断实践和探索来把握正确的发展方向。因此,各级行政主体应当根据有关法律制定和完善当前社会经济条件下各专业部门的规章和制度,加大依法管理力度,为职业化的群众管理队伍参与社会治安管理提供法律保障。同时各级行政主体也应当根据社会发展的要求,出台一些相关的市场准入标准与相关的产业政策,为社会治安管理社会化提供良好的政策保障。

(二) 建构相关的市场运行规范

对于社会治安管理过程中,公安机关可以进行委托管理的防范、控案等职能,应明确制定相应的市场运行规范,放手市场竞争,通过竞标的手段,确定委托对象,在规定好双方权利和义务的前提下,由被委托对象发挥自身优势,实现管理目标。党委政府和公安机关

[①] [美] 斯科特·沃尔斯顿:"在规制与民营化之间:改革的顺序选择",载《经济社会体制比较》2003年第3期,第69—77页。

则要从直接的微观管理转到间接的宏观管理上来,加强指导和监督,确保形成行业管理、市场运作、政府调控的市场化运行机制,使社会治安管理者能放手做好所承担的治安管理义务。

1. 加强监督制度建设

公安机关作为安全服务的安排者,在安全服务市场化的过程中必须承担起监督责任,对影响到公众利益的关键环节和关键因素进行有效的监督。公安机关所追求的是社会效益,而治安承包者追求的是经济效益。这也是治安承包取得成效的动力因素之一。但是,在经济理性与人性私利的驱动下,人们是很容易将权力化为私有,将手中的权力资源化为现实中的利益要求。在利益驱动下,承包者可能滥用职权、枉抓无辜,产生"恶人治村"。此外,缺乏有效监督的承包人还可能会利用职权"寻租",搞权钱交易。因此,治安承包绝对不是以包代管,承包人不能取代派出所、村委会等组织在安全服务中的作用。基层派出所要加强对承包人的控制、监督和制约。

一方面,公安机关应加强对承包方的监督。监督的重点主要是其履约情况、提供服务的质量和价格如何、是否有损害民众利益的行为等。监管的方式和途径也很多,主要包括以下几个方面:一是建立多元监督机制主体。不仅要在公安机关内部建立专门的监督机构,还要动员各种社会力量对公共服务质量进行监督,完善公众权利救济机制,不仅行政机关、权力机关、司法机关等要对提供服务的市场主体进行服务质量和履约情况的监督,广大民众也要通过各种途径和渠道对其进行监督,并且要不断增加公共服务质量问题的救济方式与途径,拓展救济范围,保证公众对公共服务的质量问题能得到及时有效的救济,进而形成一个制度化的监督者、经营者和消费者之间的快速良性的互动机制。二是完善价格监管机制。安全服务的价格既要允许承包方合理利润的存在,又要保护公民享受保质保量的安全服务的权利,为此各级公安机关等机构必须对各类安全服务的价格进行审定和监督,制定合理的价格机制。笔者认为,应实行价格听证会制度,以便为公众、企业和公安机关三者提供一个协商、对话的机制和平台,达成一个各方都认同的价格。对于那些为了企业自身利益而擅自涨价的行为,要进行严厉的制裁和打击。

另一方面,公安机关等机构及其工作人员也需要接受监督。监督重点是腐败问题。"伴随着规制过程可能产生大量的寻租行为,规制者可能被受规制者俘虏,使政府规制偏离社会公共利益。"① 对公安机关、派出所等机构的行为进行监督,可避免发生权钱交易、基层行政腐败、派出所推卸自身责任等恶劣行为。监督可以下列途径进行:第一,相关廉政制度的配套。要完善政务公开,要规范相应的操作流程,保持各工作环节之间的衔接,同时还要畅通投诉渠道,充分发挥舆论监督和群众监督的积极作用②。第二,提高公安机关等机构工作人员的职业道德素质和业务能力,加强对公安机关等机构工作人员的培训。长期以来,由于我国的绝大数安全服务是由公安机关垄断提供的,这种垄断经营方式不需要公安机关具有复杂的管理方法和技术,导致一些地方公安机关等机构的工作人员运用市场化模式的能力不足,缺乏包括招投标、项目评估、定价、业绩监督、利益协调等方面的专业知识和实践经验。而安全服务市场化的管理模式是一个专业性较强、管理难度较大的领域,尤其是部分公共安全服务的合同外包,对公安机关等机构的能力建设提出了更高的要求。凯特尔指出,如果政府不是一个精明的买家,不知道该买什么,从哪儿买,如何评价所购买的物品和服务,那么合同承包就会失败。③ 因此,公安机关应加强对机构工作人员的培训,使其熟悉和掌握谈判技巧、成本核算等管理方法和技巧,提高其战略管理能力、决断能力、绩效检测能力等,从而在安全服务市场化过程中

---

① 贺文平、张晓兰:"试论转型期我国政府规制的改革",载《行政与法》2004年第5期。

② 蔡放波:"公共服务市场化与政府责任",载郭济:《政府社会管理与公共服务改革》,重庆出版社2005年版,第256页。

③ [美] E.S.萨瓦斯:《民营化与公私部门的伙伴关系》,中国人民大学出版社2002年版,第144页、第327页。

能作出科学的决策,进行有效的监督。只有在强烈的职业道德责任感的引导下,在强大的业务能力的保证下,才可能防范滥用权力、滋生腐败和损害公众利益的各种风险。第三,建立责任追究制度。安全服务市场化直接影响公民的生命与健康,对于不依法履行职责的相关人员和部门进行问责,并进行相应的惩罚和制裁,从而建立起一种新型的、以结果为导向的责任机制,保证公安机关等机构的监督职能的履行。

2. 严格优胜劣汰措施

一般来说,绩效评估是指在实现某种行政目标的过程中,依据可量化的指标对工作过程、结果、效率等各方面进行评估,以改善工作绩效的一套体系。治安承包合同的订立意味着公安机关将从特定区域的部分治安管理事务中摆脱出来,即从"前台"管理者向"后台"监管者转变。然而,承包合同的订立并不表明公安机关能够从治安管理事务中彻底淡出,只是公安机关角色的转换而已。为此,公安机关必须对承包人的活动进行合理适度的绩效评估。

(1) 引入公民参与机制。改善公安机关绩效评估的一个有效途径是引入公民参与机制,由公众对安全服务绩效进行评估。虽然公众的评判缺乏评估的专门技术、知识和必要的信息,但安全服务是以顾客为中心、以顾客的需要为导向的,因此,绩效评估必须取得民众的关注与参与,民众的关注与参与也必定能有效地改进政府绩效评估。

(2) 设定合理的绩效指标。绩效评估的关键在于确立科学而合理的评估指标。就治安承包的绩效评估而言,在考核指标上应坚持软性指标和硬性指标相结合的原则。在当下的实践中,治安承包绩效评估主要采取的是硬性指标,即发案率和抓获违法嫌疑人的数量等。例如,2003年开始试行治安承包的杭州市下城区庆春路、新华路的治安承包协议中规定,第二季度在该路段及沿街商店内发生的刑事案件不得超过10起,以后则按照每个季度的不同情况确定指标,第三季度不得超过6起,每减少1起可以奖励100元,每增加1起也会扣去承包者100元。发案量、抓获违法嫌疑人数量等指标具有明确性、客观性及易测定性等优点，能在一定程度上反映出治安承包的效果。但案件发生具有很大的偶然性，不同季节、不同时段都会出现相应的波动，仅以确定的数量指标来衡量不确定的事实无疑欠缺科学性。在没有相应的制度约束且信息不对称的条件下，经济主体面对利益激励很难不作出逆向选择。无论采取什么样的民营化举措，终极目的都在于提升公共服务的质量、增进民众的福祉。因此，在公私合作进行治安管理的承包中，单纯以发案量等硬性指标来衡量治安承包的绩效并不是合理的，相反应该引入软性指标，即公民的满意度为绩效评估的核心标准。引入公众参与机制，通过吸收公众实际参与治安承包绩效评估考核的过程，能够增进治安承包的实效，以及更好地履行规制者的监管责任。但由于现在系统性制定治安承包相关指标还处于起步阶段，公安机关在制定绩效评估指标时，不宜过于复杂，应当以简便易行为原则。因此，公安机关在确定制度时应该注意考核的过程公开透明，让公众参与评估与考核的过程，如召开村民大会听取民众意见等，切实以公众的满意度为主要指标衡量治安承包的效果，将公众意见体现到评估过程中。

（3）建立完备的绩效信息系统。完备的评估资料和数据是开展绩效评估的基础。公安机关绩效评估所需要的信息量大，涉及的安全服务多，信息来源的渠道广。因此须建立一个完善的绩效信息系统，以及时进行信息的收集、分析，为政府进行绩效评估提供依据。

四、走向多元合作治理

达尔曾说过："我们不能根据多数与少数之间的对比，来描述民主社会的实际运作。我们只能区分各种不同类型和大小的群体，它们都在以各种不同的方式试图推进它们的目标。"[①] 他发现，正是这

---

① [美] 达尔：《民主理论的前言》，三联书店、牛津大学出版社 1999 年版，第 180 页。

些群体（团体）使权力被有效地肢解了，它们都享有权力，并进行着权力的交易。每个群体为了自己的利益都力图影响公共政策的制定，为此形成的冲突和交易过程造成了一种竞争性均衡的趋势，产生了从长远来看对公民有利的政策。对于现代社会治安的发展趋势而言，治安承包制可以下划到包括保安公司服务、物业公司保安服务、私人保镖与私人侦探所等社会机构或团体。即在宪法和法律的范围内和公安机关的直接领导下，这些群体可以代替公安机关行使一部分社会公共权力并获得一定的执行权力和惩戒手段。同时，公安机关还需要建立起与之相应的责任制度、奖励惩罚制度、监督制度等系统性、规范性的制度措施。只有这样，才能使治安承包在一个良性的环境下运行并产生社会治安效益的最大化。

近年来，随着中国社会急剧转型与城市化进程的加速推进，不仅多年累积的治安问题逐步爆发出来，新的治安隐患也日益凸显。因此社会治安问题正在成为公共治理面临的最严峻挑战之一。实践证明，传统的以政府为中心的社会治安行政性治理模式虽然取得了一定成效，但并不能遏制社会治安形势随着"严打"活动的开展呈现时好时坏的明显起伏的阶段性特征。民间力量的多主体积极参与和多元合作共治，使得中国的社会公共治理有了走出困境的可能。从行政性治理向多元共治的转型，不仅具有理论必要性，也不乏实践合法性与可能性。

当今，政府治理模式在超越统治型管制以后，经历了一种半统治型与半经营型的混合模式，服务型政府建设越来越多地将责任性、回应性、民主性、公平性、节约性、高效性等基本元素导入公共服务之中。社会治安的多元合作治理作为一种不同于警察部门单边治理的模式，日益得到了公共安全管理理论界和实际部门的认同与重视。此外，伴随二元城乡体制的解体、公民权利意识的不断加强以及公民社会的日趋发展和成熟，社会必然产生一种多元化的状态。这种多元化状态也要求国家权力部门自然地释放一部分权力给予社会，由社会进行自我调解。在社会治安的权力体系中，社会机构、团体由形式上的参与者转变为实质的参与者；公安机关也由治安事务垄断者转为公安事务的外包者以及执行权力的监督者。

简而言之，越来越多利益相关者参与的社会治安共同治理模式不仅促进了我国警务社会化，提升了地方公共安全服务绩效水平，而且社会治安的多元合作治理也推动了我国基层的政治民主化。

参考文献

一、中文译著

1. ［美］埃莉诺·奥斯特罗姆：《公共事物的治理之道——集体行动制度的演进》，余逊达、陈旭东译，上海三联书店 2000 年版。
2. ［美］B. 盖伊·彼得斯：《政府未来的治理模式》，中国人民大学出版社 2001 年版。
3. ［美］詹姆斯·M. 布坎南：《自由、市场和国家》，吴良健等译，北京经济学院出版社 1998 年版。
4. ［美］丹尼斯·穆勒：《公共选择》，王诚译，商务印书馆 1992 年版。
5. ［美］菲利普·库珀：《合同制治理——公共管理者面临的挑战与机遇》，竺乾威等译，复旦大学出版社 2007 年版。
6. ［英］洛克：《政府论》，商务印书馆 1964 年版。
7. ［美］特里·库伯：《行政伦理学：实现行政责任的途径》，张秀琴译，中国人民大学出版社 2001 年版。
8. ［美］戴维·奥斯本：《改革政府——企业精神如何改革着公营部门》，周敦仁等译，上海译文出版社 1996 年版。
9. ［美］奥斯特罗姆等：《公共服务的制度建构》，毛寿龙译，上海三联书店 1999 年版。
10. ［美］曼瑟尔·奥尔森：《集体行动的逻辑》，陈郁等译，上海三联书店 1995 年版。
11. ［美］查尔斯·沃尔夫：《市场或政府——权衡两种不完善的选择》，谢旭译，中国发展出版社 1994 年版。
12. ［英］简·莱恩：《新公共管理》，赵成根译，中国青年出版社

2004年版。

13. [美] E. S. 萨瓦斯：《民营化与公私部门的伙伴关系》，周志忍等译，中国人民大学出版社2002年版。
14. [德] 魏伯乐等主编：《私有化的局限》，王小卫、周缨译，上海人民出版社2006年版。
15. [法] 卢梭：《社会契约论》，何兆武译，商务印书馆1980年版。
16. [美] 约翰·罗尔斯：《正义论》，何怀宏等译，中国社会科学出版社1988年版。
17. [美] 迈克尔·麦金尼斯：《多中心体制与地方公共经济》，毛寿龙、李梅译，上海三联书店2000年版。
18. [英] 戴维·沃克：《牛津法律大辞典》，光明日报出版社1988年版。
19. [英] 罗伯特·雷纳：《警察政治学——警察的政治分析》，易继苍、朱俊瑞译，知识产权出版社2008年版。
20. [法] 米歇尔·福柯：《规训与惩罚——监狱的诞生》，刘北成、杨远婴译，三联书店1999年版。
21. [美] 斯蒂芬·P. 罗宾斯：《管理学》（第9版），孙健敏等译，中国人民大学出版社2009年版。
22. [美] 戴维·H. 罗森布鲁姆：《公共行政学：管理、政治和法律的途径》，中国人民大学出版社2002年版。
23. [美] 尼古拉·亨利：《公共行政与公共事务》，中国人民大学出版社2002年版。
24. [美] R. M. 克朗：《系统分析和政策科学》，陈东威译，商务印书馆1985年版。

二、中文专著

1. 李波：《公共执法与私人执法的比较经济研究》，北京大学出版社2008年版。
2. 刘军宁：《民主与民主化》，商务印书馆1999年版。
3. 詹镇荣：《民营化法与管制革新》，元照出版有限公司2005年版。
4. 詹中原：《民营化政策——公共行政理论与实务之分析》，五南图书出版公司1993年版。
5. 惠生武：《治安管理学总论》，中国政法大学出版社2002年版。
6. 胡建淼：《行政法学》，法律出版社2003年版。
7. 李军鹏：《公共服务型政府》，北京大学出版社2004年版。
8. 李艳岩：《治安经济学》，法律出版社2004年版。
9. 李开国、张玉敏：《中国民法学》，法律出版社2002年版。
10. 张成福、党秀云：《公共管理学》，中国人民大学出版社2001年版。
11. 郑航生等：《转型中的中国社会和中国社会的转型》，首都师范大学出版社1996年版。
12. 王俊豪、周小梅：《中国自然垄断产业民营化改革与政府管制政策》，经济管理出版社2004年版。
13. 俞可平：《治理与善治》，社会科学文献出版社2000年版。
14. 周游等：《公共经济学概论》，武汉出版社2002年版。
15. 何家弘等编译：《私人侦探与私人保安》，中国人民大学出版社1990年版。
16. 董少平：《变革社会中法律、道德、信仰的整合》，人民出版社2003年版。
17. 张乃根：《西方法哲学史纲》，中国政法大学出版社1997年版。
18. 莫德升、荆长岭主编：《社会治安综合治理专题研究》，群众出版社2003年版。
19. 郭太生：《保卫与保安理论研究综述》，群众出版社1998年版。
20. 李晓明：《中国保安学（修订）》，警官教育出版社1998年版。
21. 中央社会治安综合治理委员会办公室编著：《中国社会治安综合治理年鉴（2006）》，中华人民共和国年鉴社2007年版。
22. 席恒：《公与私：公共事业运行机制研究》，商务印书馆2003年版。
23. 毛锐：《撒切尔政府私有化政策研究》，中国社会科学出版社2005年版。
24. 王智军：《警察的政治属性》，社会科学文献出版社2009年版。

25. 句华：《公共服务中的市场机制——理论、方式与技术》，北京大学出版社 2006 年版。
26. 黄俊杰、江宜桦编：《公私领域新探：东亚与西方观点之比较》，台湾大学出版中心 2005 年版。

三、中文论文

1. 章志远、郭洁："治安承包协议的法律性质分析——行政法角度的审视"，载《贵州警官职业学院学报》2005 年第 6 期。
2. 宫万路、刘静坤："治安承包与新时期警务改革"，载《江西公安专科学校学报》2004 年第 3 期。
3. 章志远："公共行政民营化界限研究——'治安承包'引发的思考"，载《贵州警官职业学院学报》2007 年第 6 期。
4. 郭太生："英国私人保安业研究"，载《中国人民公安大学学报》1997 年第 3 期。
5. 郭太生："国外保安理论研究介绍"，载《中国保安》2002 年第 6 期。
6. 李斌："治安承包现象的法社会解读"，载《江西公安专科学校学报》2004 年第 3 期。
7. 周伟芳："治安承包管理模式的理论依据与实践"，载《求索》2004 年第 11 期。
8. 贾学胜："治安承包的理论基础及合法性分析"，载《江西公安专科学校学报》2004 年第 3 期。
9. 马雪梅、陈胜："'治安承包'现象之法理评析"，载《西华师范大学学报》（哲学社会科学版）2006 年第 4 期。
10. 陈兵："论治安承包责任制的现状与完善"，载《贵州警官职业学院学报》2004 年第 5 期。
11. 邱乐安："'治安承包'的理论探讨"，载《四川警官高等专科学校学报》2004 年第 6 期。
12. 王大伟："从杆石桥模式到世界警务改革大趋势——中西警务改革比较（第三部分 辅助警力的比较）"，载《中国人民公安大学学报》2000 年第 4 期。

13. 郑延涛等:"公共需求扩张与公共供给问题研究",载《理论探索》2005年第4期。
14. 徐昕:"法律的私人执行",载《法学研究》2004年第1期。
15. 郭太生:"美国私人警备人员逮捕、搜查扣押权力研究",载《中国保安》2003年第7期。
16. 方福前:"'经济人'范式在公共选择理论中的得失",载《经济学家》2001年第1期。
17. 吴光芸:"论构建政府、市场与公民社会三者互动的有效公共服务体系",载《江汉论坛》2005年第9期。
18. 童星、罗军:"社会规范的三种形式及其相互关系",载《江海学刊》2001年第3期。
19. 周志忍:"当代西方行政改革与管理模式转换",载《北京大学学报》(哲学社会科学版)1995年第4期。
20. 毛寿龙:"现代治道与治道变革",载《江苏行政学院学报》2003年第2期。
21. 程样国、韩艺:"西方公共服务市场化的启示与反思",载《江西社会科学》2004年第4期。
22. 邵峰:"公共服务市场化的国际比较及其启示",载《深圳大学学报》2005年第1期。
23. 李海燕:"竞争、多中心治道与我国公共服务改革",载《河南社会科学》2004年第6期。
24. 卓越:"行政成本的制度分析",载《中国行政管理》2001年第3期。
25. 黎津平:"'治安承包'是社会治安综合治理的一种新形式",载《新疆警官高等专科学校学报》2004年第3期。
26. 杨欣:"论政府职能民营化的边界",载《中国法学会行政法学研究会2006年年会论文》(2006年7月西宁)。
27. 金自宁:"解读'治安承包'现象——探讨公法与私法融合的一种可能性",载《法商研究》2007年第5期。
28. 曹闻民:"论和谐治理与合作型政府治理模式构建",载《广东行政学院学报》2007年第1期。
29. 王文宇:"政府、民间与法律——论公营事业民营化的几个基本问题",载《月旦法学》1998年第5期。
30. 盛洪:"政府和市场的边界须清晰",载《中国企业家》2005年第24期。
31. 邱煜:"治安承包的理论与实践",载《中国人民公安大学学报》2003年第5期。
32. 邱煜:"治安服务的类型及其供给模式研究",载《公安学刊》2005年第3期。
33. 陈庆云等:"比较利益人:公共管理研究的一种人性假设——兼评'经济人'假设的适用性",载《中国行政管理》2005年第6期。
34. 顾自安、王伟宜:"制度主义的公平观:一种'统合公平'",载《广东工业大学学报》(社会科学版)2006年第6期。
35. 唐娟、曹富国:"公共服务供给的多元模式分析",载《华中师范大学学报》(人文社会科学版)2004年第2期。
36. 王大维:"西方警务改革的历史与趋势",载《人民公安》2001年第23期。
37. 范晓晖:"保安立法,即将进入倒计时",载《中国保安》2006年第9期。
38. 马剑:"保安立法,何时破晓?——保安立法中若干问题之探析",载《中国保安》2004年第12期。
39. 崔国贤、谭琦:"国外私人警务与我国治安承包制探究",载《河北公安警察职业学院学报》2004年第2期。
40. 杨毅:"转型时期我国社会治安综合治理的新视角",载《湖北警官学院学报》2005年第1期。
41. 胡象明、鲁萍:"治理视野下的政府公共服务市场化",载《北京行政学院学报》2002年第5期。
42. 杜深华:"草滩村民首创治安承包",载《西部时报》2005年1月14日。

43. "2004年全国社会治安综合治理工作要点",载《法制日报》2004年2月3日。
44. "首批民防队员今日上路",载《深圳晚报》2003年3月25日。
45. 周林军:"公用事业民营化的成本控制",载http://www.chinapublaw.com/zfgz/2005729131823.htm。
46. 卢金增、杨维松:"'公伤'与'工伤'区别",载《正义网》2003年2月26日,http://www.jcrb.com/zyw/n27/ca25835.htm。
47. 王廷惠:"私有化的边界与局限:以美国监狱私有化实践为例",载《制度经济学》2007年第3期。
48. 〔日〕田中英夫、竹内昭夫:"私人在法实现中的作用",李薇译,载梁慧星主编:《为权利而斗争》,中国法制出版社2000年版。
49. 〔美〕兰德斯、波斯纳:"私人执法",顾红华、徐昕译,载黄少安主编:《制度经济学》(第3辑),经济科学出版社2004年版。
50. 〔美〕乔迪·弗里曼:"私人团体、公共职能与新行政法",晏坤译,载《北大法律评论》(第5卷第2辑),法律出版社2004年版。
51. 〔美〕波林斯基、谢弗:"公共执法的经济学理论",徐昕、尹彦译,载《南大商学评论》(第4辑),南京大学出版社2005年版。
52. 童世骏:"公与私:划界问题的归属问题",载黄俊杰、江宜桦编:《公私领域新探:东亚与西方观点之比较》,台湾大学出版中心2005年版。
53. 徐昕:"论私力救济",清华大学博士学位论文2003年版。

四、外文资料

1. Steden, Ronald. van (2007): *Privatizing policing; describing and explaining the growth of private security*, BJu Legal Publishers.
2. Joh, Elizabeth E. (2004): Within the law, without the state, and

for a profit: The rise of private policing, *Dissertation Abstracts International*, Volume: 65 – 09, Section: A, page: 3579. ; Adviser: Jerome H. Skolnick, New York University.

3. Larrauri E. (1991): Introduccion al debate de laprivatization del sistema penal: la policia privada, *Estudios Penates Criminologicos*, 14: 179 – 202.

4. Levi M. (1987): *Regulating Fraud: White Collar Crime and the Criminal Process*, London: Tavistock.

5. Lilley R. (1990): Tagging Reviewed, *Howard Journal of Criminal Justice*, 29/4: 229 – 45.

6. McLaughlin E. (1992): The Democratic Deficit: European Union and the Accountability of the British Police, *British Journal of Criminology*, 32/4: 473 – 87.

7. Narr W – D. (1992): *The Security Market, the State Monopoly on Violence and Civil Rights*, Burgerrechte and Polizei, 43/3: 6 – 13 (abstract in English: 96).

8. National Institute of Justice (NIJ). (1991): *Private Security: Patterns and Trends*, Washington, DC: US Departmentof Justice.

9. Nogala D. (1992): *Security as a Commodity and a Service*, Burgerrechte und Polizei, 43/3: 18 – 23 (abstract in English: 97).

10. Observer. (1992): *Sayings of the Week/* 28 June.

11. Ocqueteau F. (1987): *L' Irresistible Ascension des forces de security privee; Des chiffres, des hypotheses explicatives*, Actes, 60: 17 – 19.

12. (1992A): Patrolling and Security Guards: Inventory and Stakes, Penal Issues: *Research on Crime and Justice in France*, 3: 12 – 14.

13. Olgiati V. (1993): *Control for Hire: Private Security Agencies in Italy*, in Findlay M, Zvekic U. (eds.).

14. Cunningham W, Taylor T. (1985): *Private Security and Police in America: The Hallcrest Report*, Portland, Oreg.: Chancellor Press.

15. Dandeker C. (1990): *Surveillance, Power and Modernity: Bureauc-*

racy and Discipline from 1700 to the Present Day, Cambridge: Polity Press.

16. Dorn N. (1993): A Single Market in European Policing? unpublished paper to the British Sociological Association annual conference, University of Essex.
17. Hebenton B, Thomas T. (1992): Rocky Path to Europo, Druglink, 7/6: 8 - 10.
18. Heidensohn F, Farrell M. (eds.) (1991): Crime in Europe, London: Routledge.
19. Henry S. (1983): Private Justice: Towards Integrated Theorising in the Sociology of Law, London: Routledge.
20. Hoogenboom B. (1991a): Grey Policing: A Theoretical Framework, Policing and Society, Spring, 2/1: 17 - 30.
21. Johnston L. (1992a): The Rebirth of Private Policing, London: Routledge.
22. (1992A): Regulating Private Security, International Journal of the Sociology oj Law, 20: 1 - 16.
23. Sah, Raaj K. (1991): Social Osmosis and Patterns of Crime, J. Polit. Econ. , 99, pp. 1272 - 95.
24. Segerson, Kathleen and Tom Tietenberg. (1992): The Structure of Penalties in Environmental Enforcement, Journal of Environmental Economics & Management, 23, pp. 179 - 200.
25. Dance, O. (1991): To what extent could or should policing be privatised?, Australian Police Journal, Vol. 45, No. 1, pp. 9 - 13.
26. Goldsmith, A. (wed.) (1991): Complaints Against Police: The Trend to External Review, Clarendon Press, Oxford.
27. Johnston, L. (1992): The Rebirth of Private Policing, Routledge, London & New York.
28. Kakalik, J. &Wildhorn, S. (1971): Private Police in the United States, (5 vols.), Rand Corporation, Santa Monica, CA.

29. Normandeau, A. &Leighton, B. (1990): *A Vision of the Future of Policing in Canada*: *Police-Challenge* 2000, *Background document*, Canada, Ministry of the Solicitor General, Ottawa.